eye.

守望者

——

到灯塔去

[英]露西·德拉普 著 朱云 译
Lucy Delap

Feminisms
A Global History

女性主义全球史

南京大学出版社

译者序
"女权主义"还是"女性主义"?：
浅议 feminism 的译法

无论提及"女权主义"还是"女性主义"，大家都知道它们所对应的同是英文单词 feminism。既然所指为同一个词，为什么会出现不同的译法？是否因为如有些学者的看法，"女权主义"与"女性主义"实为两个阶段，二十世纪九十年代后便更多使用"女性主义"，"女权主义"的用法早已过时？或者如一些学者所认为的，这两者只是译文差异，实际使用中可随意选择，毕竟表达的是同一个词？又或者如一些学者主张的，直接用女权/女性主义的书写模式？探讨问题之前，我们先看一组数据。

如果以 feminism 为主题，以"女权主义"或"女性主义"为关键词，严格以篇名分别含有这两个词的条目为考查对象，统计知网中可查学术期刊、学位论文、会议、报纸、图书等的数量，结果显示，1983—2021 年，篇名含有"女权主义"的各类成果有 1300 余篇；1988—2021 年，篇名含有"女性主义"的各类成果有 6450 余篇。不可否认，"女性主义"的使用频率远高于"女权主义"，这一现象从二十一世纪以来尤为如此。这样的结果是否说明"女权主义"的用法已过时？又是什么样的原因促使"女性主义"一词更为学界抑或民间所接受？在回答这两个问题的基础上，这篇译序旨在说明翻译一部以复数 feminisms 为书名,并以之为主题考查其在世界范围内近二百五十年历史的著作时,在考量历史语境与其在中国文化中的传播、接受现状的前提下,"女权主义"与"女性主义"这两种译法兼而有之。

就词源而言,féminisme 一词最早于 1837 年由法国乌托邦社会学家及哲学家夏尔·傅立叶首创;此后的 1872 年,féminisme 与 féministe 两词分别出现在法国和荷兰。据《牛津英语词典》(OED)收录的词条,英文 feminist 最先出现在 1852 年,而 feminism 则最早在 1895 年才开始使用。直到十九世纪九十年代,它们才出现在英国,1910 年开始在美国被使用并普及开来。无论是用来指涉人或是做形容词用的 feminist,还是作为社会文化思潮、意识形态与政治运动存在的 feminism,它们都与妇女权利,妇女在社会、经济、政治等方面的平等要求相关。经历近两百年的变迁,它也早已不是批评界曾接受的大写的 Feminism,而是可加上如马克思主义、激进主义、社会主义、自由主义、物质主义、生态主义等种种前缀的复数形式的小写 feminisms。该词约在二十世纪初传入中国,五四运动时期开始为学者和运动者们使用。初传入中国,如当时中国诸多新名词一样,feminism 从日文中"拿"来了"女权主义"的译法,当时还有音译"飞米尼斯主义",意译"女子主义""妇女主义""男女平权主义""女权主义"及"女性主义"等。但最终只保留了现时使用的"女权主义"与"女性主义"两种。

"女权主义"与"女性主义"译文的一字之差有着怎样的实际考量呢?张京媛在《当代女性主义文学批评》(1992)的前言部分对之做出了"妇女争取解放运动的两个时期"的区分。在她看来,"早期的女权主义政治斗争集中于争取为妇女赢得基本权利,使她们获得男人已经获得了的完整主体"。这方面的斗争包括"反对法律、教育和文化生产中排斥妇女的做法"。(4)哪怕时至今日,这样的斗争仍在继续。这一解释对应了维基百科列出的feminism已经经历并当下仍在持续的四波运动"浪潮":第一波浪潮发生在十九世纪和二十世纪初,主要表现为妇女选举权运动;第二波始于二十世纪六十年代,包括妇女解放运动,以及为妇女争取法律与社会生活中的平等的运动;1992年左右开始的第三波浪潮特征鲜明,聚焦个性与差异性;第四波浪潮始于2012年前后,特征是使用社交媒介对抗性骚扰、针对妇女的暴力行为及强奸等问题,也就是众所周知的"MeToo运动"。当然,女权主义并不局限于以实际行动争取妇女权利的运动,它其实也是由文学妇女与学术界妇女参与创造的运动。因而,张京媛教授继续解释,在文学领域,它"包括为争取大众听到妇女的声音而进行的努力,使女作家和妇女批评家能够发表作品和受到公众的阅读。妇女的斗争也包括在教育机构中争取获得教授妇女的著作和进行女权主义批评的权利"(4)。概言之,之所以称之为"女权主义",概因其是妇女争取平等权利的斗争。这一斗争同样仍在持续。如果"女权"始终脱不开与斗争的关系,那么"女性"又从何而来?张教授认为,这是在强调"性别"一词。"女性主义"的翻译方式代表的是"后结构主义的性别理论时代",而"性"字中即包含"权"字之意。(4)这样的区分方式一定程度上奠定了学术界对这两种译文的使用基调,也可说为当下学界更青睐"女性主义"的说法寻到了源头。

循着这样的区分方式,我们可以找到1995年的《中国妇女大百科全书》特设的两个词条,其中解释"女权主义"为"男女平权主义","是资产阶级妇女运动的理论基础",主张的是资产阶级自由与平等思想,赋予男女两性平等权利;"女性主义"则被解释为"西方十九世纪到二十世纪六十年代流行的妇女运动理论和基本妇女观"。(80)相比较而言,此处对两种译文的差异性处理凸显了"女权主义"带有资产阶级意识形态色彩,而"女性主义"的译法则如李小江女士所说,"温和了许多,文化了许多……"(1)就此说来,"女性主义"的译法淡化了"女权主义"中的斗争性与冲突性。实际上,从这些对两种译文的阐释说明中,我们不难发现,论及"女权主义"时,我们会用妇女运动、妇女权利等更偏重性别概念的词汇取代给人激进之感的"女权"一词。不可否认,"女性主义"在中国已经与我们的文化有了交融,正如《中国女性主义》(2004)的豆瓣推介所说,"中国女性主义是犀利的,但并不咄咄逼人"。故而,就文化因素考量,"女性主义"这一较为"温和"的用语更容易在中国的语境中被接受与传播。

当然,无论是"女权主义"还是"女性主义"都必定无法概括feminism 所表征的丰富性与复杂性。露西·德拉普的这部 *Feminisms: A Global History* 以之冠名,考查全球范围内那些曾被西方-白人-中产阶级主导的 feminism 所规避的各种不同的复数的 feminisms,既揭示了近二百五十年间世界范围内妇女争取平等权利的各种斗争,展现了身处不同阶级、种族、民族、宗教等环境的妇女的不同诉求,也追溯了不同时期的女性对女子权力/权利的梦想,并分析了女性社会现状的成因。尽管不尽然适切,但本书标题译文还是使用了"女性主义"一词,译作《女性主义全球史》。这并不意味着妇女争取权利的各种斗争早已消失,只是我们更倾向于讨论时不再使用那么激进的话语。

与其说这是一篇译序,不如说这是一篇翻译说明,解释译者在这部专著中对 feminism 一词的翻译。总体说来,feminism 多被译作"女性主义"。关于西方的妇女选举权运动、妇女解放运动等运动中使用的 feminism 一词,译者保留了"女权运动"的译法,毕竟这些本身就是争取权力/权利的运动,具有激进性与斗争性;一些已被普遍接受为女权主义者的人物(当然现在人们也普遍喜欢称她们为"女性主义者"),且她们的确活跃在争取妇女各项权利的二十世纪六十年代之前,译者有选择地沿用了"女权主义者"的称呼,同时尽量保证指涉同一人时,不会出现"女权主义者"与"女性主义者"两种译文。译文中定然仍存在不少理解与翻译的偏差,欢迎广大读者批评指正。

引用文献:

荒林编:《中国女性主义》,桂林:广西师范大学,2004 年,https://book.douban.com/subject/1039935/。

李小江:《前言》,李小江等著:《女性?主义——文化冲突与身份认同》,南京:江苏人民出版社,2000 年,第 1—5 页。

中国妇女大百科全书编委会:《中国妇女大百科全书》,长春:北方妇女儿童出版社,1995 年。

张京媛:《前言》,张京媛主编:《当代女性主义文学批评》,北京:北京大学出版社,1992 年,第 1—15 页。

目 录

插　图 / 1

导　论 / 1

第一章　梦　想 / 27

第二章　思　想 / 57

第三章　空　间 / 95

第四章　物　品 / 131

第五章　外　表 / 165

第六章　情　感 / 209

第七章　运　动 / 243

第八章　歌　声 / 275

结　论　世界范围内的各种女性主义 / 313

致　谢 / 325

注　释 / 329

延伸阅读 / 355

插 图

1.1 亚历山德拉·柯伦泰,苏联公共福利人民委员,与无家可归的孩子们,约 1917 年(阿拉米) / 37

3.1 青鞜社东京成员,1911 年 / 99

3.2 梅达·斯普林格·肯普,1936 年(康奈尔大学基尔中心) / 108

3.3 芳米亚露·兰瑟姆-库蒂(阿拉米) / 113

4.1 安妮·奈特[版权属于英国(贵格会)教友派;由位于英国伦敦尤斯顿路教友之家的教友派图书馆提供] / 133

4.2 "平等茶"包装,1910 年(由加州档案馆州府档案干事提供) / 142

4.3 洛杉矶妇女中心报刊《姐妹》1973 年 7 月刊封面(伦敦女性主义图书馆) / 147

4.4 邓恩·埃默尔印刷间,约 1903 年(三一学院都柏林图书馆;TCD MS 11535) / 160

4.5 妇女解放徽章(巴黎/玛格丽特·杜兰图书馆,乔埃尔·帕蒂安) / 163

5.1 特立尼达·费尔南德斯·莱加尔达官方肖像,马尼拉狂欢女王,1924 年 / 171

5.2 "布卢默服饰",纳撒尼尔·库里尔石版画,纽约,1851年(由国会图书馆提供,复制编号 LC-DIG-pga-06193) / 173

5.3 穿着理性服饰的毛利族服饰改革者,约 1906 年(照片来自克莱斯特彻奇城市图书馆,编号 CCL-PhotoCD11-1MG0096) / 176

5.4 乔装的康斯坦丝·利顿夫人,约 1914 年(版权归属妇女游行团体/玛丽·埃文斯图片库) / 185

5.5 罩着遮盖上半身和头部的长巾的女郎,利马,约 1860—1880 年 / 196

5.6 米娜·克什瓦尔·卡迈勒,1982 年 / 204

6.1 1970 年,第二届联合妇女大会上"紫色威胁"运动的三名参与者(戴安娜·戴维斯,纽约公共图书馆) / 217

6.2 1975 年墨西哥城的"公开讲坛"(贝蒂·莱恩,施莱辛格图书馆,哈佛大学拉德克利夫高等研究院) / 237

7.1 1909 年 2 月,黛西·所罗门和伊丽莎白·麦克莱伦在唐宁街 10 号(英国政治经济图书馆) / 249

7.2 胡列塔·兰泰里在布宜诺斯艾利斯投票,1911 年(由阿根廷国家档案馆提供,编号 AGN_DDF/Caja 2124,Inv:115542) / 255

7.3 罗莎莉·博格诺和默尔·桑顿用链条将自己锁在酒吧栏杆上,1965 年(布鲁斯·波斯特尔,新闻照片) / 257

8.1 安娜·茱莉亚·库珀(照片由奥柏林学院图书馆提供) / 280

8.2 作曲家埃塞尔·史密斯,1912 年(英国政治经济图书馆) / 283

8.3 议会大厦广场上的一位抗议者(爱德华·巴伯) / 301

导　论

1886年1月，英治黄金海岸（今加纳）的一位女性执笔给当地1885年刚创办的报刊《西方回声》(The Western Echo)写了一封满是煽动性言论的信件。

> 总体说来，我们这些非洲的女士不仅不幸地被歪曲了形象，还成了被踢来踢去的皮球，每一届来到我们这黄金海岸的白人政府都推诿塞责……我们一直悲哀地被人们如此丑化，因为我们一言未发，他们还将继续歪曲我们而不受责罚。……虽然我们既没有一张白人的面孔，也没有一副天使般的面容，但我们可以与任何白人女士一样，成为具有良好修养的人。[1]

书信作者在这封信件中情深意切地讲述了她的种种感受——被不同的欧洲殖民者当成皮球踢来踢去，他们不尊重她国的文化；她还说到了殖民统治的凌辱与有责不罚对女性造成的影响。对此，她不仅愤怒，还讥讽地玩起了文字游戏，称白人男性政权"就是狗屁"(Just Ass)，没有"公正性"(Justice)可言。书信作者姓甚名谁已无从探究，但她愿意代表"我们这些非洲的女士"发声，这引起了我们对她所想象的非洲女性群体的关注。她的直率与开阔的视野既受到了本土诸因素——黄金海岸长期存在的非洲人运营的媒体——的引领，也受到了她所处时代的世界妇女运动的影响。

1886年正值殖民扩张的白热化时期。欧洲列强当时正快速侵占非洲与亚洲国家领土，造成世界秩序动荡，种族等级化、性别规范得到越来越坚定的维护——在即将到来的新世纪里，这些会是激进派、民族主义者、反殖民主义者抗争的对象。1886年同样是全世界女性教育兴盛的时刻，此时，越来越多的女性有机会（或者被强迫）外出工作；自行车的普及正开启充满流动与焦虑的新时代，这个时代的典型代表是穿灯笼裤的"新女性"自行车手。这引领着人们进入更宏大的篇章，见证女性对自己的身体与生活的认识的深刻变化，见证她们如何对待身体与生活方式的巨大变化。我们开掘的故事以1886年为基点，探查前后共二百五十年间将种种性别不公问题政治化的努力。

所有抗议女性遭遇不公正对待的人所使用的方法都深受其所处历史时期的影响。她们命名自己为女性主义者、女人、女士或姐妹的能力往往具有时限性。她们的政治观点围绕各种不同的阶级、种族、宗教、性别、国籍及年龄而形成。不能想当然地将个体称为女性主义者。我们也不能强行将"女性主义"的标签贴在那些并不承认，甚至主动拒绝该标签的男性和女性发起的运动上。

我们可以将"女性主义"当作切入点，以便更好地理解争取"妇女权利""新女性身份""妇女觉醒"及"妇女解放"等的运动为什么会关注共同的问题,使用相同的策略。但我也要讲一讲关于女性主义局限性的故事,揭示其中被忽视与被压制的部分、其特异性及其中存在的共谋关系。事实上,哪怕是"妇女"[women,或者十九世纪的评论者更喜欢用的"女子"(woman)]这一概念都被证明存有争议。还有"社会性别"(gender)被理解为文化与社会对生理性别的重新分配,这个概念也是二十世纪后期才被普遍使用的术语。本书寻踪觅迹,描画了女性主义者和妇女活动家如何与民族主义、宗教教义、帝国主义、乌托邦思想及种族主义发生联系的图景。我的目的是提供女性主义思想方面的启发,呈现一代又一代女性主义者之间、女性主义不同发展时期如何出现那些出乎意料的关联与共鸣。与女性主义带来的启发相伴的,是另一段关于冲突与矛盾的故事。各女性主义同盟一直以来都存在其局限性,女性主义过去关注的许多问题也并不总是那么容易就契合当前迫切的努力。当下,女性主义迫切要揭示并进而杜绝各种因性别而造成的伤害事件。

女性主义寻求获得超半数人类的联盟。人类历史上或许还从未有过如此雄心勃勃的举动。但女性主义者想要的是什么?所有女性主义者都洞察,相对于男人,身为女人意味着处于劣势,她们可以通过斗争解决这一问题。不过,由此而生出的政治主张在不同时期有着显著的不同,并且在以各种不同的名头施行。女性主义最好被理解成自十八世纪甚至更早时期起便已形成的一系列交叠的、内部复杂的运动、问题与诉求。其关注的问题随着时间而变化。一百年前,英国社会主义女权主义者埃塞尔·斯诺登(Ethel Snowden,1881—1951)称女性主义是一种预想,它通过扼制"女性保护人种的本能力量",谋求区分纯粹的男人与女人。

二十一世纪的女性主义者不太可能支持这样华而不实的浮夸之词，而且那位来自黄金海岸的匿名信件写作者也会对斯诺登的人种政治提出异议。尽管如此，透过当代女性主义所关心的问题，我们同样能在过往女性主义的争论中发现意想不到的新颖性与相关性。譬如，斯诺登坚称女性同样拥有当兵作战的权利，这与当今女性为赢得平等作战权的艰难运动产生了共鸣。

妇女对她们的身体缺乏控制，遭受强奸、性虐待、非自愿妊娠，以及男性凝视带来的没完没了的压力，这些可怕的现实激发女性主义者行动起来。她们越来越关注妇女贫困，妇女无法从事更安全、收入更高的工作，婚姻或母亲身份造成的妇女弱势，妇女缺乏教育等问题。她们揭示了女性因不享有法律权利而承受的代价——丧失子女抚养权，强制劳动，没有医疗资源，没有土地所有权，在国土被占领、战争及饥荒等情况下成为弱势群体。性别不平等的代价与其造成的人间苦难一直且仍将难以估量。不过，女权运动同样始终富有创造力，赋予了女性力量，形成了各种联盟，激励女性改变现状。各种思想与梦想具体化为形形色色的运动与抗议活动；人们有了希望，获得了不屈不挠的精神，伸张了正义。

女性主义一再被看作一场实现了其目标、无需再多关注的政治运动——结果却总是随着又一代女性愤怒地表达出她们的不满而复兴。对有些人怀着矛盾态度界定的"F开头的词"，当今的运动者有着浓厚的兴趣。但她们中的许多人拿不准她们的运动与女性主义历史之间有什么样的关系：有些人欣然接受康塞普西翁·阿雷纳尔(Concepción Arenal，1820—1893)、玛丽·沃斯通克拉夫特(Mary Wollstonecraft，1759—1797)或芳米亚露·兰瑟姆-库蒂(Funmilayo Ransome-Kuti,1900—1978)等"女性先驱";另一些人则否认过去,强调"她们的"女性主义的独特性。

"女性主义"一词的定义摇摆不定,女性主义历史的内容模糊不清,这些都不足为奇。对"女性主义浪潮"进行的历史划分并不能呈现复杂的女性主义历史。关于第一、二、三、四波女性主义浪潮,或者诸如"新女性主义""地下朋克女性主义"(riot grrrl)[①]等变化了形式的女性主义的探讨,并不总能确定无疑地映射到女性经历之上。对于许多女性来说,她们的运动总是与其他运动,如社会主义运动、民族主义运动、反殖民运动密切相关,因而"女性主义"一词始终不被接受,因为它太容易引起分歧,更代表欧美-白人-中产阶级。

下文会讲到一些人们熟知的故事,关于选举权斗争与投石抗议,以及激进女性主义对妇女力量与妇女团结的颂扬,但不会假定女性主义在不同的地域或时间段别无二致。贯穿本书的主题是女性主义的核心悖论:作为一项运动,女性主义坚持女性参与社会与政治生活的所有领域,并要求对那些将女性排除在外的社会、政治结构进行彻底变革;但女性主义本身也存在种种边缘化

---

① 始于二十世纪九十年代华盛顿州(尤其是其首府奥林匹亚市)及美国西北部地区和加拿大西南部地区,影响波及至少 26 个国家。这是一场亚文化运动,结合了女性主义意识与朋克风格和政治。它还与第三波女性主义浪潮相关,因为第三波女性主义浪潮有时被认为源自地下朋克女性主义运动。它还被认为是一种脱胎于独立摇滚的音乐类型,朋克风格激发了一场妇女可以——用男人始终表达自我的方式——表达自我的音乐运动。地下朋克女性主义乐队创作的音乐主题关涉强奸、家暴、性、种族主义、父权制、阶级主义、无政府主义、妇女赋权等问题。除了形成一种音乐景观、成为一种音乐类型,地下朋克女性主义也是一场包括 DIY 行为准则、爱好者杂志、艺术与政治行为及运动的亚文化。地下朋克女性主义运动之后迅速跨越音乐边界,变成了一场以互联网为基础的运动,伴以地区性会议,草根组织的反年龄歧视、反同性恋歧视、反体重歧视、反种族主义、反性别主义,尤其是反对针对妇女和少女的肢体和情感暴力的活动。众所周知的是,地下朋克女性主义举行了许多会议,启动了许多章程,支持并组织了从事音乐工作的女性。(译自维基百科)——译者注(本书脚注皆为译者注)

现象,也一直在努力拓展自身范围,希望以平等为前提,将所有女性包含在内。黑人妇女,工人阶级妇女,女同性恋,变性或双性恋女性,残疾妇女,非西方、非基督教妇女常常被排除在理论家切拉·桑多瓦尔(Chela Sandoval)所提出的"霸权女性主义"(hegemonic feminism)[2]之外。尽管下文的一些章节会记述其世界性起源,但"女性主义"往往还是与西方妇女解放模式联系在一起。那些具有不同背景与目标的女性声音并不总是得到聆听,女性主义运动也并不总能满足她们的需求。如果存在任何记载女性主义的档案资料,那么这些资料也是偏向于记录那些更有影响力、更有特权的女性主义者想要讲述的故事。正如阿黛尔·穆尔多洛(Adele Murdolo)所评述的:"在女性主义档案中,很少有文献会毫不迟疑地揭露女性主义是一场存在内部冲突与种族、民族分歧的运动。"[3]

妇女斗争有时会被认为已经获胜。这些胜利实现的时刻是她们获得了选举权的时刻,是女性先驱们最终获准从事医疗工作、获得子女监护权或驾车权利的时刻。二十世纪九十年代,许多人谈论"后女性主义世界"。在这样的世界中,女性可尽情享有政治权利、经济成功与文化财富。但过去十年的经济紧缩、残酷战争与权威主义政治明显使人们不再坚信女性主义已实现其目标。2013 年,著名的尼日利亚作家奇玛曼达·恩戈兹·阿迪契(Chimamanda Ngozi Adichie)在 TED 演讲中宣称:"我们都应该是女性主义者。"2014 年,她出版了这篇带有强烈呼吁色彩的动人文字,流行音乐女王碧昂丝也将其中的一部分选录在了其音乐中。碧昂丝 2013 年的巡回演出中,舞台大屏上就投放着巨大的"女性主义者"字样。《我们都应该是女性主义者》一书一经出版,便被赠予了瑞典所有16岁的少男少女。然而,反女性主义及厌女症式的浮夸辞藻始终主导着近来的政治论辩。2016年,希拉里·克林顿在美国总统大选中落败。竞选时,她一直面对着对其外表铺天盖地的负面报道。她与其他女性政治人物都遭到了她们的对手唐纳德·特朗普的讥讽。特朗普在共和党内公然评论惠普首席执行官卡莉·菲奥莉娜(Carly Fiorina):"看看那张脸!""会有人给那张脸投票吗?"他的恶毒攻击激起了全世界数百万女性2017年初"向华盛顿进军"。特朗普炫耀他"抓过女性下体"(grabbed women by the pussy),这激怒了进军的女性民众。她们根据特朗普的文字创造了进军口号"猫猫抓回去"(pussy grabs back)。全世界范围内,粉色"猫儿帽"(pussy hat)在抗议活动和游行中随处可见,它与法国大革命时期共和国"女公民"佩戴的红色"自由帽"或"红帽"(bonnet rouge)有异曲同工之意。同样在2017年,美国大辞典《韦氏词典》宣布,"女性主义"成为其查询最多的词汇。一项全球性的民意调查显示,只有日本的大多数民调对象不赞同这句话,即"我拥护并支持女性享有同等机会——我不仅如此想,实际还公开表态要改变本国女性现状"[4]。面对这些社会与政治趋向,谈论"后女性主义"似乎并不足以让人信服。

"女性主义"一词在十九世纪后期被创造出来之后便一直饱受争议。美国的一家漫画新闻报称之为"色狼的新名号",还为之绘了一幅画,画中一个男人正一边讨人嫌地向一位女士示好,一边又说"别管我,小姐,我只是个女性主义者"[5]。经历了好长时间,"女性主义者"才获得其固定不变的意义,即指涉抗议针对女性的不公正的运动者。1911年,20岁的丽贝卡·韦斯特(Rebecca

West)开始为女性主义双周刊《自由女性》(*The Freewoman*)撰文,她为"女性主义者"下定义时说,"每当我表达想法,表明我不再是受气包"时,人们就会称其为女性主义者。尽管如此,她进行写作时都是使用笔名,以免让她的家人为难。

  一直以来,受到平等、"性别公正"、过不一样的生活等想法鼓舞的并不只是女性。在本书的前前后后,我们会接触到许多男性,他们始终努力推进妇女权利,投入了大量的个人时间与精力以推动女性主义目标的实现,而这些目标的实现也会让男性受益。实际上,十九世纪末,人们使用"女性主义者"一词取代"妇女运动"的概念,它代表了一种更为开放的身份,既可以是男性也可以是女性。1906年在巴黎举办的国际妇女理事会(International Council of Women)大会上,一位名叫勒让德尔的先生打断了会议,声称自己是当地最近选举出的女性主义候选人。与会众人对他不以为意,新闻报道说他被"毫不留情地驱逐"出了这场只有女人的集会。[6]这位勒让德尔先生并不是二十世纪各类选举中以女性主义为名的唯一一人。持续领导英国工党的乔治·兰斯伯里(George Lansbury)就分别在1906年的米德尔斯堡、1913年的鲍街与布罗姆利选区作为妇女选举权的支持者参加竞选。兰斯伯里被指控谋求"妇人专政"(petticoat government),而未能赢得这两次竞选,但他致力于妇女选举权的努力并未因此而消减。1913年晚些时候,他因在争取妇女选举权的事业中煽动暴力而遭监禁。在监狱里,他参加了绝食抗议活动。绝食抗议是女囚抗议被监禁而普遍采取的举措。最近几年,运动人士为所有人制作T恤,包括男性穿的尺码,上面印着"这就是女性主义者的样子"。2016年,美国前总统巴拉克·奥巴马借用了这一口号。然而,许多男性对于是否要成为女性主义者仍充满了矛盾与焦虑。

部分女性和男性认为,女性主义是一种看待世界的方式,具有变革性、爆炸性与颠覆性。其他人则认为,女性主义引发了各种反应:本能的否认、嘲笑、犹疑与讽刺。贫穷妇女要求福利权;黑人妇女抗议警察暴力,要求改善住房条件;工会的工人阶级妇女要求同工同酬,享有安全的工作场所;加入男性群体组织的男人则经常选择其他诸如"反性别主义者""妇女主义者"及"社会正义活动家"等标签。那些用其他名称为其运动定名的人不应被称作"女性主义者"。但他们运动的动机,以及他们为什么不愿意使用"女性主义者"的标签,对研究诉求各不相同的各色女性主义的历史学家而言很重要,这要求他们在记载反对性别不公正的运动时,必须将网撒得更大一些。[7]

女性主义的起始

将"女性主义者"的身份放在几百年前的人身上,既有成功也有失败。一直有人努力想要"追封"中世纪后期的作家克里斯蒂娜·德·皮桑(Christine de Pizan),甚至东罗马帝国时期亚历山大城的哲学家希帕蒂娅(Hypatia)为"女性主义者"。当然,这些历史人物并没有用女性主义的话语进行思考,而且用我们比之生活时代晚了许多的意识形态去探讨她们的著作与思想,会误入歧途。相反,我们应该提出的问题是,她们在思考男性与女性之时使用的是什么样的术语与概念。我们不能理所当然地认为就该对世界进行两性划分。在这个世界的某些地方,人们并不清楚有一个清晰可辨的概念叫作"女人"。中国历史学家论证,"女性"(妇女)的分类是一个较晚的发明创造,直接与家庭地位相关。许多情况下,中国清朝时期的女性被深入细分成了"妻"与"妓"。这就好比英国十九世纪依据阶级划分了"女人"与"淑女"。

地域多样性意味着对改变的系统性需求在全世界范围内以迥然不同的方式出现。不同地区的"女性主义者"代表了不同的群体,言说着不同的主张。"妇女运动"或"妇女问题"是十九世纪欧洲与美洲地区的专门用语,而"妇女觉醒"则是二十世纪初在中东与北非国家广泛讨论的话题。这个时期的其他人喜欢谈论"新女性",认为其象征着女性所面临的经济与文化机遇的新形式。中国的激进分子则以女性权利(妇女节)、性别平等(男女平等)等不同的名义提出诉求。女性主义不会直截了当地映射到这些不同的领域之上,因而女性主义历史的研究者必须注意,不可抹去各类女性斗争与运动的地域独特性。不过,仅孤立地看待所有这些争论与运动将会大错特错,因为它们往往具有相同的重要主张,会从各自的斗争经历中汲取灵感。我们可以绘制出一张丰富有趣的交织网,构成该网的是世界范围内对性别与权力之间关系的争论,同时,我们也承认女性主义是一种具有深厚历史与环境独特性的现象。

尽管界定"女性主义"的方式往往多种多样,但作为一个术语,"女性主义"是在二十世纪初被全世界接受使用的。它可以用来指涉妇女"权利",也可以用来指涉争取妇女发展、妇女保护、妇女平等的各种运动。1904年,智利出版了仅有一期的杂志《女性主义的黎明》(*La Aurora Feminista*);同年,罗西卡·施维默(Rosika Schwimmer, 1877—1948)在匈牙利创办了女性主义联合会(Feministák Egyesülete);次年,阿根廷布宜诺斯艾利斯成立妇女中心(Centro Feminista)。1905 年,菲律宾成立菲律宾女性协会(Asociación Feminista Filipina)。菲律宾妇女认为,女性主义为妇女开拓了作为公民的角色,她们致力于改进妇女工作的章程,防止早婚。[8]同样是在 1905 年,阿根廷主办了第一届国际妇女大会(International Feminine Congress),并在其港口城市拉普拉塔出版了期刊《新女性》(*La Neuva Mujer*)。国际妇女大会的行动指南是"让我们努力"(Let us Work),而在二十世纪初的早些年间,拉美女性主义的重点在于国家为妇女提供社会服务及妇女保护。大会的批评者指责女性主义者是女汉子(marimacho)——半男半女。但"女性主义"这一术语的使用具有较高的灵活性,譬如劳拉·科雷亚·德布斯托斯(Laura Correa de Bustos)等宗教保守派就吸收并使用了该词,她的《基督教女性主义》(*Feminismo Christiano*)于 1907 年在乌拉圭首都蒙得维的亚出版。[9]

在英国,妇女选举权运动往往被认为代表了该时期女性主义所关心的主要问题。然而,向第一家自称"女性主义"的英国杂志《自由女性》投稿的作者们,在 1911 年使用"女性主义"一词,却是为了将她们的想法与妇女选举权运动区分开来。杂志的先锋编辑使用"女性主义者"一词是为了表明它指代的可以是女性也可以是男性,并且它拒绝接受传统的政治体制。编辑寻求的是革命性变革,其中一位编辑多拉·马斯登(Dora Marsden)颇受争议地宣称,"手持步枪的反叛者"是最可能赢得尊重的人。这个时期还出现了其他措辞,譬如,法国的激进分子试验性地使用了"女性照明者"(éclaireuse,意为"女性开拓者"),以表达女性先驱之意,她们"已经从大部分女性仍在承担的重负中解放了出来"。[10]德国活动家在使用"女性主义"(Feminismus)还是"妇女运动"(Frauenbewegung)这个问题上举棋不定,担心"女性主义"一词隐喻"自由之爱"或英国妇女选举权的战斗性。[11]"女性主义"一直都是个"外来词",作为各种性别政治的标签,在多种场合被广泛运用。1910年的日本,人们谈起女性主义用的是"男女同权主义/女权扩张运动"(feminizumu)。1905年的沙俄活动家则更喜欢使用"平权"(ravnopravki)或"平等权利者"这样的说法。此时的沙俄正处革命动荡时期,俄国女性创立了妇女平等权利协会。[12]对于女性主义这个新概念,全世界既有为之着迷者,也有对欧美影响持怀疑态度者。

有时候外借来的标签能保留更久。英国媒体嘲弄二十世纪初的激进分子,称其为"妇女参政论者",但这个称谓被那些争取选举权的投石运动者满怀热情地接纳了。二十世纪七十年代的"胸罩焚烧者"(bra burners)是带有侮辱性的字眼,但运动者提出了她们自己的双关语,并对一些词汇进行了颠覆性的挪用,它们包括女妖怪(Harpies Bizarre)、老女巫、紫色威胁(Lavender Menace)、怪物团(Monstrous Regiment)、切割男人协会(Society for Cutting Up Men)。

"女性主义者"一词所表达的意义一直在演变,也一直颇受争议。二十世纪七八十年代的运动者往往偏向于谈论"妇女解放",因为她们认为"女性主义者"与强调议会权利和妇女选举权的改革派"自由主义"政治相关。在法国,和"精神分析与政治"(Psych et Po)小组相关的女性主义者不喜欢"女性主义者"一词,认为这个从美国引入的词汇隐含对抗之意。她们更喜欢谈论"斗争中的妇女"(femmes en lutte),以之表示她们与众不同地强调女性差异及母性特征。二十世纪末,日本的运动者更喜欢谈论"无性别"社会。到了二十一世纪,全世界许多运动者感到需要在他们的女性主义之前加上其他的标记,其结果便是出现了诸如"交织性女性主义"(intersectional feminism)、"跨性别友好女性主义"(trans-friendly feminism)等标签。

尽管女性主义名称各异、形式多样,但女性主义者共有的首要梦想是发动一场全体女性共同参与的运动,正如在国际妇女选举权联盟(International Woman Suffrage Alliance)1913年的大会上,中国代表团横幅上的标语所书:"同心共济"。这一幻想中包含着抽象的政治议程,具有悖论性——其包容性忽略了实实在在的排外性。谈论"黑人女性主义"或"奇卡诺女性主义"有时就是在尝试解决这一问题。但评论者提出,恰恰是这些提法突出了黑人与墨西哥裔妇女被排除在了没有种族标记的女性主义"主流"之外。1984年,非裔美国作家艾丽丝·沃克(Alice Walker)提出"妇女主义",这一提法已经被一些黑人女性接受。"妇女主义者"[womanist,一部分人倾向于拼写为 womynist,以便将藏匿在女性(woman)一词中的男性(man)彻底驱逐]与"女性主义者"面临同样的危险,即认为其主张具有普适性。不过,"妇女主义"确实有助于提醒人们,作为联盟的女性主义具有局限性与排外性。早在1866年,非裔美国活动家弗朗西斯·沃特金斯·哈珀(Frances Watkins Harper,1825—1911)就言简意赅地说过:"你们这些白种女人在这里说着权利(rights),我说的却是罪行(wrongs)①。"哈珀希望妇女运动对有轨电车上的种族隔离措施提出异议,而妇女

---

① 英文 right 和 wrong 有对错之意,也有权利与罪行之意。此处实为双关,但翻译时有些难以保持原文的双关性,特加注说明。

运动中的白人则不愿意将种族排他现象纳入考虑范围。作为一位非裔美国女性,之前还是一名家仆,哈珀接着说:"我是有色人种,我在这个国家所接受的教育让我觉得自己好像遇到了与以实玛利①一样的情况——我反对每个人,每个人也都在反对我。"[13] 1897年,她与其他非裔美国活动家组建了全国黑人妇女协会(National Association of Coloured Women),想要在日益严峻的种族排他主义环境中,独立于白人女性来组织活动,而不是欣然接受"女性主义者"的行动纲领。

这些关于名称与归属的争论表明,我们有必要审视不同历史时期被贴上不同标签的性别运动,仔细思考这些不同的名称所起的作用。我们没有必要艰苦卓绝地找出谁是第一批或谁是最名副其实的女性主义者。但我们可以转而追寻那些遭排斥的经历,找出性别激进主义者与寻求社会公正的活动家之间的区别,记录他们或满怀激情或艰难或战略性的联盟。

尽管当前人们对女性主义的"意指"再度产生兴趣,但公正地说,其含义并不固定。女性主义的象征符号与口号始终具有可塑性,可以变成不同的形式,供不同的受众使用。《女性主义全球史》将探索包括伊斯兰教徒、黑人、原住民及女同性恋等的女性主义传统。本书还将探讨男性对女性主义的认同,旨在探查长久以来存在的冲突,即女性主义要解决的是谁的问题,谁可以成为女性主义运动的一部分。

---

① 源于《圣经》,意为被遗弃的人、社会公敌。

导 论

缘何涉及世界范围?

我们为什么要从全球性视角研究女性主义?各女性主义的历史往往都是"文明的"、以欧洲为中心的模式。在这些故事中,女性主义可以追溯至阿芙拉·贝恩(Aphra Behn,1640—1689)、弗朗索瓦·普兰·德拉巴雷(François Poullain de la Barre,1648—1723)和萨拉·费格(Sarah Fyge,1641—1700)等十七世纪的欧洲作家,他们开始将女性作为"被奴役的阶级"进行探讨。这些作家受到宗教(多为新教)传统中宣扬的妇女享有精神上的平等这一思想启发。他们谈论奴役问题时,很少考虑那些在南北美洲及加勒比地区的种植园和庄园里真正经受奴役的女性。他们着手寻找命名强奸、逼婚等经历的方法,想尽办法对抗这些经历——不过,容我再次强调,他们丝毫没有提及对那些经受奴役的女性来说,这些遭遇就是家常便饭。这些知识分子往往被视为各种女性主义的历史中重要"女性先驱"。

历史继续往前进,接力棒通常到那个时候就传到了十八世纪后期经历了美国独立战争和法国大革命的女性手中,她们是阿比盖尔·亚当斯(Abigail Adams,1744—1818)和奥兰普·德古热(Olympe de Gouges,1748—1793)。德古热在她的《女人与女性公民权利宣言》(*Declaration of the Rights of Woman and the Female Citizen*,1791)中宣告了女性的权利。她与英国作家玛丽·沃斯通克拉夫特常被视为明显带有女权色彩的思想与论战的发起人。她们的影响之后一直延续到更为激进的十九世纪,那个时期，女权运动围绕女性教育、财产权、选举权蓬勃发展。到了二十世纪，她们的影响仍有迹可循。到了最近，前女奴诗人菲利斯·惠特利(Phyllis Wheatley，约 1753—1784)这样的人物才被纳入争取妇女权利的女性主义历史中。女性主义历史的建构一直以来始终围绕着有限的几位受过良好教育、主要为白人的女性先驱展开。这导致对该谱系的继承不仅有可能误读早期的女权思想与运动，而且使得对这段谱系的建构总是企图展现"谁是第一人"。简言之，最早可被读作"女性主义"的文本早被用来确立国民优先权，如此，帝国主义国家，如法国、英国、美国的白人公民便开始被视作女性主义的源头。

全球史或世界史的书写数十年来持续对以上关于起源的描述提出疑问。史学家提出了其他了解全球女性主义史的方式，开掘了不同的源头与思想家。我们或可将 1799 年的拉希德（罗塞塔）妇女大会［Rasheed (Rosetta) Women's Conference］视作女权运动的起源。彼时，一群埃及妇女采取激进方式抗议 1798 年法国入侵亚历山大港。她们在大会上讨论了妇女的就业状况及家庭地位问题。或者，起点是 1792 年塞拉利昂的女性原住民屋主获得了投票权——该项权利在 1808 年塞拉利昂成为英国直辖殖民地时被取消。1893 年，新西兰的原住民妇女与移民妇女便已赢得了投票权，远早于欧美女性。看到历史上的这些事件有助于质疑人们认定的欧洲各种女性主义具有优先性的想法。

女性主义在全世界各地的发展史聚焦于支持"妇女问题"、妇女权利、妇女解放等各类思想的大型架构。譬如，已有研究深切关注各帝国在促成十九、二十世纪妇女运动方面的作用，探究它们如何创造出了一个拒绝让众多被殖民者享有自由与公民权的世界。各个被殖民的民族都在契约劳动与强制劳动的体制之内经历了大规模人口流动。来自许多不同背景的妇女都发现她们被剥夺了拥有土地和进行贸易的权利。帝国主义国家的妇女说着种族与文明进步等华而不实的空话，变成了殖民地妇女的权威代表。她们利用传教士、殖民者及他们妻子的身份游历，描述那些非西方女性的生活，有时还以平等或妇女权利之名干涉对待非西方女性的方式。此后数十年间，帝国分崩离析，冷战带来的地缘政治较量又推动并塑造了妇女运动与女权运动。

民族主义的发展同样主导了十九、二十世纪，这意味着妇女地位与妇女自由问题常与关于国家进步的争论联系在一起。这些争论中的重要主题是"落后状态"——这个颇成问题的概念在认识当地妇女对现状的不满方面起着重要作用。譬如在巴西，幻想中的欧洲或北美解放了的、有教养的女性成了榜样，被巴西人用来要求实现国家或区域进步。巴西妇女权利报《淑女报》(*O Journal das Senhoras*)的主编在1852年该报刊第一期的社论中提道：

> 在法国、英国、意大利、西班牙、美国，还有葡萄牙，妇女进行写作、给各报刊投稿的例子比比皆是。全世界都在迈着进步的步伐，向着社会的道德与物质进步努力的时候，难道南美还要独自在思想上故步自封？

《淑女报》在里约热内卢创办，其主编由阿根廷出生的胡安娜·保拉·曼索·德诺罗尼亚(Juana Paula Manso de Noronha, 1819—1875)担任。曼索将《淑女报》当成致力于"提高妇女社会地位、实现道德解放"的平台。该报有助于曼索在言论上对比"发达"与"落后"地区,但现实情况是,各种实际上(或想象中)正在英国、法国、美国等国家进行的改革,在巴西也显而易见。1869年,英国第一所女子大学学院——剑桥大学格顿学院创立。仅十年后的1879年,巴西女子也享有了接受高等教育的权利;法国也是同年才允许女子享有上大学的权利。1891年的巴西制宪会议认真讨论了妇女选举权问题,与英国和美国的妇女选举权争论同时期出现。尽管曼索言说着她们国家的落后,但她坚信欧洲没必要成为领头羊,因为"启蒙思想的旗帜优雅地飘荡在芬芳的热带微风中"。[14]

曼索本人从阿根廷到巴西的跨国界生存轨迹提醒我们,女性主义历史不能仅仅考量单个国家、地区或帝国内部的景况。难民、交换生、流亡者、海外工人等个体的跨国界流动造成了全球影响。譬如,谢菲尔德女性政治协会的安妮·奈特(Anne Knight, 1786—1862)在1851年发动了英国早期的一场妇女选举权请愿运动。此前,她在1848年法国革命期间的巴黎与法国活动家让娜·德鲁安(Jeanne Deroin, 1805—1894)接触过一段时间;让娜·德鲁安转而又在1852年于其刊物《妇女年鉴》(*L'Almanach des Femmes*)上刊发了哈丽雅特·泰勒·穆勒(Harriet Taylor Mill)1851年的论文《妇女解放》("The Enfranchisement of Women")。随着十九世纪出行方式的变化与通信技术的出现,有些女性在多个国家流动,譬如邦尼·安德森(Bonnie Anderson)为逃离包办婚姻,循着犹太废奴主义者及妇女参政论者欧内斯廷·罗斯(Ernestine Rose, 1810—1892)的踪迹走过了波兰、柏林、巴黎、伦敦、纽约,全身心投入社会主义运动与女权运动。[15]

导 论

近来,历史学家关注起了全球发行的期刊以及对话、会议、联盟和联邦中刻意营造的跨国空间。从十九世纪基督教妇女禁酒联合会(Woman's Christian Temperance Union)这样的团体所进行的全球性流动来看,有时候跨国主义就是一种刻意的战略。像国际妇女理事会这样的国际性组织推动了一批重要的全球管理机构的出现,妇女法律地位国际联盟委员会(League of Nations Commission on the Legal Status of Women,1937)就是其中之一。具有"左翼女权主义"性质的国际妇女民主联合会(WIDF)在二十世纪下半叶建立了相似的运动与流动网络,预示了之后富有影响力的联合国世界妇女大会(UN World Conferences on Women)先后在墨西哥城(1975)、哥本哈根(1980)、内罗毕(1985)、北京(1995)召开。[16]

运用全球史的研究方法也使我们得以开掘那些闻名世界的文本与各地思想或运动传统之间的相互影响。[17]譬如,约翰·斯图尔特·穆勒(John Stuart Mill)的重要著作《妇女的屈从地位》(*The Subjection of Woman*)于1869年在英国出版,其创作背景是穆勒那段时间正努力让议会上下两院通过妇女选举权法案,他本人当时是威斯敏斯特区下议院议员。不久之后的1872年,一位智利女性玛蒂娜·巴罗斯·博根尼亚(Martina Barros Borgaño)将之翻译成了西班牙文,以《对妇女的奴役》(*La Esclavitud de la Mujer*)为题刊发在《圣地亚哥杂志》(*Revista de Santiago*)上。智利妇女运动借用了欧洲的文字材料,但突出了符合本国特征的内容。在智利,就连男人都很少参与投票,因此对于女人来说,最紧迫的问题不是选举权问题,而是被卷入工业生产中身不由己的女性遭受经济剥削的问题。这一视角重塑了穆勒妇女"奴役"思想的含义。

女性主义最好被理解为一场对话,而不是一件舶来品,但这场对话是在不平等的条件下发生的,有些声音被放大,而有些声音则被习惯性地忽略。[18]世界历史学家使用"纠缠的历史"这一概念是为了充分体现思想、人与文字材料如何反复跨越国家界限,从而引起多种"交织"。历史学家凯瑟琳·格里德尔(Kathryn Gleadle)要求我们将女性主义历史看成有着非线性"根茎"的根结构,上面布满了出人意料的生长点、僵局与影响模式。[19]其中一些影响模式一直延续,女性主义者与其他人一直在与早期的文本进行着批判性对话,对其中的思想不断进行改写。人们所认为的欧美白人知识女性具有的优先权,其实只是神话。[20]在接下来的章节中,我突出了各种独特的地方思想,正是这些思想为女性主义梦想、目标与运动留出了发展与争辩的余地。或许其中一些思想的影响并不明显,但同样可能的是,当中的另一些思想具有批判性与创新性。我并没有尽力在欧洲寻找这些思想的起源,而是采用了一个较为发散的概念:"拼贴式女性主义"(mosaic feminism)——由那些承继而来的思想片段构建而成,提供具有特色的女性主义模式与图景。就像拼贴画一样,从远处观看与近处细察各女性主义,或将看到完全不同的画面。同样像拼贴画一样,将那些能找到的零零碎碎——其他的运动、投身其中的个体、行动与思想——拼贴在一起,就会构建出许多女性主义同盟。有些拼贴图样历时长久,始终存在;另一些崩塌成了碎片,这些碎片有的被重新使用,而有的则消失不见。

通过讲述其他组织与地区的女性主义历史,人们所熟悉的以欧洲为中心的女性主义历史被推翻,变成了"地方化的"历史,创造了有效交流的场域。国际上致力于选举权、禁酒、反殖民主义及和平问题的运动人士与作家也进入了人们的视野,取代了那些固守单一民族国家的运动人士与作家。在全书中,我会时而使用广角镜头概述不同的女性主义观点与女权运动,时而密切关注那些为性别不平等而战的一个个女性个体的人生。我希望能以此开掘出一些解读历史长河中的女权运动与思想的新方法。受金伯利·斯普林格(Kimberly Springer)"夹缝中的政治"概念的影响,我主张,我们不仅要观察组成拼贴图景的零散碎片,而且要观察碎片间的裂隙。斯普林格对黑人女权组织,如第三世界妇女联盟(Third World Women's Alliance)的研究,就描述了于"夹缝"中诞生的政治——那些在日常工作要求与家庭料理需求之间挤出的时刻。黑人妇女的组织活动还"嵌入"了民权运动与妇女运动之间,笨拙却创造性地显示了阶级、性别与种族的交织性。[21]斯普林格的"缝隙间"政治促使我们关注那些不那么容易成为现存女性主义政治一部分的问题,以及由此产生的机遇与错位。我们或许该问一问什么能使那张拼贴图景变得牢固,或者什么会破坏该图景的存在;或许该探查那些梦想、运动、空间与地域、情感与战歌如何能提供某种女性主义"黏合剂",将某种政治观点黏合到女性主义的历史形态中,并且黏合剂随着时间的流逝而逐渐脱落,如此,拼贴图景中的一块块碎片或许会脱落,而新的图景就能出现。

拼贴图景和对话的隐喻表明存在着对女性主义问题的丰富探讨。但我们也要看到女性主义还具有争端、暴力与动乱等特征,这一点很重要。女性主义哲学家贝尔·胡克斯(bell hooks)①

---

① 即格洛丽亚·琼·沃特金斯(Gloria Jean Watkins,1952—2021),美国作家、教授、女权主义者,以笔名贝尔·胡克斯而为人所知。笔名取自她非常钦佩的外曾祖母贝尔·布莱尔·胡克斯,为了与外祖母区别,她的笔名都使用小写字母。

注意到,"妇女可以参与,也确实参与了政治统治,既做了作恶者,也成了受害者"。[22] 与"妇女问题"和女性主义于同一历史时期出现的一些全球性体制,如帝国主义、传教运动、定居者殖民主义、契约劳动、民族主义,是一项项以暴力与隶属关系为基础的规划。一部以全球视野书写的女性主义历史,正如历史学家穆丽娜里妮·辛哈(Mrinalini Sinha)所坚持认为的,不是仅仅将我们的图景以复数形式表现,从而让我们用"多种女性主义"考虑问题,[23] 而是我们思考女性主义问题时,还必须承认辛哈所称的"不同妇女运动的差异化历史",它们之间存在着各种竞争与冲突,有着对他异性历史的强权与高压。

理论、运动与可用性

各种女性主义具有怎样的用途?这些女性主义在今天又有何用?"可用的历史"(usable history)的概念提供了一种思考历史、对话当下的方式,它揭露了过去那些困境与运动的形成过程,有助于厘清当下的女性主义策略以及女性主义优先考虑的问题与焦点。女权思想与运动早被用来重新分配家务劳动,改变抚养与教育孩子的方式、创造艺术与音乐的方式、划分与奖励"工作"的方式以及法律制度的运作模式。我们可以回顾各种不同的女性主义的历史,找到当代诸问题的前兆,而不必宣称历史就是直接的重复或重演。我们或许该问问:一直以来,谁可以被归入"女性主义者"之列?谁被遗漏了?对不同的个体、社会或国家而言,女性主义有着怎样不同的意义?

导 论

考虑可用性问题并不意味着我们探究女性主义的历史只是为了提供当代启示。实际上,我们也可以了解比如十八世纪宗教对女性主义的影响具体表现在哪里,具有怎样的特殊性;或者了解在二十世纪初的中国或中东,国家重建为妇女运动的发展提供了怎样的具体环境。"可用的历史"不是用今天的标准去评判的历史。相反,谈及可用性能让我们关注在那些历史上的行动者的一生中,各种女性主义的多种使用方式,包括被用于修辞、学术以及现实中。[24]每一位读者都会不可避免地提出自己关心的问题,确定哪些于他们有用。各个可用的女性主义必须是非教条式的、开放性的,可以在过去与现在的遭遇中被塑造,但不由它决定。

女性主义历史中的有些方面或许会令今日的我们感到局促不安。但可用性的概念承认了当今的运动需要历史基础。[25]在谈及个人历史时,女性主义者们长久以来一直处于尴尬境地;决心抛弃母辈、祖母辈的信仰是因为她们渴望反叛,想要宣告新时代的到来,摆脱遗产。诸如社交媒体平台等的新鲜事物会使当代女性主义者感到反性侵运动①的喧嚣时刻与先前的女权运动热潮具有相当大的不同。不过,各种女性主义运动其实始终具有鲜明的

---

① 原文为"♯CuéntaLo (Tell it) or ♯MeToo"。服务弱势女性群体的纽约社区组织者塔拉纳·伯克(Tarana Burke)2006年在网络上发起了♯MeToo,即"我也是(受害者)"的话题。2017年,美国金牌制作人哈维·韦恩斯坦(Harvey Weinstein)性侵多名女星的丑闻曝光。10月15日,塔拉纳·伯克的朋友——女星艾丽莎·米兰诺(Alyssa Milano)在推特上用该话题发文:"如果你曾受到性侵犯或性骚扰,请用'我也是'来回复这条推文。"随后,推特、脸书及照片墙(Instagram)上有数千人回复了这条消息。有些人写了"我也是",更多的人讲述了自己受性侵犯或性骚扰的经历。推特通过在旗下策划故事的平台"时刻"(Moments)上的推广,为♯MeToo这一话题助力。
Cuénta Lo,西班牙语,意为tell it,即"说出来"。在2016年斗牛节期间,西班牙潘普洛纳曾发生过一起强奸案,法官二次宣判时做出对案中五名男性强奸犯减轻刑罚的判决,导致大规模抗议活动爆发。抗议者纷纷走上街头,更多女性在推特上贴出带♯CuéntaLo的推文,述说自己遭受的痛苦的性侵与性暴力。这场西班牙运动被认为是"MeToo运动"的翻版,CuéntaLo也被收录为《牛津英语词典》热词。

23

历史性,有时还充满对过去的怀旧感。只要对历史进行简要回顾,我们就会发现在工作场所及大街上发生的性骚扰事件有着明显共同的主题,也会发现对男性暴力、男性免受责罚、不尊重女性等现象早有质疑。

许多人都认为,一部关于女性主义的历史至少一定程度上是一场学术之旅。除开其他方面不谈,女性主义始终邀请我们仔细思考社会的组织方式以及如此组织的原因,思考为什么(有些)男性会比女性拥有更大的发声权、更多的资源与权力。女性主义思想家参与了现代那些重要思想的构建——她们质疑自由自我的概念,质疑社会契约,质疑对民主公民权的描述,质疑政权与国家的概念,也质疑社会主义革命的思想。女性主义既与无政府主义批评以及生态学、神学、批判种族研究相互交织,也参与了这些领域的建构,贡献了其思想。实际上,随着二十世纪后期高等教育的普及,女性主义已经成为全世界许多国家学术研究领域的一部分。而理论也在抗议活动、唤醒公众意识的运动的前沿产生,这些理论往往被有计划地用于运动和改变个体生活。

过去二十年来,书写历史的方式发生了改变,也变得多样化。我们已经看到了一波书写文化史的热潮,看到研究物质文化、空间、资本主义及情感等问题的许多新方法的诞生。这些仅是几项近年来取得发展的研究领域。本书循着这些新的研究方法,详述女性主义历史,不再局限于惯常对该话题进行的学术分析以及对以之为指导的各类社会运动的分析。我不打算讲述一段跨越过去两个世纪的连续的女权运动史——那会是一项极为巨大的工程;相反,我会提供一些各种新型历史书写中的新的研究出发点。第一章以文学与心理分析转向的思考为指导,探源并认真思考不同的女性主义梦想,考查其所发挥的富有创造力且无意识的作用。第二章讨论父权制及其他术语如何充分体现了人类社会组织中一直存在的种种性别模式,由此找出女性主义的理论来源。本章同时审视了共和主义等由来已久的文化传统,以及近期流行的交织性思想与性别主义。当下,学者们越来越关注地域与空间对社会运动的影响,受此启发,第三章探讨女性空间问题,将女性主义置于工作场所与礼拜空间,探查其为争取庇护与安全的空间所做的努力。第四章聚焦女性主义物件。先前各种女性主义历史一直将女性主义视为一种意识形态,或者至多是在不同人物的传记中开掘该思想,而本章透过徽章、海报上的政治宣言,以及平凡却具影响力的书籍、帽针等日常用品,突出女性主义物质文化与视觉文化。第五章将物质文化研究延展至女性服装与时尚包装下的"外表",而第六章则汲取情感研究新作中的内容,探究女性主义引起的种种情感。第七章提醒我们关注贯穿女性主义历史的强烈的激进倾向,探查借助身体与空间进行抗议的方式。第八章考量女性主义的听觉维度,思考与女权运动相关的吟唱、歌曲及音乐创新。

  这些新的视角使女性主义历史植根于历史研究最具创新性的一些领域,让我们以新的眼光判断对女性主义的诸多使用是否适切。这些新的视角引领我们穿越世界各大洲,揭示为什么经历了历史的变迁,女性主义的那些普适性定义在不同的地域会不再适用。我所做的是邀请大家一起在世界的画布之上探查跨越了二百五十年的"各种女性主义",如此探查出的故事讲述的不是性别平等,而更多是性别公正——要求获得所有人都可生活如意的环境。这可以指支付适当的工资,赶走殖民者,也可以指欣然接受非凡女子的精神。它有时还意味着不同的女性主义目标与梦想之间的各种冲突。我认为,我们既可以从女性主义的历史中寻到灵感,也能更充分地理解为什么奇玛曼达·恩戈兹·阿迪契邀请"我们"都成为"女性主义者";这永远都不会是一项简单的任务。

第一章
梦　想

二十世纪九十年代,我当时还是一名研究生,刚开始研究女性主义历史。一天晚上的研讨课上,很偶然地,我开始认真思考起什么样的梦想会激励女权主张者为之奋斗。当时我边上坐着我一位年长的同事,我们俩都正听着一段关于女性主义哲学的辩论,也或许只有我在听,但我还清楚记得我的这位同事脚上穿着彩虹色的短袜,是那种五趾袜,一个一个脚趾分开的那种。她在展现自我方面总乐于表现得有悖传统。我们聊起了女权,她告诉我说她所认为的女权是要完全消除性别边界,这让我感到十分震惊。在她所梦想的世界里,"男性"和"女性"是完全无关紧要的分类。如今,随着性别酷儿、变性人、中性人等身份标签被实验性地、积极地使用,这样的梦想或许也不再是那么越轨的想法,而我本人的想法也越来越不那么墨守成规。不过,这对我来说是个重要时刻,因为我明了女性主义范畴之下有着多样的乌托邦梦想,而我自己明确了要对现存的男性与女性类属进行更多的研究。梦想能有力激起改变与追求不同事物的念头。十八世纪后期的作家玛丽·沃斯通克拉夫特称梦想是"奢望",而这些幻想奢望的时刻揭示了是什么让女人与男人有了女权意识。

梦想提供了促发女权运动的极为个人、私密的动机。梦想者的境遇——他们的家庭、劳动与就业经历、阅读的书籍、情感状态催生了他们的梦想。但梦想同样也与历史时期相关——在不同的背景下,比如占领时期、革命时期、城市化时期抑或是饥荒时期,人们会幻想什么?可以设想,女权梦想一开始只是些小的想法,以实现男女平等或是获得特定权利(如儿童监护权)为核心。但若看一下十八世纪后期至十九世纪数十年间的各种梦想与不同的梦想者,我们会发现显示出的是另一番景象。夏尔·傅立叶(Charles Fourier,1772—1837)及其追随者的梦想让人看到了早期对新性别秩序的想象中潜藏的野心与惊人的异端邪说。傅立叶提出,人的幸福包含有意义的劳动及欲望的自由表达。他反思了他那个时代堕落的性道德:

一位年轻姑娘难道不是一件待售的商品,价高者得之?她难道不是从小就受偏见主宰,不得不接受给她安排好的任何一桩婚事?人们努力说服她相信,她受到的只是鲜花锁链的束缚。不过,她真的会质疑她本人的堕落吗?[1]

傅立叶设想了另一种女权梦想:定名为"和谐"的理想社会。这里有富有创造力又吸引人的工作;社会以协作的形式组织运作,所有的工人,无论男女,无论成人还是孩童,都有着迎合他们爱好的各种工作任务。在性问题方面,所有人都可自由表达他们"大量有关性爱的新想法,这些是我们还无法想象的"。妇女会参与"和谐"社会的治理,傅立叶预言,这样的社会与管理方式将遍及世界其他国家。不过,实现这一目标的方法还不明确,这也是

第一章　梦想

为什么后来的思想家将之界定为乌托邦，而非严肃的社会主义前景。他的追随者坚持取缔婚姻、财产及传统母亲身份，代之以"激情平衡"（passional equilibrium）。这激情平衡存在于他们在十九世纪三四十年代创办于各国的空想社会组织中，包括法国、西班牙、阿尔及利亚、美国等国家。他们不羁的实验提醒我们，女性主义思想中的激进主义并没有随着时间的推移而在程度上有所增加。

我会在本章考查女性主义梦想的多种来源与梦想之地，包括那些主张男女分离的梦想，将爱与性置于首要位置并视之为核心的梦想，那些"促进种族发展"的梦想。精心打造的文学想象或科幻小说中的幻想，与无意识、碎片化的理想生活并存。梦想既是焦躁不安的乌托邦思想的发生地，有时也暗示对新生活的憧憬通常伴随着不安与冲突。

淑女之国与她的国

1905年，25岁的孟加拉姑娘罗凯亚·萨哈瓦·侯赛因（Rokeya Sakhawat Hossain，1880—1932）发表了一篇虚构作品《苏丹娜的梦》（"Sultana's Dream"），描述了一个女性主义乌托邦。那是一个科技发达的国度，她将之命名为"淑女之国"。在她的乌托邦里，男性生活在隔离于外界的"闺房"或闺阁中，女性统治着这里，她们不再遮着面纱，不再置身深闺。淑女之国就像一座花园，在这里，女性的专业技能与技术被用来服务众人。在她的幻想中，淑女之国的大学都由女性管理，大学的研究让生态可

29

持续农业得以实现。关键的一点是，她强调妇女可以获得丰富的水资源，这或许受到了莫卧儿文化、园林传统，以及她的亲身经历——英国在对印度的殖民占领期对环境的鲁莽掠夺——的影响。罗凯亚声称，在"真实世界"中，男性对科学的使用一直服务于军事目的。不过她的乌托邦中的女君们不仅强壮，而且愿意加强她们的统治；她想象她们使用热射线武器打退了邻国的男性军团。

这并非一种世俗的幻想，而是出生于穆斯林宗教环境的罗凯亚所支持的宗教非正统。她重新定义了"神圣关系"，描述她所信奉的异教以爱与真理为基础。在孟加拉，"神圣关系"指的是直系亲属关系，这样的社会禁止不同阶级、种族及宗教群体间的通婚。罗凯亚开玩笑似的坚持"神圣关系"应在淑女之国中被拓展，就好像所有人都是"亲属"，这样男人与女人就可以不考虑任何性方面的隐含意义而自由地交流。罗凯亚批评了穆斯林社会的深闺制度及戴面纱问题，这批评并非中伤伊斯兰国家是有诸多限制的地方。与许多其他人一样，她的政治主张立足于恢复伊斯兰教赋予的妇女权利的思想："我们所求的既不是救济，也不是恩赐。我们要求的只是一千三百年前伊斯兰教所赋予我们的权利。"[2]

罗凯亚的一生都因为孟加拉穆斯林妇女似乎都遵守深闺制度而懊丧："你们为什么允许自己被关在闺房内？你们忽视了对自己负有的责任，你们失去了你们与生俱来的权利……"她满怀热情地支持妇女教育，认为教育是其同时代女性实现自由的途径，而她本人也始终致力于社会工作与女性教育。[3] 在她看来，因为深闺制度与戴面纱而导致的妇女与世隔绝是"像一氧化碳气体一样的无声杀手"。罗凯亚抵制深闺制度，她在这方面的见解与大多数的殖民宗主国评论家的看法一致,即认为穆斯林妇女的与世隔绝、印度童婚及"寡妇自焚"都是原始、野蛮的做法。罗凯亚选择用英语写作她的《苏丹娜的梦》,她的乌托邦故事首次发表在《印度女性杂志》(*Indian Ladies Magazine*)上。这份基督徒的英语语言期刊或许表明她想象的读者是受过教育的殖民地精英。她将自己定位于本土精英圈,此类精英对社会的各种干预旨在使英治印度国内的各项实践"现代化"。不过罗凯亚也在孟加拉的许多期刊杂志上刊发了大量文章,还成立了一个穆斯林妇女协会(Anjnman-e-Khawateen-e-Islam)下属的福利会。她还翻译、引述了来自阿富汗和英国带有进步女权思想的故事与文章,在内战年间发起了为妇女争取教育机会的运动。[4]

　　罗凯亚想象的妇女自主自治管理的乌托邦与另一位重要的女权人物的梦想有许多共同之处,只不过这位女性具有完全不同的文化背景。夏洛特·珀金斯·吉尔曼(Charlotte Perkins Gilman,1860—1935)是二十世纪早期最重要也最引人注目的女权主义者之一。她参加了各种各样令人应接不暇的运动,包括服装改革运动、选举权运动、性改革运动、节育运动及反卖淫运动。与罗凯亚一样,吉尔曼将女性主义呈现为对全然不同的未来的梦想。她父亲这边的亲戚有些是著名的社会事业及妇女选举权运动的活动家,譬如她的叔祖母就是《汤姆叔叔的小屋》的作者、废奴主义者斯托夫人(Harriet Beecher Stowe)。不过她的父亲抛弃了妻子和儿女,吉尔曼早年生活于贫困与边缘化的状态中。吉尔曼的哥哥上了大学,她却被迫辍学。她不得不变得足智多谋、独立自主,即便1884年嫁人后仍是如此。1888年,她与丈夫离异,这一做法相当不同寻常,之后她陷入了更为严重的物质困境。不过,这些因素使她受益,成就了她卓越多产的写作事业。1909年至1916年,她独自一人撑起了月刊《先锋》(*The Forerunner*)的出版:撰写了每一篇社论、文章、书评、诗歌与小说。她甚至还自己写了广告宣传,比如她1909年为威斯康星州的"不破洞袜公司"打起了广告,在宣传中告诉她的读者:"我穿啊穿啊穿,可就是穿不破。我终是厌倦了那些不破、不磨、完好得不正常的长筒袜,将它们送了人!"

吉尔曼轻缓地推动着女性主义发展,希望能让"普通"女性读者接触到女权思想。她称女性主义为一种人文主义,目的是"在妇女当中推动人类品质与功能的发展"。虚构作品有助于她想象出一个妇女经济独立的世界,而她最为精心写就的乌托邦作品《她的国》(*Herland*)在罗凯亚的"淑女之国"发表十年后的1915年问世。《她的国》创作于妇女选举权运动局势紧张的时刻,当时"一战"波及世界多国并给各国造成极大破坏。作品想象了一个仅由女性组成的共同体,那里的人类种族进步(或"种族工作")不受任何男性统治的限制。吉尔曼很大程度上受到了母系文化理论或者说"女性中心"文化理论的影响,这些理论认为母系文化或"女性中心"文化是人类社会进化的早期形式。社会学家及人种志研究者认为,在人类社会的最初期,亲属关系及拥有财产的动机导致男性夺取了女性的社会支配权。这一权力关系的颠覆导致了吉尔曼所称的"男性中心"社会的崛起,这样的社会当中,"寄生虫式的"、无工作的女性屈从于男性。

吉尔曼相信,人类进化的这个阶段到如今已经结束——女性与"人类种族"本可以同享一个更加平等的社会,在这里,以爱为基础的性别选择将催生"更高级的种族"。《她的国》想象了这一切如何可能发生及发生后的影响。吉尔曼以科幻小说的形式描绘了一个南美女性乌托邦,这里的女人在遥远的过去屠杀了这里的男人。经历了两千年的单性繁衍,在"她的国"出生的只有女儿,其社会已逐渐确立起了人文主义价值观。"她的国"的女性聪明,能从事体力活动,拥有完全独立于男性的自主力。母亲身份高于一切,被置于社会的中心——既表现为个体的母亲,也可以指关怀社会的"社会母亲":

> 人们所渴望的母亲身份不仅是个人的欢愉,还是国家的希望。……每个女子都牢记并珍视这微妙的欢愉,这至高的荣誉,这最温馨、最私人,也最珍贵之物。

在吉尔曼的"她的国",性关系被取缔。穿什么衣服不再是需要担心的问题,这成了审美上令女性愉悦之事:"短发,不戴帽子,自由地穿衣搭配,穿得闪亮;穿上轻便、结实的套装,束腰外衣配搭紧身裤,下搭绑腿。"吉尔曼还很实际地强调这套理想化的衣物上有许多大口袋。"她的国"的民众拥有半公共住宅,里面有她们各自的卧室、会客厅和卫生间。吉尔曼婚姻破裂时被迫放弃了女儿的抚养权,此后她过着半流动式的生活,寄宿在起居两用的住所,边演讲边参与运动。她所想象的"她的国"的住所定然给了她改变的希望。

吉尔曼的小说不只是一首对以女性为中心的生活方式的赞歌。小说围绕以下情节展开:三个美国男人发现"她的国",之后便尽一切努力俘获这个国家的女性,迫使其进入两性关系。他们最初尝试用廉价的珠宝诱惑那些女性,但并未成功,随后,他们的

臆断也很快被推翻了,就如小说中的主要(男性)叙述者所说:

> 杰夫,他对女性的观念是陈旧的,带有浪漫的绅士色彩,认为女性是缠人的藤蔓。特里则有一套清晰明白的实际论调,认为世上有两种女人——他想要的和他不想要的。

"她的国"的民众"成群地"围着这几个闯入者,"明显不关心他会怎么想,明显坚持她们针对他的意图,并且显然有足够能力实现她们的意图"。叙述者对她们的体格感到惊讶:

> 骂街的泼妇和市场里的女人都很有劲,但那劲儿粗俗又笨重。这些女人实际就是健壮——轻盈而有力。

尽管这几个男性闯入者试图用枪迫使对方满足他们拥有结婚伴侣的要求,但他们还是被抓获并被迫勉强尊重"她的国"的社会现状及其"高级同志关系"的各种形式。他们最终"入赘""她的国",吉尔曼描写他们逐步认识到旧世界的"超女性化"(hyperfemininity)既会毁了女性,也会毁了男性。

吉尔曼在其出版的作品与演讲中始终强调,男女两性在基于相互间的爱与尊重而进行的女权改革中具有共同的利益。但她也一直保持着警醒,知道这一切不牢固,因而她在《她的国》中提出了婚内强奸的问题——丈夫们一度可以罔顾妻子的意愿,强行行房,这完全得到了法庭的支持(这一情况在全美各州直到1993年才得到改变)。吉尔曼描写了其中一位美国来的男性闯入者特里,他试图强行行使他的"婚姻权",罔顾"她的国"居民的意愿,还振振有词地说:"从来不会有一个女人会不享受**被主宰**。"但特里试图强行与他的妻子行房的行为最终导致吉尔曼这部乌托邦小说的结尾处三个男性闯入者全部被驱逐出了"她的国"。

吉尔曼的诸多结论似乎都比较悲观,但历史学家注意到她强烈渴望男性能积极参与到女性的各方面变革当中,也发现她乐观地相信男性暴力与胁迫在人类的需求面前终将失去作用。[5]如果将她限制男性性行为的主张放在心理分析的新型性规范,以及盛行于美国二十世纪中期的性开放与性实验的背景中考察,那么她的这一主张既显幼稚,又如维多利亚时代的性观点那般保守。尽管如此,她所设想的乌托邦——那里的女性留着短发,身体不受束缚,有戒备之心,享有不受男性束缚的情感与性自由——依然是一场引人入胜的女性主义未来之梦。

伟大之爱

罗凯亚与吉尔曼都设想女性能通过抛弃与男性之间的各种性别关联来实现妇女解放。吉尔曼离异后过着巡回讲演师的生活,这向一些女性显示了新的可能性,即她们可以脱离男性而生活,并将情感集中投注在其他女性身上。欧洲和美国有越来越多的女性过着单身生活,她们中有些人为此自怨自艾,有些则觉得围绕女性展开的生活充满关爱,令她们感到满足。但将男性排除在外很可能并非大多数人的目标,很多梦想着拥有不一样的女性主义未来的女性还是在她们的梦想中为男性设置了各种存在形式与角色。亚历山德拉·柯伦泰(Alexandra Kollontai,1872—

1952)就是这样的一位筑梦者。她热切地追求男性与女性之间的爱与性所具有的变革性力量,但她还是幻想出了一个完全不同的世界,在那里,爱会盛放。

柯伦泰的父亲是个富有的俄国人,母亲则是农民出身的芬兰人。父母之间的社会差距为他们的婚姻带来了巨大障碍。柯伦泰一直清楚,在十九世纪后期的沙俄,那些想要实现"自由恋爱结婚"的人会遭遇许多困难,可她本人也对爱情的力量着了迷。她拒绝接受她的父母试图强加在她身上的传统资产阶级女性的角色,开始了一段反叛式的婚姻——但这段婚姻令她深感不幸。尽管儿子出生了,柯伦泰还是越来越积极地参与政治活动,成为圣彼得堡马克思主义圈子里的成员。1896年的纺织女工大罢工给她留下了深刻的印象,她也因而确信妇女需要参与到社会主义斗争中去。1898年,结婚五年后,她离开了丈夫,开始了政治运动生涯。

在柯伦泰看来,俄国的女性争取选举权与就业机会的努力收效甚微。[6]于是她建立了一个工厂女工社团,越来越深入地参与到革命浪潮之中。在沙皇统治下的俄国,这项工作威胁到了她的安全,她将儿子留给自己的父母照料,先后逃亡到了德国、瑞士和斯堪的纳维亚半岛。或许她在欧洲和美国的丰富流亡经历使她进一步接触到了爱情关系中个体自我实现的思想,她认为妇女地位是共产主义的关键,充满自信地期待着在一场可预料的共产主义革命之后会有一个焕然一新的世界。

在《职业妇女与职业母亲》(Working Woman and Mother,1914)中,柯伦泰比较了四位同名为玛申卡的女性的人生际遇。这四位玛申卡分别是工厂主的妻子、洗衣女工、女仆及印染女工。

图 1.1 左侧，亚历山德拉·柯伦泰，马克思主义革命者、作家；布尔什维克革命胜利后，任公共福利人民委员。

她们人生中所遭遇的物质不平等令柯伦泰极为愤怒,她想要终结催生了"寄生虫"与工人的阶级等级制。柯伦泰要她的读者们"想象这样一个社会、一个民族、一个群体,那里不再有淑女玛申卡或是洗衣工玛申卡",那里的人的基本需求"会得到社会看顾,社会就像一个友好的大家庭"。[7]

柯伦泰在布尔什维克革命可能带来的种种变化中看到了妇女的巨大可能性。实际上,她在早期的作品中便已经认为这些变化植根于马克思主义对经济体制的阐释,将会不可避免地发生:

> 但这样的社会肯定只会在童话故事中出现?这样的社会真的会存在?经济学、社会史及政府都表明这样的社会必须,也将会形成。无论那些富有的资本家、工厂主、地主和财主如何努力抗争,这童话故事都将变成现实。[8]

1917年布尔什维克革命期间,她是彼得格勒苏维埃执行委员会委员;革命后,她成为引人注目的煽动者。柯伦泰对集体家政、新道德与新女性的展望在苏联广泛传播,她的著作也由中国二十世纪二十年代五四运动时期的革命者译介到中国。不过,她梦想变化会不可避免地发生,其实是低估了男权的阻碍,而且似乎也没给妇女运动留有什么空间。梦想或许会具有启发性,但如果这梦想没有给女性提供任何实现它的机会,那么它只能是空想。

布尔什维克革命几年后,柯伦泰在写作时认识到,她早期那些关于全新的妇女生活的梦想具有局限性。1917年,她成为列宁政府第一届公共福利人民委员,这让她得以实验她的一些梦想。她于1919年创立了妇女工作部(Zhenotdel),在苏联成立之初坚持妇女拥有受教育权与生育权。1920年,流产合法化,只是1936年,斯大林又再次禁止流产。革命后的动荡年月里,柯伦泰发现她的那些梦想很难实现,最终她退出了布尔什维克领导层。二十世纪二十年代,她处于半流亡状态时创作的小说和短篇故事表明,她越来越意识到,性别秩序要发生改变是极为复杂的事情。与她的许多革命同伴不同,柯伦泰的理想已不仅限于让她的"玛申卡们"能够享有更高的生活水平。她后来的乌托邦创作聚焦于所有人都能体验"伟大之爱"的社会——她相信,这种伟大之爱的颠覆性潜能将改变整个社会秩序。她寻求性自由,视(异性恋)欲望为一种超验力:

> 只有当文字无法再胜任表达的功能,他们才会在性欲中找到最终表达他们情感的方式。那明亮的燃烧的力量是如此美妙,遮蔽了她所有梦想的色彩。[9]

尽管如此,柯伦泰也承认爱与欲望是难以控制的情感,会对女性产生极大影响。她的个人生活同样反映了她对爱的强调:她与金属工亚历山大·什利亚普尼科夫(Aleksandr Shliapnikov)有过一段有悖道德的风流韵事,之后又与相当年轻的工人阶级革命者帕维尔·德边科(Pavel Dybenko)发展了一段情事,并于1917年与之结婚。在二十世纪二十年代的艰难环境中,柯伦泰所寻求的性与情感方面的转变在经济与政治危机的现实面前显得微不足道,她被迫正视她的梦想的种种局限,以及要实现她的那些梦想会面临的重重困难。由于支持工人控制的无政府主义①,柯伦泰被排除在了列宁政府核心圈之外,被迫离开苏联,先后接受了前往斯堪的纳维亚半岛和墨西哥的外交职位。正是在二十世纪二十年代,她创作了探索共产主义体制之下妇女生活的虚构作品,也因此在世界范围内声名狼藉,成为"自由之爱"的代表面孔。英国作家玛丽·沃斯通克拉夫特因其婚外情和婚外孕变得尽人皆知而饱受指责,被指淫乱,与之相似,柯伦泰是众所周知的纵欲的危险倡导者。她因为将性比作喝水而声名狼藉;据说列宁对此进行了严厉的批评与指责:"渴了就得喝水,但是正常情况下的正常人会躺到阴沟里,喝水坑里的水,或是喝那被许多张嘴喝过、口边有一层油污的杯子里的水吗?"不管柯伦泰有什么样的目标,她梦想过上或实际过上的不同生活都很可能遭到排斥与压制。

与许多写作乌托邦的作家不同,柯伦泰将她的小说设置在了布尔什维克革命发生前的过去,或者说是在革命的同时刻。她的那些故事聚焦女性人物,她们爱着男性,决心过上新生活。柯伦泰的乌托邦不是未来主义的,但它仍被称作乌托邦,是因为她幻想了一种不同的人类精神——会爱,会享受性激情,既能为自我实现而激情奋斗又能为集体利益贡献力量。在她1923年创作的

---

① 这涉及俄国布尔什维克时期工会与国家的关系。布尔什维克所面临的众多问题中有一项是重新加强工业纪律,该纪律在临时政府时期已经失效。布尔什维克支持"工人控制"的无政府主义-工联主义,并敦促工人接管并管理他们工作的工厂。一旦掌权,他们就采取了不同的办法,尽力用国家控制取代"工人控制";他们走得更远,试图强加"一人管理",甚至布尔什维克主导的工会也对此提出抗议。在内战期间,工人阶级受到军事纪律约束;1919年为所有工人引入劳动书籍,罢工成为一种罪行。布尔什维克党就工会与国家的关系进行了一些辩论。所有参与者就一点达成了共识:在一个由"社会主义者"管理的国家中,工会的作用是不同的。党不是资本主义;他们应该努力争取劳动纪律和更高的生产力。只有孟什维克和无政府主义者才会挑战这种观点。孟什维克拒绝承认布尔什维克的统治与工人阶级的统治,认为工会应该保持其传统的角色并对国家保持独立性。

短篇故事《伟大之爱》("A Great Love")中,瓦西里萨·马里基纳是一位工人阶级出身的共产主义活动家,她致力于打造集体生活。瓦西里萨先是弗拉基米尔的情人,之后又成了他的妻子,而弗拉基米尔之前是无政府主义者,后来加入了布尔什维克。他们之间的关系很复杂,充斥着欲望、友谊和沮丧。像柯伦泰创作的许多其他女主人公一样,瓦西里萨努力将一段段危险的个体恋爱关系与革命工作相结合。她拒绝接受父权体制所重视的女子童贞,与好几个男人都发生了性关系,但她的那些情人们时常假惺惺地维护那些残存的关于性体面的旧有观念,这令她深受其苦。最终,工人阶级出身的女主人公瓦西里萨离开了她不忠的丈夫,重新从事党派工作。柯伦泰的女主人公们摆脱了那些苛求她们的情人之后,都无一例外地会更幸福。瓦西里萨与那些男人之间的关系中几乎都表现出了母性,而柯伦泰笔下的男人似乎都有点孩子气,在情感上依赖女性。

在《伟大之爱》中,瓦西里萨对弗拉基米尔的激情之爱最终变成了友情。弗拉基米尔的新情妇出身于资产阶级,依赖于对单个男人的爱。瓦西里萨对她满是同情,甚至还对她有了姐妹情谊。不过,柯伦泰认识到妇女易受生殖问题的影响,她在《伟大之爱》结尾处写道,瓦西里萨发现自己怀孕了。柯伦泰乐观地认为可以依赖苏维埃政府的集体供给抚养孩子长大,这或许有些天真。她在《职业妇女与职业母亲》中就已经充满自信地预测:

> 玛申卡既不再是夫人也不是女仆,她的身份就只是公民,她怀孕时,不必再去担忧她或者她的孩子身上会发生什么。社会这个幸福的大家庭将看顾一切。鲜花满园的特殊

之家将会为迎接她而做好准备……孩子将会得到经验丰富的护士的照料,在幼稚园、儿童收容所、托儿所及学校里长大。母亲想要与她的子女相处时,她只需提出来;要是没时间陪孩子,她也知道他们会得到很好的照顾。[10]

革命后的苏联的现实生活并不那么美好,但柯伦泰仍幻想了瓦西里萨怀孕并成为母亲,在这方面保持了她的乐观精神。或许她拥有的相对特权,以及她自身的母亲身份对她的政治活动所产生的有限影响,使她难以想象脱离了传统家庭结构的妇女抚养孩子的实际体验。

尽管她们写作的年代前后相差不超过二十年,但罗凯亚、吉尔曼和柯伦泰的女权主义乌托邦在对男女关系的想象上迥然不同,这体现了她们在文化、宗教、政治背景等方面的差异。在夏洛特·珀金斯·吉尔曼充满才智的作品中,她的精神与展望融合达尔文主义及优生学,形成了吉尔曼所称的"更广博的女权主义"。罗凯亚·侯赛因的梦是具有远见卓识的、非凡的、有悖伊斯兰传统的女性之梦。亚历山德拉·柯伦泰也同样感兴趣于通过爱的力量获得精神超越,尽管她更倾向于在世俗的、马克思主义的框架之下实现这一点。虽然这几位女性都积极投身本国围绕妇女选举权、生育权、受教育机会等事业而进行的运动,但她们还坚持探究有着不同性别关系,有时带有奇幻色彩的幻想世界。她们都强调女性主义未来的关键在于妇女普遍拥有有意义的工作。这一特征在乌托邦的社会主义传统中很常见。在柯伦泰的作品中,它与马克思主义的工人阶级统治思想密切相关。工作可以带来经济独立,大多数的女权主义者都认为获得就业机会是她们的一项重要目标。但妇女劳动——有创造性、对社会有益的活动——是不同的女性主义梦想所共有的根本目标。

乌托邦实践

女性主义乌托邦的梦想折射的是十九世纪后期与二十世纪初期这个丰富多彩的时期,这个阶段的男性与女性都想象着不同的社会组织方式。也有许多人以更为具体的方式努力实现这些梦想。十九世纪的激进分子进行着广泛的实验,建构起"样板"社会与各种乌托邦社群,坚信他们有能力将梦想变为现实。潘迪塔·拉玛巴依(Pandita Ramabai,1858—1922)就是这样一位梦想家,她坚定地认为她的印度女性同胞需要独立自主地生活在为她们提供支持与帮助的妇女社群中。拉玛巴依是具有高知名度的社会改革家,她的生活为她父亲不同寻常的决定所造就。其父是一位高种姓婆罗门梵语教师,他想要将他的典籍知识传授给妻子和女儿。拉玛巴依与她的父母和兄弟姐妹过着漂泊的、非正统的朝圣生活。她的父亲拒绝接受各种包办婚姻;拉玛巴依也是在22岁——相对较大的年纪才最终选定了自己的丈夫,此时她的父母已经在1877年马德拉斯的饥荒中死于饥饿,她的哥哥也已意外死亡。尽管她选择嫁给种姓之外的丈夫、注册结婚引起了争议,但在她结婚之前,她已经是加尔各答印度教传统的知名学者。她始终对与印度妇女息息相关的议题深感兴趣。历史学家帕德马·阿纳戈(Padma Anagol)认为,拉玛巴依1882年创设的妇女圣社(Arya Mahila Samaj)成了她的讲坛,她借讲坛向殖民当局直陈妇女受压迫问题以及进行变革的需要。[11]

在拉玛巴依看来,早婚及守寡是影响性别公正与平等的突出问题,她本人在婚后两年便守了寡,还要独自抚养女儿。正是这一经历促使她要改善寡妇的住所,尤其是那些娃娃寡妇和少女寡妇的住处。拉玛巴依之家 1889 年首次开放时被命名为"学问女神之家"(Sharada Sadan),其目标是通过手工艺和农业劳动实现妇女的自给自足。

像许多其他妇女运动活动家一样,拉玛巴依全身心地致力于为实现女性梦想而争取妇女读写能力的培养,发展印刷文化。她宣称,"学问女神之家"会设图书馆,陈列最优秀的科学与文学书籍。此外,"图书馆里还会设立讲师职位……让那些长久受困于无知的囚室中的人,目能明,耳能聪"[12]。拉玛巴依帮助创立了由妇女经营的印刷厂,鼓励出版妇女刊物。她推动了各种就业机会,让印度妇女可以成为教师和护士,也创造机会让寡妇再嫁。虽然她做的这些工作起初是为了确保高种姓妇女有安定的未来,但同时她也始终关注那些受教育程度低、无特权的妇女的需求。鉴于她自身曾有过饥荒的悲惨遭遇,在被殖民的印度反复经历饥荒的时期,她尤为积极主动地救助经受饥荒之苦的弱势妇女。她所致力的女权运动的思想核心是妇女自力更生,支撑她行动的思想基础是她强烈地感到妇女教育具有改变力。

拉玛巴依曾在英国和北美广泛游历,努力学医,并为她的寡妇之家筹措资金。她的演讲先后出版,其中包括她在 1887 年用英语出版的《高种姓印度女子》(*The High-Caste Hindu Woman*)。拉玛巴依成功地筹集到了资金,其中的部分资金是通过美国拉玛巴依协会筹得。[13]她与妇女参政论者、戒酒活动家和废奴主义者保持密切联系,得以建立了支持者联盟,让她有机会救助那些被社会边缘化的印度妇女。

不过,这样的支持是要付出代价的。拉玛巴依的努力与成就被介绍到西方时,印度妇女被描述为带有异国情调的女性,是受害者。那些支持者中有一位名叫瑞秋·L.博德利(Rachel L. Bodley),她是宾夕法尼亚女子医学院院长。博德利帮助培养了第一位获得医学学位的印度女子阿南迪巴伊·乔希(Anandibai Joshee,1865—1887),尽管乔希9岁便已嫁人。乔希13岁怀孕,儿子出生后夭折,这让她萌生了接受医疗培训的念头。博德利很支持乔希,但她发现很难不将印度妇女当成无助的受害者。受拉玛巴依所托为其《高种姓印度女子》一书写序时,博德利写了一篇颇为夸张的序言:

> 千年的沉默一朝被打破,这本质朴小书的读者听到了这一陌生声音的初啼。聪明、受过良好教育、幸福的英美妇女将听到字里行间颤抖的悲痛话语。

拉玛巴依本人似乎也与博德利有着一样的看法,她用极为贬损的语言如此描写印度妇女:

> 她们早年遭到残酷的压榨,自力更生的能力与精力早已在她们体内消亡。她们是好逸恶劳与虚假胆怯的无助受害者,很容易就被吓得魂飞魄散;她们鲜有,甚至根本没有力量承受在通往进步的道路上必然遭遇的磨炼与困难。……我们的西方姐妹们是不是有义务教教她们怎么变得自力更生?[14]

虽然拉玛巴依谈到了印度妇女的胆怯,但她本人的性格显然并非如此,她声名不佳,被认为是个好争辩、不遵传统的人,不愿成为印度妇女受害者中的一员。颇受争议的是,她在一次访英期间转宗信仰了基督教,之后,她向"学问女神之家"的妇女同时传授印度教与基督教。但她拒绝接受英国国教的仪式与神学,拒绝佩戴十字架,不认可基督的神性与耶稣复活。相反,她更偏向于将基督教本土化,创作马拉地语和印度语的赞美诗,将《圣经》翻译成马拉地语。她同样坚信西方的传教士与慈善机构的干预对印度妇女的现状没有什么影响。在她看来,海外来的那些"英国圣公会差会的女传教士"永远都不可能战胜印度的等级体系。拉玛巴依坚持认为,要想发生变革,必须优先考虑"我们自己国家的女教师"。

说到"学问女神之家"的管理问题,事实证明拉玛巴依很难在殖民统治下的印度复杂的社会环境中行使权力。她的各项活动与英美传教士、英国国教权力机关及殖民政府之间形成了竞争。拉玛巴依想在其创办的妇女之家中确立权威,结果却发现自己被排除在了由富有的美国出资人组成的委员会之外。她也挑战婆罗门教的仪式权威,但她作为信仰基督教的女性,是不受欢迎的存在。她的寡妇之家遭到了富有影响力的马哈拉施特拉邦印度教徒的抵制,他们害怕寡妇之家的妇女转而信仰基督教。她包容社会中的不同信仰,捍卫妇女精神自由,这些却常被怀疑是具有颠覆性的基督教传教形式,尤其是当拉玛巴依将寡妇之家的成员从上层阶级的寡妇扩展至那些在饥荒年间忍饥挨饿的受教育程度较低、缺乏自律的农村妇女之时。管理委员会最终限制拉玛巴依出现在"学问女神之家"中印度教妇女的厨房、食堂和住所等场所。

妇女梦想拥有个体自由的空间与宗教自由的空间,这在不同宗教信仰相互作用的紧张环境中很难实现。拉玛巴依努力创造女性管理的庇护所与女性管理空间的机会,但她的努力因为父权体制、宗教宗派主义及殖民列强的利益而难有成效。虽则如此,她所创办的机构和她坚定的决心还是激励了许多后来的活动家。在印度尼西亚,一个名叫卡蒂尼(Kartini,1879—1904)的女学生读到了拉玛巴依的事迹并记录道:

(我)激动得发抖;不仅白人妇女可能实现自身独立,棕色皮肤的印度妇女一样可以让自己获得自由。我连着几天都想着她,我再也没有忘记过她。[15]

卡蒂尼后来成了印度尼西亚第一位公开对一夫多妻制提出异议的女性,第一位借助其与荷兰妇女之间的通信争取荷属东印度群岛(今印度尼西亚)妇女教育的女性。她放弃了在东京接受教师培训的计划,1903年成了印度尼西亚一位首领的第三任妻子,第二年,年仅25岁的她在生下儿子后去世。尽管她的生命很短暂,但她直言不讳地支持印度尼西亚的妇女获得更多的机会,这使她成为值得许多后来的印度尼西亚活动家纪念的人物。

梦想的种种局限

我们此前所探讨的女性梦想都是存在于小说与幻想中的乌托邦,有时候它们也存在于日常生活中。但梦想并不总是简简单单的乌托邦或总是让人梦寐以求。那些在夜间所做的梦也可能模棱两可，充满我们未曾察觉的冲突与分歧，它们提醒着我们坚持女权原则会遭遇的困境。重新确定男性与女性之间的各种关系意味着重新思考最私密的领域，而且不出所料，这导致了那些幻想着全新世界的男性与女性的梦幻生活中出现了矛盾与痛苦。

历史档案中几乎没有记载过这些梦想，因而我们不得不视那些被写下来的梦想为仅仅与之很相似的记录，它们或许真的在我们擅于做梦的大脑中真实存在过。当然，那些被写下来的梦想是梦想者选择要与我们分享的。在十九世纪英国哲学家、政治家、妇女权利的卫士约翰·斯图尔特·穆勒所写的一封信件中，我们可以见微知著，识得一位重要女权思想家潜意识中的愿望。他在这封信中描写了他众多梦想中的一个。

穆勒在1869年就已经出版了《妇女的屈从地位》，一部从哲学与伦理学角度思考妇女平等问题的著作。他努力推动妇女选举权的实现，提交了《1867年改革法案》的妇女选举权修正案——这项改革法案即将赋予新一批英国工人阶级男性选举权。他对妇女选举权的贡献提醒我们关注本书的一条重要脉络，即作为女权主义者的男性一直都很活跃且具有影响力。只有女性才会是女权主义者这样的想法必须置于特定历史语境中讨论，在特定的时间点和特定的地点，人们对此深信不疑。但这样的想法并非适用于所有时期。穆勒及其他很多人，如美国昔日的奴隶、妇女参政论者弗雷德里克·道格拉斯（Frederick Douglass）和中国的金天翮①都是支持妇女获得更多机会的重要人物。穆勒与许多男性女权主义者一样会从某位女性合作者那里获得启发，对穆勒来

---

① 即金松岑（1874—1947），清末民初的国学大师。

第一章 梦想

说,他的启发者是他的妻子哈丽雅特·泰勒·穆勒。他将她理想化,认为她拥有"无与伦比的智慧"。他们夫妻二人合作著书立说,发表关于家庭暴力及其他运动议题的见解。[16]

约翰·斯图尔特·穆勒对理想的女性公民有着极为具体的想象。他赞美已婚家庭主妇的生活,认为这是妇女存在的最高形式,尽管十九世纪后期欧洲许多国家有越来越多的女性无法结婚。欧洲男性移民美国、阿根廷、澳大利亚、加拿大等国,这造成了他们原籍国的性别不均衡。未婚女性在社会上、性别上都"过剩",这引起了公众的高度关注。穆勒支持妇女选举权是基于他认为已婚妇女作为公民具有独特的品质——他不怎么支持单身女性,因为他认为她们没能达到作为女性最圆满的状态。不过,桑德拉·泽里利(Sandra Zerilli)却提出,尽管已婚妇女是穆勒理想型的女性,但穆勒对女性美德的描述依赖的是"作为道德说教力的无性女性"。[17]穆勒所幻想的这种公民身份,其核心在于谨慎、克制及压制低等欲望,而他本人就与已婚的哈丽雅特保持了一段长达二十年的轰轰烈烈却无性的关系。一直到哈丽雅特的第一任丈夫去世之后,约翰·斯图尔特·穆勒和哈丽雅特·泰勒才得以完婚,而穆勒一生都对"低劣的激情"持批判立场,认为其是社会罪恶。

穆勒自己的梦想生活与他的性欲之间似乎有些不可调和。1857年,他写信告诉妻子哈丽雅特,他梦到了一场晚宴上一次幻想的交谈,"我左手边坐着一位女士,对面是个年轻男人"。在穆勒的梦中,年轻男人宣称:

"女人身上可以发现两种绝妙、稀有的东西:真诚的朋友和诚挚的抹大拉。"我回应道:"最好是这两者合而为一。"对此,那位女士说道:"不,那根本不可能。"我随之脱口问道:"您觉得人们谈到善时,必须想到的是自己微不足道的利益吗?不,我要说的是抽象的好与抽象地值得赞赏之物。"[18]

"抹大拉"是私生活混乱的女人或卖淫女的委婉说法。穆勒的梦表明他一直在寻找一个可以将感官享受和欲望与被他推崇为公民美德的思想平等与友爱相伴融为一身的人——尽管他担心"不可能"存在这样的人。模糊不清的是,这种融合的"不可能"(vain)可以表示无法实现(徒劳,in vain),也可以是对自负(personal vanity)的指责。尽管梦可以暗示各种紧张的情绪和未解的心结,但它们很少提供明确清晰的东西。在对他的梦的描述中,穆勒接着又修改了他梦中的人物:"之前他转述错了,正确的原话是'一个纯真的抹大拉'……"

"纯真的抹大拉"——女性熟知性知识却又保持纯真——中的悖论再次表明穆勒在性别政治方面具有无意识的懊恼与矛盾心理。不可能存在的"纯真的抹大拉"是具有威胁性、不稳定的人物。他在给妻子的信中继续说道:"会梦到那些愚蠢又虚假的话语,梦里完全不像自己的举止方式、不似自己的性格,这真是太奇怪了。"他使自己疏离于那个梦境,称它"离奇古怪""荒谬绝伦"。不过,这梦境却让人可望而不可即地一睹坚守女权主义立场的困难——穆勒像吉尔曼和罗凯亚一样,以性节制为中心,提倡理性而非激情。

美国女权主义者多丽丝·史蒂文斯(Doris Stevens)的梦想给我们提供了另一个生动的例证,说明了过一种女权生活会遇到的各种问题。史蒂文斯通过全国妇女党参与了美国妇女选举权斗争,她后来领导了美洲妇女委员会(Inter-American Commission of Women,1928—1939),成为两次世界大战期间努力提升妇女国际政策影响力的重要人物。她在1921年嫁给了著名的律师达德利·菲尔德·马隆(Dudley Field Malone),并宣称支持新型婚姻关系。她提议,妇女应在婚姻中保留她们的名字,继续有偿工作。她希望她的婚姻可以成为爱与友谊并存的婚姻的典型——柯伦泰所期待的婚姻关系的鲜活例证。柯伦泰十多年前就表达过这样的期待,在布尔什维克革命的动荡中,那似乎既具有乌托邦色彩又可实现。

但多丽丝·史蒂文斯与她的新婚丈夫之间的关系并没有表现为她所期待的样子。他对她进行情感虐待,轻视她,疏远她。马隆丝毫不了解妇女对自主权与有成就感的劳动的需求,他还搞婚外情。这对夫妇最终在1927年离婚。多丽丝在她的日记中记录了她与达德利居住在巴黎时做过的一场梦。梦里,达德利走向一群朋友,评价她是个"小媳妇——漂亮的悍妇"。他的行为让她很难堪,她梦见自己变成了一列火车,发出"咔嚓、咔嚓"的噪声,掩饰他对她的粗暴,缓和当时的尴尬。[19]这个梦揭示,努力要过突破传统限制的生活需要付出精神代价。多丽丝离婚后被媒体嘲弄,说她渴望工作、渴望"现代"之爱,这毁了她的婚姻。

梦想的差异

前面我们所解读的女权梦想涵盖了从十九世纪八十年代至

二十世纪二十年代相对较短的时间段,它们说明英治印度、苏俄和美国的不同环境可以催生出完全不同的梦想。每一片女权主义"拼接碎片"都有其独特的图案,不过有时候同一块碎片或同一种色彩跨越时空始终清晰可辨。

1968年后,妇女解放的各种思想中流行着不同的姐妹情谊的概念,在姐妹情谊的概念框架下,寻找各女性主义之间的共性变得尤为迫切又令人不安。美国女权主义者阿德里安娜·里奇(Adrienne Rich,1929—2012)于1978年出版了诗集《共同语言的梦想》(*Dreams of a Common Language*)。此时她已是一位广为人知的诗人,是美国妇女解放运动中的领军人物。这场运动被界定为"激进"运动,因为它颂扬妇女独立,认为妇女有共同的知识与利益——植根于母性与自主的性欲之中。里奇的诗从不简单地呼吁团结一致,她强调,女性在男性强加给她们的语言结构中被剥夺了权力。她同时也清楚种族、族裔、性别与阶级的划分给"姐妹情谊"概念带来的挑战。但在献给黑人女同性恋女权主义者奥德丽·罗德(Audre Lorde,1934—1992)的一首诗中,里奇似乎跨越了妇女之间有争议的种族划分,借妇女团结或母性联合伸出了橄榄枝:

> 我在这里,被我的全部信仰判定有罪——
> 你,也是如此。我们退缩着不敢触摸
> 我们的权力,我们回避着,我们让自己缺乏权力
> 让彼此没有权力,我们非常畏惧
> 接受我们的爱、利用我们的爱会当如何
> 用这爱冲刷一座城,冲刷这世间,

> 让爱挥洒并引领这爱喷洒的方向,消灭
> 那些毒素、寄生虫、老鼠、病菌——
> 就像我们渴望又害怕成为的可怕母亲那般。[20]

奥德丽·罗德出版了她与里奇的一段深入交谈。这段交谈1979年被录制成了磁带,1981年出版成书,其内容是关于写作的力量——写作可以表现妇女的经历与创伤。她们之间观点的交流说明美国女权主义者之间存在相当紧张的种族关系,但承认彼此的差异也很可能产生创造力。里奇在献给罗德的这首诗的结尾处写道:"除非我们找到彼此,否则我们终将各自为政。"

但要取得一致性很难。罗德因为不得不反复设法解决却似乎永远都解决不了美国白人妇女持有的种族主义而失去了耐心。1979年,她拒绝参加更多的抗议活动,拒绝为种族主义消耗自己作为激进分子的精力。在写给另一位白人激进女权主义者玛丽·戴利(Mary Daly, 1928—2010)的一封公开信中,罗德宣称:

> 我下定决心再也不与白人妇女谈论种族主义。我觉得那是在浪费精力,因为种族主义是具有毁灭性的罪孽,会遭遇具有破坏性的抵触心理,也因为不管我要说什么,这些最好都由白人妇女说给彼此听,这样,言说者远不需要投注多少情感,或许听者也更愿意听。[21]

与罗德同样感到徒劳的是英籍亚裔电影导演、激进主义者普拉蒂巴·帕马(Pratibha Parmar)。这种徒劳感促使她于1989年向《女权主义评论》(*Feminist Review*)期刊投了一篇带有深思性的文章,名为《其他类型的梦想》("Other Kinds of Dreams")。帕马在其他场合也强调她从黑人女权主义者致力于女权主义多样性的努力中汲取力量,尽管她注意到这引起了白人女权主义者的抵触心理。以受压迫的具体体验为基础的求同存异或许可以呈现多种多样的女权主义,但也很容易最终表现为效果不佳的"受压迫身份"的堆砌,沦为"生活方式'政治'"。帕马不主张围绕共同承受的压迫或"共苦的伙伴"来讨论女性的多样性,而是提出"流散"的概念是传递差异性最有成效的方式,这可以避免"黑人""白人"等本质主义的身份问题。帕马引述了美国黑人诗人琼·乔丹(June Jordan,1936—2002)的诗句,认为"其他类型的梦想所具有的力量,无关我们是否白肤色"。[22]

1871年,美国妇女参政论者苏珊·B. 安东尼(Susan B. Anthony,1820—1906)在犹他州盐湖城给一群听众做讲座。其中有一位讨厌的男性听众试图表达自己的观点,安东尼的反击人所共知,她说道:"拿走你那些男人憧憬。女人们打算拒绝接受所有那些想法,开始拥有她们自己的梦想。"女性梦想不同于男性梦想的想法极具颠覆性。但所有女性在多大程度上或许能分享共同的梦想,这一点是女性主义者最关心的问题,也是会造成极大分歧的问题。梦想不只是想象不同事物,也表示变革的希望中蕴含的局限与矛盾,这也是拉玛巴依在努力创建妇女庇护所而身陷尴尬处境时所面临的问题。女性憧憬的未来完全是多种多样的。譬如我的同事憧憬消除性别,厄休拉·勒古恩(Ursula Le Guin)1969年出版的讲述雌雄同体的卓越小说《黑暗的左手》(*The Left Hand of Darkness*)中表达了同样的想法。但消除性别是甲之蜜糖、乙之砒霜。没有证据表明二十世纪初的那些女性梦想家如罗凯亚、吉尔曼、柯伦泰等读过对方的作品。她们很可能不愿意承认自己参与了任何常见的"女权"运动,也不愿被贴上任何身份标签。将她们的梦想放在一起并不是试图调和它们。恰恰相反,这正体现了不同的地域有着不同的女性主义乌托邦想象,同时,她们的梦想中有相似点也有共鸣。

我们不谈女性统一这样不可能的难题,而是代之以更松散、更临时的联盟和拼贴模式,这是近来女性主义思想中富有成效的改变。1997年,女性主义哲学家艾丽斯·玛丽昂·扬(Iris Marion Yang)就提出:"我们需要认识到跨越差异进行彼此理解具有挑战性,而不是一味地继续做着共同梦想的美梦。"[23] 阿德里安娜·里奇称她的梦想是一种"共同语言",而罗德谈论的恰恰是"差异的房子"。在《赞比:我名字的新拼法》(*Zami: A New Spelling of My Name*)中,罗德本人梦想着一个感官的世界,那里的妇女"一起劳动,如友人,似爱人"。这消除了穆勒、吉尔曼和柯伦泰作品中难以理清的劳动和爱之间的分歧。我在此引述罗德的观点结尾:

> 妇女团结在一起还不够。因为我们各有不同。
> 同性恋女孩团结在一起还不够。因为我们各有不同。
> 黑人团结在一起还不够。因为我们各有不同。
> 黑人女子团结在一起还不够。因为我们各有不同。
> 黑人女同性恋团结在一起还不够。因为我们各有不同。[24]

第二章
思　想

　　女权梦想或许只是乌托邦想象,但通过想象、猜测、幻想不同的未来,它们揭示了性别划分造成的暴力、荒诞与偶然。这些梦想能让我们更好地理解女权生活和女权运动,激发了各种思想、理论与分析。本章考查一些极重要的女性主义知识创新,探迹女性主义对各种传统的借鉴,包括基督教、社会主义、自由主义、立宪主义、民族主义及共和主义。我会聚焦于一个重要的认识,即性别差异并非自然划分,而是横跨了时间与空间,以各种不同的形式强加的概念。

　　性别概念在社会及政治结构中被保留了下来。有些社会可能存在着男与女的二元划分,有些社会则围绕年龄、社会地位、劳动表现、精神作用等来划分生理与社会性别。譬如,近世日本提供了年轻男性或和尚可以拥有的"第三种性别";一些印第安社会的组织规划也同样围绕多种社会性别。有些社会或许视性别差异为社会组织形式的基础,有的社会则可能认为年龄、族裔或种族更重要。伊菲·阿玛蒂姆(Ifi Amadiume)等学者提出,在一些非洲社会中,等级与年龄分组在社会组织方面比性别更重要,这样的社会使女性可以承担如"女丈夫"等越轨或有权势的角色。[1]

可变性这一概念非常重要,因为它为变化——性别差异并非特定,而是可以存在不同形式——预留了空间,因而为挑战与改变提供了机会。对于女性主义者来说,历史具有很强的影响力,因为它展现了时间的变化,它拒绝接受女性天生就该处于从属地位的看法。不过,与性别差异结构中的流动性与差异性共同出现的还有另一个女性主义概念,即令女性处于不利地位的社会经济结构长期存在,很难发生改变。女权主义者对有害的社会经济结构形式有着不同的命名:"区分领域""大男子主义""男女""父权制"。

发现长期存在的不平等与压迫并不妨碍产生一系列积极乐观的思考。有些女权主义者从以下想法中获得了勇气和灵感:妇女拥有她们独特且由来已久的特点——其中一些植根于她们的母亲身份,也有一些植根于更人道、和平、平等的人类社会形态中的"妇女文化"思想。我将于此探讨性别差异思想以及过去二百五十年间男性统治一以贯之的本质。

妇女、理性与美德

十八世纪欧洲关于性别的种种辩论往往聚焦于女性的本质,认为她们对奢侈品与八卦闲谈显而易见的热爱使她们成为公共福祉的威胁。在一个强调"启蒙价值"——理性与教育具有改变人类、支撑良好政体的力量——的世纪里,女性气质似乎威胁到了进步思想。早期参与公共生活中的妇女问题辩论的部分人士并不认同这一看法,他们坚持强调女性拥有的智识与道德潜力。

第二章 思想

人们通常所称的"妇女问题"并不是关于男性压制女性的权力问题,而是着重于富有争议的女性气质的特性问题。

在西班牙阿拉贡精英圈内长大的何塞法·阿马尔-博尔冯(Josefa Amar y Borbón,1749—1833)是西班牙启蒙运动时期著名的翻译家和作家。她因为在西班牙被指落后与无知的国家敏感期对西班牙的文学文化做出的贡献而闻名。她写作了关于"妇女问题"的作品,侧重于探讨妇女教育以及妇女应在公共生活中扮演的角色。她的论文《捍卫妇女才能及她们在政府管理及其他男性担任的职位方面的能力的论述》(*Discourse in Defence of the Talents of Women, and Their Aptitude for Government and Other Positions in Which Men Are Employed*)于1786年发表。该文呼吁,人们应停止讨论女性与男性各自的优点,直到两性获得平等的教育与自我修养机会。她提出,妇女一边受到恭维,一边又受制于男权专制,"出生、成长于全然的无知中",她们的才能受到了扼制。阿马尔吸取启蒙思想所信奉的理性与教育理念,坚持认为,"如果无知被消除,那么奴役状态也会被消除"。但她也乐于嘲弄男性的骄傲自大。阿马尔评论说,夏娃在伊甸园吃苹果的时候,犯了原罪,但至少她表现出了好奇。而亚当只是在夏娃的要求之下才"顺从地"吃了苹果。在阿马尔看来,基督教中的"堕落"叙事展现的完全不是女性的罪恶与逾矩,而是暗示"女性早于男性表现出了对知识的渴望"。[2]

在与致力于西班牙社会现代化及改革的进步人士进行的对话中,阿马尔要求让女性参与她的那些男性同辈时常举办的沙龙。被命名为"经济社团"的这些沙龙是主办各种改革辩论的场所。像她那个时代的许多作家一样,阿马尔回顾了古希腊、法国、俄国、西班牙那些过去时代的妇女所取得的成就。但她也坚定地反驳她同时代的启蒙思想家的观点。让-雅克·卢梭的《爱弥儿，或论教育》(1762)是一部有着巨大影响力的作品，它支持女性与男性在需求与社会责任方面截然不同的想法。卢梭认为妇女是感性的——她们至多是男性眼中赏心悦目的贤内助。这一观点具有非常大的影响力，让十八、十九世纪的人认定家庭生活和屈从是重要的女性美德。阿马尔欣然接受由妇女负责家政的想法，但她坚持认为要妇女照料家庭，就必须让她们接受理性教育。理性教育应包含相当高级的技能：复式簿记法、拉丁语和希腊语、历史和算术。她的要求不包括政治权与公民权，但她以真名出版著作，大胆要求承认女性与男性在道德与智力方面平等，这些都使她成为西班牙"妇女问题"的主要贡献者。她在拿破仑战争期间的活动——在激烈的交战中，勇敢地将伤员移到安全地带——也表明妇女有能力以意想不到的方式服务她们的国家。

　　阿马尔关于"妇女问题"的著述至今仍被视为关于妇女如何被评价、被对待的透彻、有趣又激昂的作品。不过，她的贡献因为西班牙动荡的岁月——逐渐失去殖民地，以及失去殖民地之后，十九世纪初与其他欧洲列强的冲突——而湮没无闻。十九世纪初，拿破仑侵略欧洲许多国家后，法国遭遇了它们的政治抵制，但这对像阿马尔这样的作家毫无助益。"妇女权利"因为与法国革命话语相关而变得声名狼藉。尽管如此，甚至是在这强烈抵制"妇女问题"的时期，西班牙仍与欧洲更大范围内对"妇女问题"的讨论保持着紧密联系。尤其是乌托邦社会主义者夏尔·傅立叶，尽管他是法国人，他在继续推动女性与男性的平等方面始终发挥着重要作用。他的思想极大地影响了爱尔兰作家安娜·惠勒

(Anna Wheeler)和德国图林根州的露易丝·奥托(Louise Otto)等女性。他的法令在欧洲和南北美洲的实验性社区中被采用,尽管对于社区中的妇女来说,傅立叶思想中的性别颠覆性使得这些社区具有了风险和不安定因素。即便如此,依照新价值标准生活的愿望仍使"和谐城"在全世界范围内的各类实验性社区中持续存在。

"性激进"思想在全球范围内的传播因流亡与移民模式而得到了强化,而流亡和移民正是十九世纪革命者革命事业的特征。譬如华金·阿布雷乌(Joaquín Abreu)在西班牙安达卢西亚的革命城市加的斯提出了傅立叶的思想。华金·阿布雷乌是个革命者,曾在法国流亡数年。1812年,加的斯成为世界范围内最早尝试制定宪法的地区之一。宪法的作者们明确规定新闻自由权,并要求在君主立宪制下赋予男性民众选举权。尽管该宪法未获通过,但它所留下的激进宪政主义被女权主义与早期社会主义思想吸收并拓展。加的斯傅立叶思想的女性追随者如玛格丽塔·洛佩斯·莫拉(Margarita López Morla)等在十九世纪五六十年代出版了一系列期刊,刊发傅立叶作品的译文及其他关注"妇女问题"的欧洲社会主义者的作品译文,这其中就包括波兰激进分子简·钦斯基(Jan Czyński,1801—1876)的作品。加的斯的妇女响应傅立叶的号召,要通过合作和性自由实现社会和谐。[3]傅立叶的思想之所以成为西班牙早期女权运动的思想源泉,是因为他的思想很容易被拿来解决当地问题。在加的斯,这意味着人们关心农业改革,在意强调参与式自治与自由的共和主义政治传统。

加的斯期刊上探讨女权思想的文字由"罗莎·玛丽娜"(Rosa Marina,很可能是笔名)结集成书,该作者1857年还出版了《妇女与社会》(*La Mujer y la Sociedad*)一书。该书成为西班牙要求改变妇女社会地位的早期宣言。"罗莎·玛丽娜"回顾了如何塞法·阿马尔等更早期的作家,将对妇女平等权利的要求建立在基督教所承诺的两性精神平等的基础之上。这催生了一种与西班牙罗马天主教背景形成共鸣的女权话语。这种女权思想与基督教之间的和解成为十九世纪和二十世纪早期西班牙女权著作中的不变主题。[4]在此框架下,"罗莎·玛丽娜"要求妇女即便是在婚后也有权进入所有就业领域,享有法律自主权。尽管傅立叶的女权主义思想中对性别自由的强调不再随处可闻,乌托邦社会主义对劳动问题的特别强调却始终存在。也没有什么资料显示男性如何得益于围绕妇女边缘化而建构的社会。与十八世纪后期到十九世纪中期的许多文本一样,"罗莎·玛丽娜"的作品强调的也是妇女获得与男性平等的权利之后,男女两性都能获得益处。

基督教、启蒙思想及社会主义思想共同影响了西班牙十九世纪对"妇女问题"的思考。尽管该思考内部还存在着各种矛盾,但它建立了一套话语体系,影响了拉丁美洲国家同样盛行的关于"妇女问题"的争论。与西班牙国内一样,拉丁美洲国家在十八世纪后期和十九世纪早期也经历了战争、激烈的社会变迁以及宪法变革。随着拉丁美洲工人阶级妇女越来越多地进入工业生产,该地区的报业也有了发展。这些变化以及宪法改革的各种争议推动了关于"妇女问题"的大范围讨论。

譬如在巴西,十九世纪早期的妇女生活深受一部法典的限制,该法典源于殖民强国葡萄牙,宣称妇女是永远的次等人。巴西自由妇女很有可能早嫁并且缺乏教育,而工人阶级妇女则会有很多不同的家庭模式,其中包括时有存在的女性主导的家庭。当然,有些巴西妇女不仅是法律上的次等人,还可能是私人财产。巴西在1888年之前一直是个蓄奴制国家。作为奴隶的那些妇女生活在极度的贫困之中,尽管她们中的有些人在非洲-巴西教堂里担任了领导者角色。

十九世纪的巴西政治上受到咖啡种植园主阶级与葡萄牙统治者的支配。只有那些极为坚定且通常都是精英阶层的妇女才有可能在公共领域获得发言权。这些女性当中包括尼西亚·弗洛雷斯塔·巴西拉·奥古斯塔(Nísia Floresta Brasileira Augusta, 1810—1885),她在1832年将她以为是玛丽·沃斯通克拉夫特所著的《女权辩护》(Vindication of the Rights of Woman)翻译成了葡萄牙语。这部她以《妇女权利与男性不公正性》(Direitos das Mulheres e Injustiçados Homens)为题出版的书,结果并非对沃斯通克拉夫特作品的翻译,而是译自十八世纪一位不知名作者的作品——《女人不比男人差》(Woman Not Inferior to Man)。[5]这个时期的巴西,作者是谁并不重要,译者在文本内容方面会起到决定性作用。

弗洛雷斯塔取名"巴西拉"是为了突出她的爱国主义精神。在她四十年的出版生涯中,她都特别积极地为妇女权利发声。13岁时,她便有了一段短暂婚姻,后来与另一个男人有了两个孩子,最终成了寡妇,身边留下了一个婴孩和一个稚童。为了生活,她不得不在巴西的阿雷格里港和里约热内卢等城市从事教育与出版工作,还要去欧洲出差。弗洛雷斯塔坚决支持妇女教育,也坚定地承担起更大的责任,这一责任在将女性视为优秀公民的生产者与塑造者的共和传统中极为显著。她的这些想法受到她的朋友——法国实证主义哲学家奥古斯特·孔德(August Comte,

1798—1857)的影响。孔德认为妇女代表了更强大的道德与再生性力量。十八世纪的妇女被视为爱好奢华的玩物,弗洛雷斯塔与她的许多同辈人一样被这些想法激怒了。她直接批评了卢梭和其他哲学家,坚持认为女性拥有理性力量。她的著作颂扬女性自我牺牲的品质与母性的影响力,在她看来,这些是国家建设和人类进步必不可少的因素。

巴西妇女权利的支持者与他们在加的斯的同辈人一样从立宪主义中汲取强有力的话语。十九世纪,拉丁美洲国家在经历了西班牙和葡萄牙数十年甚至数百年的殖民专制统治后纷纷独立。制宪会议与国会讨论了可以用于维护政治秩序的著作,这为妇女公民身份的支持者提供了机会,他们要求妇女权利被考虑在内。不过,这些要求仍然限于维持家庭生活和基督教道德的框架内——他们要的是"女性进步"(progresso feminino),而不是更为明确、激进的女权主义。[6]

弗洛雷斯塔并没有设想妇女在家庭以外的角色。与加的斯那些主张社会主义思想的同辈不同,她不关心贫穷妇女、原住民妇女、工人阶级妇女的生活。但十九世纪妇女就业人数的增加(既有妇女从事工业体力劳动,也有中产阶级妇女成为教师等专业人员的情况)成为推动妇女获得教育机会与更多资源的重要因素,使她们在巴西社会中获得了更强的社会价值感与公民价值感。十九世纪后半期,巴西和整个拉美地区妇女报刊的革新极其重要,这有助于妇女阐述自己的权利,使她们能够参与政治讨论。她们所想象的公民身份不再囿于家庭,即便家庭生活是其中心。1889年,巴西合众国诞生,它承诺,其核心任务是推动公民在服务他们的国家方面承担积极作用。在接下来的数年中,妇女选举权运动要求的不仅是让妇女履行投票义务,还要让妇女有权参与选举并在政治生活中发挥更积极的作用。

父权制

基督教教义和自由主义主张中的共和主义为激进分子提供了重要传统,使他们争取妇女被纳入当下社会结构的努力能有传统可依。但这些教义与主张对于那些努力找出妇女从属地位的普遍性与结构性的人来说并不那么有用。尽管诸多观察者都发现了男性对女性的专制与剥削,但人们很少将之理解为体制性的行为。无论是男性激进分子还是女性激进分子,他们都普遍使用男性"奴役"女性的隐喻,而且,他们还受到了声势愈发浩大的有组织地反对大西洋奴隶贸易运动的鼓舞。在这场激进分子的反对运动中,妇女始终非常活跃。不过,男性通常都被描述为个体压迫者,而早期谈论"妇女问题"的书籍与文章更偏向于详述妇女的理性能力,谈论她们如何能成为更好的公民与母亲。

随着十九世纪中叶一场更为重要且有组织的妇女运动在某些地方出现,妇女运动的思想家与理论家们开始尝试使用不同的概念让人们了解男性压迫女性的深度和含义。父权制是其中最有成效的概念。父权制概念最初由人种学家提出,在社会主义运动中广受欢迎,之后被各类女性主义者使用,被重新阐释与质疑。

父权制作为始终将妇女置于男性支配之下的首要社会组织形式在十九世纪由路易斯·亨利·摩根(Lewis Henry Morgan, 1818—1881)最先提出。摩根于 1877 年出版了名为《古代社会》

(*Ancient Society*)的著作,在其中描述了人类进步是从"野蛮"向"文明"的进化。他对人类性别结构与社会组织复杂性的丰富描述奠定了现代人类学的基础。他通过研究美洲印第安裔和其他土著人种,追溯了人类从性滥交到一夫一妻制、从母系社会过渡到父系社会的发展历程。摩根受到了查尔斯·达尔文思想的影响,将"文明"描述为一系列阶段的渐进式发展。他认为,"退化的"或性滥交的群婚是"原始的"形态,但人们"没有必要感到反感",因为那些体制将会不可避免地逐渐让位于以父系和私有制认知为基础的"独占性同居"形态——更为"文明的"体制。[7]摩根还坚决主张扩大妇女高等教育的范围,并在遗嘱中捐赠了一所女子学院。

欧洲社会主义学家卡尔·马克思(1818—1883)和弗里德里希·恩格斯(1820—1895)都受到了摩根的影响,他们运用他的父权制概念阐释了财产的有害影响。所有权导致了男性对女性生殖力(她们的"母权")的剥削,颠覆了早期的母系社会形态。在对十九世纪进步论典型的颠覆中,恩格斯称妇女是最早的无产阶级。他认为在特定的历史时刻,她们的劳动被男性剥削,从而成了无产阶级。他在1884年出版的《家庭、私有制和国家的起源》一书中提出,早期人类社会中的妇女享有"高于其他任何历史时期的社会地位……"原始共产主义被更"高级的"父系社会中妇女受奴役及卖淫的状态取代:

> 文明社会的女士被虚假的敬意包围,她们疏离于所有实际工作,与那些未开化的、勤劳的妇女——她们被当时的人看作真正的女士——相比,她们的地位极其低下。[8]

第二章 思想

恩格斯对"文明社会的女士"的批评呼应了十八世纪对妇女与奢侈品之间关系的看法。这类思考延续到了后来对妇女"寄生状态"的描述,构成了如南非奥利芙·施赖纳(Olive Schreiner,1855—1920)的《妇女与劳工》(Woman and Labour)等重要女权主义作品的基础。施赖纳利用小说和论辩的形式论证妇女自由、和平主义及种族平等。1911年,她出版了影响巨大的"女权主义圣经"——《妇女与劳工》。这本书是对早先原稿的重写。相比较而言,原稿的内容更丰富,但原稿在英布战争(Anglo-Boer War)①的动乱中被毁,施赖纳对这件事始终难以释怀。该书重申了经济独立的决心,重申了对"寄生状态"的恐惧。"寄生状态"由夏洛特·珀金斯·吉尔曼在其早期畅销作品《妇女与经济》(Women and Economics,1898)中提出。《妇女与经济》《妇女与劳工》两部作品都在全世界范围内得到了翻译传播并再版,它们共同确立了关注人类衰落的女权主义。用施赖纳的话来说:

> 女性的寄生状态预示了民族衰退、阶级消亡。就像皮肤上的天花脓包表明身体里存在着化脓性病毒一样,女性的寄生状态始终表明人类社会体制中存在着弊端。[9]

但在社会主义运动中,父权制始终是恩格斯描述的焦点。他的论述致力于使男性免于为妇女压迫问题负责。恩格斯提出,随着经济模式向农业型转变,妇女拒绝群婚,赞成一夫一妻制,因为"她们渴望贞操权",由此,妇女导致了人类社会向父系社会过渡。

---

① 指1899年10月11日至1902年5月31日英国同荷兰移民后裔布尔人建立的两个共和国为争夺南非领土和资源而进行的战争。

恩格斯判定，既然父系社会是社会主义解放道路上过渡性的中间站，那么反对父权制的最好方式是男性与女性形成统一战线对抗资本主义。这就意味着十九世纪最重要的社会主义学者们并没有特别关注或细查妇女压迫的本质。有些社会主义学家如皮埃尔-约瑟夫·蒲鲁东（Pierre-Joseph Proudhon）始终持有反女权的观念，譬如他相信妇女无论是"就其本性还是婚姻法"而言，都注定只承担"家庭职能"。

德国社会主义学家奥古斯特·倍倍尔（August Bebel，1840—1913）使用并普及了父权制这一术语。他认为父权制可以有力解释为何男性对女性的压迫与私有制的出现及对劳动力的侵占相关，但他并没有指责个体男性应对这种社会结构特征负责。实际上，父权制只是众多典型社会组织形式中的一种。在《妇女与社会主义》（*Woman and Socialism*，1885）一书中，倍倍尔坚持认为当下的妇女运动并没有看到这幅更宏大的图景。女权改革者们局限于现状，只能想象进行局部性的变革，譬如让妇女获得更多教育机会和政治权利。与之不同，社会主义认识到婚姻本身就是性奴役，取缔婚姻将造福所有女性。在倍倍尔看来，这与消除"工资奴役"状态、取缔私有制密切相关。他相信，虽然"资产阶级"妇女并没有与其他阶级妇女共有这方面的问题，但她们仍然可以与工人阶级妇女共同行动："尽管分军而进，但她们或可合力出击。"倍倍尔预测，在革命条件下，所有的依附形式都将被消除，其结果是实现"彻底的经济独立和思想独立"。[10]

倍倍尔的《妇女与社会主义》是一部畅销书，它极大地推动了欧洲及后来受苏维埃影响的国家内部社会主义与女性主义的联合。它开创了一种女性主义思想传统，深切关注资本主义制度下工人阶级妇女遭到的特有剥削。克拉拉·蔡特金(Clara Zetkin，1857—1933)就是这一思想传统中尤为著名的社会主义女权主义者，活跃在法国、英国、苏联和德国。蔡特金热衷于社会主义及后来的共产主义革命，还积极参与了反军国主义和反法西斯主义运动。从1892年开始，作为社会主义妇女刊物《平等报》(*Die Gleichheit*)的编辑，她将她所投身的运动与社会主义活动组织相结合。蔡特金坚决反对她眼中的资产阶级女性主义，与恩格斯一样，她重申了劳动阶级妇女与劳动阶级男性团结一致反对资本主义制度的力量。但恩格斯和倍倍尔都认为妇女有可能超越阶级局限实现团结，而蔡特金则坚定地拒绝认同这一点。尽管她承认妇女都承担"生育、抚育和养育新生命的职能"，但她认为阶级特权阻碍了任何进行共同行动的可能，因而她努力使社会主义女性主义区别于其他类型的女性主义。[11]

即便是那些支持女权的革命者也认为女性主义是社会主义革命的副产品。苏俄革命者亚历山德拉·柯伦泰的早期作品呼应了蔡特金简单、粗暴的拒绝态度——不与"资产阶级"妇女结成任何可能的联盟。柯伦泰还断言，妇女解放必然会实现。她认同奥古斯特·倍倍尔以及他在德国社会民主党内的追随者们的乐观态度，相信妇女解放如同倍倍尔所说，像"一条大河，自然中无物可阻断其奔流"。[12]

在这个方面，恩格斯对父权制的阐释在许多活动家看来缺乏批判性。许多女性——既有社会主义者，也有持有其他政治信仰的女性——质疑妇女解放是副产品这种扬扬自得的想法。她们注意到，父权制有其自身的存在机制，不可能仅仅通过社会主义革命就消除父权制。而且，父权制能够随时间而变化，它甚至可以让一些女性获益。它让男性获得优势,大部分男性都直接从妇女劳动和妇女被排除在政治领域之外等方面得益。这就意味着许多男性社会主义者尽管读过恩格斯和倍倍尔的作品,但仍然很难察觉他们自身对妇女的压迫行为。

"土耳其情结"

早期社会主义理论家认为父权制是财产分配的体制,因而从根本上来说是经济组织形式。它也有法律与政治表现,譬如《家父权》(Patria potestad)就是一种民事法典,该法将妇女永久性地置于法律上的次要位置,受其父亲或丈夫的权力支配。拉美许多国家都是这样的情况。但父权制同样被女性主义者用来反映思考与看问题的方式,她们认为父权制是一套决定了法律、政治、文化、社会规范的价值体系。

英国活动家埃莉诺·拉思伯恩(Eleanor Rathbone,1872—1946)试图了解父权制如何全面影响了男性和女性心理的方方面面,于是她提出了带有明显种族色彩的"土耳其情节"(Turk complex)来描述男性面对女性时的心理状态。她认为,父权制意味着男性通过他们的工资优势从切实可行的物质方面支配女性,与之相伴而生的是利己主义与自恋。拉思伯恩有效地利用了东方主义话语表达她的愤慨。许多国家都会想象"东方"的妇女依附于男性,被男性限制——这一点司空见惯。十八世纪的何塞法·阿马尔等人讨论妇女从属地位问题的焦点就是对比穆斯林与非穆斯林对待妇女的方式。闺阁、印度娃娃新娘、献祭的寡妇、阴蒂切除术、彩礼,这一切都提供了以东西方的强烈对比为基础的想象世界的诸多方式,即便这通常与地理位置和宗教的关系并不大。这种思想框架使帝国主义国家的许多女性主义者很难将中东、东南亚的妇女当成女性主义潜在的同盟。就像美国女权运动的先驱领袖伊丽莎白·卡迪·斯坦顿(Elizabeth Cady Stanton)所说:

> 在土耳其的闺阁内,妇女与野兽无异,在这荒蛮之地,她们不朽的精神被击溃,灵魂被抹杀……在那些后宫里,智慧与灵魂被淫欲与残暴埋葬——这不可避免,因为人们坚信妇女低等。在这里,她们甚至不仅对自己的现状感到满意,还对之感到得意。[13]

拉思伯恩借助"土耳其情结"旨在描述通过代表亲密关系的家庭、教育体制及社交圈建构起的父权制心理因素。她本人出身名门,来自利物浦富有的船舶家族,积极参与社会服务。她在"一战"期间与英国军人的妻子、母亲的共事经历使她支持将政府津贴直接发放给妇女,以奖励她们所承担的母亲职责——她称该项提议为"家庭资助"。工会领导人们很不喜欢这项提议,他们担心这会让雇主有借口减少他们支付给男性工人的工资。对于那些强调妇女生育需求的人来说,这将会是一项重要的女权抱负。

拉思伯恩在积极参与女权运动的二十世纪二三十年代,将资助描述为一项乌托邦政策——看上去只是数量很少的福利金,但男性总是将自己当成家庭里最有权威的人,而这项政策一旦实施便将给这种想法重重一击。拉思伯恩希望,如果男人不再说自己是养家糊口的人，妇女就可以想象自己是凭借自身能力便能获得自主的独立个体。如果能实现同工同酬，妇女就可以追求新的职业，解决她们最基本的贫困问题。她们如果愿意，也有机会选择不嫁人——拉思伯恩本人就是这样，她与另一位女性保持了长期的伴侣关系。与许多女权主义者一样，她提议进行变革，努力以她的方式理解社会组织如何在深层结构中让男性享有更多优势：

> 人类最强有力的本能就是渴望获得权力，渴望支配他人，渴望被崇敬、被赞美。古往今来，不管在哪个国家……哪怕是最卑贱、最受欺压的男人都能在对妻儿的主宰中满足那些渴望。即便是奴隶，他也是他茅舍里的老爷。[14]

"土耳其情结"准确表达了拉思伯恩对男性专制与自私的认知。

这样的思考方式鼓励了"西方"女性将自己想象成救世主，拯救那些遭受男性侵犯的女性受害者，但她们拯救的方式往往与帝国占领他国时使用的暴力与残忍手段难脱关系。1931年，拉思伯恩利用自己作为英国议会议员的显要身份进行了一次印度之旅，她支持在印度强制执行针对童婚的英国法律。先前，她成立了"英国海外直辖殖民地有色人种妇女保护委员会"，目的是在英国议会内部争取实现女权主义目标，但采取什么样的方式实现这些目标，她几乎没有与那些有色人种妇女协商过。不过，拉思伯恩逐渐认识到帝国主义的家长作风并不是合适的方式，尤其是在她谈论妇女保护却遭到了印度妇女的强烈抵制之后。她开始发起为印度妇女争取选举权的运动，但她乐于接受印度的妻子获得一些"特别的公民权",而不是1928年英国妇女获得的完全的成人选举权。[15]拉思伯恩可被视为众多"女权主义帝国主义者"中的一员——关于如何纠正针对女孩和妇女的不公正行为,她坚持主张民主自决是最好的方式,但她也始终认为英国对其他国家的控制是妥协折中,很可能会推动而非阻碍女权主义事业。[16]

拉思伯恩所谈论的"土耳其情结"并没有被其他女权主义者接受,但她所迷恋探讨的父权制的心理结构及普遍性问题得到了广泛认同。美国的夏洛特·珀金斯·吉尔曼同样对男性压迫的心理结构感兴趣。她创造了另一个词描述围绕性别等级建构的有利于男性的社会,即"男性中心主义"(androcentrism),一种在她看来给人类带来了严重后果的"性别经济结构"。与恩格斯一样,吉尔曼思考男性中心主义或者"男造世界"时吸收了路易斯·摩根的人类学著作中的主张。吉尔曼指责人类社会一直为性别差异所困扰:"我们一直都陷在男性气质与女性气质的表象当中,却在很大程度上忽略了我们共同的人性。"吉尔曼的女权主义就其领域而言属于人本主义,但与拉思伯恩的女权主义一样,它始终充满"文明"的种族等级意识。尽管她主张的是人本主义,但她仍坚持认为,"能数到100的野蛮人比只能数到10的野蛮人更像人类"。[17]

在吉尔曼看来,男性中心主义将妇女限制在了"性工作"(sex work)上,由此扭曲了人类进化。在这样的社会中,"母亲身份成了妇女提供的交换性商品,可用之换取衣物和食物"。吉尔曼支持妇女享有做母亲的权利,但她也优先考虑了她们在生育前与生育后须拥有的"有益的职业生活"。与那些更多受到自由主义个体权利影响的女权主义者不同,吉尔曼批判男性中心主义,但也设想了"种族"及全人类的集体利益:"人之所以为人,并不在于我们是独立个体,而在于我们彼此关联。"[18]

吉尔曼反对男性中心主义,提出了以合作为基础的经济体制。与"乌托邦"社会主义者一样,她设想了一种不同的社会经济秩序,不过她并不建议退回一个个孤立的公社。相反,她期望的是摆脱私人空间的大规模社会变迁:个体住宅里不再设有厨房,人们共同生产食物,共享就餐空间和专业的保洁服务。她坚持与提倡该主张的社会主义或共产主义保持距离,强调她的构想"以商业为基础,会带来商业上的巨大成功"。[19]妇女需要对家务进行科学、高效的安排,对此,拉思伯恩寻求的是国家干预,而吉尔曼则认为这一需要的满足依赖的是市场,这又引发了女权革命或"性别经济"革命。

男 女

吉尔曼唤起人们更多地关注"种族",这是十九世纪后期性别活动家们普遍的修辞策略。这些活动家的工作植根于种族进步的社会达尔文主义思想。透过裹小脚现象,中国被欧洲人幻想为妇女退化之地,当然也是给人无限遐想之地。南非女权主义者兼小说家奥利芙·施赖纳给她的朋友——英国优生学家卡尔·皮尔森(Karl Pearson)写信时坚称,相较于"妇女问题","极为重要的是了解一些有关中国人的东西。研究他们或许能为我们的整个课题带来绝妙的启示"。这听上去前景美好,但她接着又用种族性话语将中国人物化:"他们与我们相去甚远,就像是类人猿与非洲大猩猩的差别。"[20]种族科学煽动人们在面对其他文化的思想和社会组织形式时总是带着哗众取宠与种族主义的姿态。随着种族科学在十九世纪影响力日渐增加,其信条给一些形式的女权主义注入了种族污名化的暴力。

但即便是施赖纳也不得不承认,中国不应该被轻易地归类,因为1912年全世界都有报道称,中国有些地方的妇女已经获得了选举权。至少可以说,这很尴尬,因为中国妇女获得选举权的时间要比许多欧洲和美国的妇女早上数年甚至数十年。[21]施赖纳用典型的东方主义话语特别提道:"中国正从沉睡中苏醒,即便是妇女也不再裹小脚了。"[22]但她一点都不了解中国早已开展的活跃的女权运动,这场运动受到了国家建构和反对清朝政府长期统治(1636—1912)的爱国主义运动的推动。二十世纪早期争取妇女选举权的大多数活动家都与孙中山的同盟会保持着同盟关系,他们希望在1912年建立的中华民国统治之下,既能获得"妇女权利"(妇女节),又能实现民族进步。随着民族自决成为二十世纪更为突出的问题,女权主义也开始经常使用种族、民族建构等字眼。譬如中国政治哲学家梁启超联系裹小脚的做法指出:顺治末年曾禁缠足,但积习难改,妇女"显罹楚毒之苦,阴贻种族之伤"①。[23]

关于父权制思想,中国学者有时深受他们所想象的"西方自由"源泉的影响。在二十世纪初期的中国,有许多男性积极撰文讨论妇女权利问题。1903年,金天翮出版的《女界钟》或许是其中最为知名的。他所出版的具有里程碑意义的这部作品,蕴含的是共和女权主义思想。金天翮写道,他欲"接引欧洲文明新鲜之天

---

① 梁启超:《梁启超论教育》,北京:商务印书馆,2017年,第44页。

空气",援引像卢梭、约翰·穆勒等启蒙思想家以及日本的教育者,驱散同胞兄弟"沉睡的黑暗世界"。卢梭批评妇女热爱奢侈品,热衷伤风败俗的行为,金天翮认同这一点,但他也描绘了另一幅理想蓝图:解放了的妇女成了她的子女的优秀教育者,成了爱国者,穿着得体,不盲从迷信。他呼吁妇女通过教育与公共演讲以及体育锻炼"播撒西方自由之种"。①24

受无政府主义思想影响的女权主义者何殷震(约1884—约1920)很不赞同金天翮谈论的"所有女子如花般的本质"。她加入了二十世纪早期流亡日本的中国革命分子组成的充满活力的政治圈子。这使她成了《自然公正》(Natural Justice)期刊——由东京恢复妇女权利协会出版发行——的编辑,她还向在巴黎的中国流亡者发行的《新世纪》(New Century)投稿。何殷震雄心勃勃地想要从理论上说明标志妇女经历的结构性不平等。她重读儒家经典中的"男女",认为其表达的是社会组织的性别体制。"男女"在英文中对应的概念可以是"生理性别-社会性别"或"父权制"。不过,"男女"很难翻译成英文,因为与"父权制"不同,"男女"还表达了各式各样的对立概念:过去与现在,中国与世界。"男女"由男(男人)和女(女人)两个词合成,可被视为"所有父权制抽象概念的基础,从它出发,也形成了各种差别"。25

二十世纪初期,中国的官话还处在变化中,相比较而言还没有形成规范,因而还在不断接受新词的出现和外国的影响。在这段动荡的时期,因为学者们关注妇女不同方面的特性,中国出现了各种各样表述"妇女"的辞藻。吸收了进化思想的学者称女人

---

① 该部分引用的金天翮的文字参考金天翮:《女界钟》,上海:上海古籍出版社,2003年,前者引自"小引"第1—2页,后者引自"第四节女子之能力"第31页。

为"女性",这是带有性别特征的说法,其中也包含了西方现代性内涵。中国的社会主义者倾向于称呼女人为"妇女",这个词来自中国学者翻译的倍倍尔和恩格斯的马克思主义作品。倍倍尔和恩格斯谈论"妇女问题"时,从社会生产方面界定"妇女"是"群众主体"。[26]

何殷震的写作植根于她参与日本知识界辩论的经历。她的作品表明,尤其在社会性别并未完全映射到生物性别观念上的社会大背景中,语言的开放性与世界性可以推动创新性思维。"男女"这一表述提供了文化与经济生活中,性别差异与不同身体构造、劳动与权力相联系的方式。这让何殷震想象了一个世界,这里"'男性''女性'之名词,直可废灭"①。[27] 在她看来,这意味着资本主义、国家、私有制及种族差异、性别差异的终结。

何殷震拒绝接受西方欧洲思想的影响,批判以自由主义和资本主义为基础的现代化思想。她反而吸收了沙俄的彼得·克鲁泡特金(Peter Kropotkin)的无政府主义思想以及日本无政府主义者烟山专太郎(Sentarō Kemuyama)的思想。在1907年的《女子复仇论》一文中,她阐述了男女概念的全球性与超越历史的特性:

呜呼!吾女界同胞,亦知男子为女子之大敌乎?……非惟古代为然,即今代亦然;非惟中国为然,即外邦亦然。②[28]

她追溯了该体制的社会机制,如婚姻,也追溯了儒家经典学术文本中的思想传统。除了探讨经济、性和心理等领域中的父权

---

① 译文转引自宋少鹏:《何殷震的"女界革命"——无政府主义的妇女解放理论》,《妇女研究论丛》,2016年第1期,第75页。

② 译文引自 https://zhuanlan.zhihu.com/c_1175270183559639040。

制结构,何殷震还先于二十世纪后期的女权主义者强调父权制植根于语言结构。她认为,汉字就蕴含了父权制思想,"妇人"("妇女"的又一说法)源于"婦",从"女"从"帚",将妇女束缚在了家务劳动中。

何殷震认为,妇女面临着专横的压迫,被物化为男性的私有财产。她的《女子宣布书》呼吁终结父权制体制中女子被冠以夫姓、抛弃父姓的做法。尽管她嫁了人,但她本人的名字表明了她的政治立场("震"字意为"霹雳"),名中的"殷"字为其母亲的闺中姓氏。何殷震争取男女享受平等对待、接受同等教育,认为这是更大规模的社会革命中的一部分。在性方面,她要求终结一夫多妻制婚姻①,允许离婚自由,取缔卖淫。用典型的无政府主义话语来说,要实现这一切,"不若尽覆人治,迫男子尽去其特权,退与女平"②。[29]

尽管 1912 年清王朝覆灭之时存在着各种革命条件,但何殷震发现很难保持自己作为女性学者与鼓动者的身份。1919 年,她的丈夫去世,此后,她也从公众视野中消失,她后来的命运如何,人们一无所知。她短暂却才气尽显的革命运动时期既证明了女权运动的多种可能性,也展现了女性个体在这场运动中付出的代价。

---

① 英文原文为"the end of monogamous marriage",即"终结一夫一妻制婚姻",但何殷震在其《女子宣布书》中述及女界所应争取的第一点即"实行一夫一妻之制",故而译文遵照原作者文本。

② 译文引自 https://zhuanlan.zhihu.com/c_1175270183559639040。

妇女解放与父权制

十九世纪末二十世纪初的许多思想家都雄心勃勃地思考性别如何影响了各种社会结构，性别如何为男权至上提供了不同的命名方式。尽管命名方式各有不同，但正是父权制（有时被写作"大写的父权制"）这一概念成了二十世纪六十年代以来妇女最方便使用的武器，不过，它也超越了其马克思主义思想的起源，在更广泛的范围内有了不同的含义。

美国作家凯特·米利特（Kate Millett，1934—2017）在对后来的父权制概念进行理论阐释方面占有特殊地位。她在明尼苏达州长大，14岁时，她爱酗酒的父亲抛弃了全家人，留下她母亲独自一人抚养三个孩子。到了二十世纪六十年代，在牛津大学接受过教育的米利特密切参与了反传统文化的嬉皮士运动，积极支持和平主义及妇女艺术。二十世纪六十年代初期居住在日本期间，她加入了受超现实主义影响的日本先锋派，见证了日本民众对美国军队踏足日本国土的强烈抵制。但米利特关注的重点是富于攻击性的美国性政治和日本性政治。日本妇女"在宴会上跪着为我们服务，而我（作为外国艺术家）则被允许坐着与那些男性聊天"，[30]这令她极为震惊。1965年，印第安纳波利斯16岁少女西尔维娅·莱肯斯（Sylvia Likens）遭到了性虐待并被谋杀，看到这个消息的米利特变得更加激进。这起罪行的实施者是一个女人和几个孩子，米利特想要弄清楚到底是怎样扭曲的社会价值观才会让这样的罪恶事件发生。

米利特认为,性政治以"性别角色模式化"的心理力量为基础,透过宗教体制、家庭结构及婚姻制度阐释"无处不在的男尊女卑原则",男尊女卑不仅导致女人成为男人的迫害对象,而且导致了价值观的全面扭曲,因此才会出现像莱肯斯谋杀案这样的虐杀行径。她始终保持着希望:性革命成功之后,世间万物的组织形态会发生变化。她在1968年的《革命宣言》中声称:

> 一群人统治着另一群人,这两个群体间的关系就成了政治关系。这样的关系持续相当长时间之后,它就变成了一种意识形态(譬如封建主义、种族主义等)。所有人类历史积攒下来的文明都是父权制的:它们的意识形态就是男权至上。[31]

米利特考察了好几位文人,借此研究父权制思想。她揭示西格蒙德·弗洛伊德崇尚暴力,有厌女症,也研究了小说创作中有露骨性描写的经典作家——D. H. 劳伦斯和亨利·米勒。米利特提出的"强迫性异性恋"(enforced heterosexuality)概念——后来被阿德里安娜·里奇称为"强制性异性恋"(compulsory heterosexuality)——会对女同性恋思想产生重要影响。它促进了"异性恋正统主义"概念的产生——这一概念表明,异性、性别二元对立的相互影响都是社会强加的,是当代欧美社会中默认的"常态"。父权制思想因而催生了丰富的文学作品,这些作品后来又推动了表征性别流动性与可能性的酷儿理论的发展。何殷震梦想超越性别差异,与之相呼应,米利特预测,人类将"不分性别":"每一个个体都可以发展完整的而非部分的、局限性的、墨守成规的个性。"就性欲而言,这将创造出"双性,或者说终结强迫性的不通情理的异性恋"。[32]

米利特后来在《性政治》(Sexual Politics, 1970)一书中阐释了父权制思想。《性政治》对美国和英国妇女解放主义者具有决定性影响。它极受欢迎,米利特还因之成了1970年《时代周刊》封面人物。《时代周刊》不得不用了她的一张肖像画,因为米利特不想被看作妇女解放运动的"领导人",拒绝提供照片。尽管如此,她还是成了妇女解放运动早期最受瞩目的女权主义作家。

米利特吸收了法国女权主义哲学家西蒙娜·德·波伏瓦的思想,她认为父权制是一种根深蒂固的"思维习惯",它纵容男人支配女人、白人统治少数民族、年长的支配年少的、一些女人支配另一些女人,视这一切为常态。她对父权制的描述得到了女性主义神学家玛丽·戴利的补充。玛丽·戴利认为犹太教-基督教传统是父权制的主要习俗。戴利论证:

> 举例来说,上帝的形象是特有的父亲形象而非母亲形象,这是由父权制社会条件下的人类想象导致的,也被父权制认可为合理。[33]

戴利在美国高校工作,她在教室里面建立了只对女性开放的空间,这引起了争议。这种做法后来被沿用到了许多女性中心、书店、舞厅、庇护所,以及妇女解放的讨论小组中。

戴利是妇女解放运动中激进派的重要人物,这一派的特点是强调"妇女文化",注重分离主义。她在她的专著《女性生态》(Gyn/Ecology, 1978)中探讨了妇女解放的另一种精神世界,并将之联系到她所认为的伴随"地球父权制"而出现的环境退化。

戴利预示了环境消亡的紧迫感给二十一世纪的人们带来的普遍焦虑,她称《女性生态》是"一本过激的书,在极端状况中写成,在扼杀自身和所有有知觉的生命的文化的边缘写成"。戴利比她的同辈人更愿意指责个体的男性,认为他们负有责任。她坦然地描述自己"歧视男性",并提出:

> (女性必须)有勇气让自己接受男性且只有男性才是父权制社会的创始人、规划者、控制者与立法者。父权社会是男性的家园;那是父之国:男人是其媒介。[34]

戴利的怒火直指男性,但与何殷震一样,她也想探讨父权制如何被融入了语言本身。她的作品尝试了新的表达模式,试图摆脱使用父权社会的属类组织世界秩序的方式。这涉及通过她称为"触发""编造"及"积极妄想症"等的策略,重新挪用那些被污名化的名称,如巫婆、女巫、泼妇、老处女(hags, witches, harpies, spinsters),颂扬以女子为中心的生活与创造模式。在戴利看来

> (女权主义是)一场惊奇又迷幻的斗争,是一场驱魔仪式,是这样一个令人心醉神迷的过程;老处女发现我们所处的迷宫逐渐呈现为/变成……"另一世界"——属于她们的时/空。[35]

她的那些著作都不太好读,而且她还受到了美国印第安妇女运动的批评,她们指责戴利盗用了美国印第安文化中的象征符号与思想却无疑仍认为,与白人妇女相比,有色人种妇女"缺少女性

气质,缺少人性,缺少精神追求"。[36] 对于一些女性来说,戴利改变了她们的人生。1980 年威斯康星州密尔沃基的一位书评人称《女性生态》是"女权运动中产生的最具说服力也最危险的一本书",它赋予妇女"我们与生俱来的力量,使我们能够言说并定义我们自己"。对于妇女解放运动来说,重新加工语言是一项重要的工程,这在美国和法国尤甚。一些人认为,这是直接挑战嵌入语言中的性别模式化印象。英国出版业妇女团体的《无性别歧视的图书出版执业守则》("Non-Sexist Code of Practice for Book Publishing")一文简述:

> 文字与图像会强化女人与男人相比是次等人这样的想法。譬如,后缀"-ette"用在如 usherette(女服务员,女引座员)等词中,不只表明阴性性别,也表明女性化描写卑微且引人联想的可爱状态——因此,小厨房用了 kitchenette 一词。

她们要求设计者、文字编辑、出版商、插图画家主动质疑带有性别歧视的材料:"这些媒介是性别歧视尤为有效且隐蔽的工具,它们同时也是可能带来变化的有影响力的工具。"[37]

而另一些人则认为语言并不容易进行直接变革。保加利亚裔法国女性主义哲学家茱莉亚·克里斯蒂娃(Julia Kristeva)对语言的心理维度感兴趣,这促使她从理论上建构了一个孩童学说话之前的领域,在这里,孩童与母亲有一种女性的、诗意的、有节奏的、音乐的联系。克里斯蒂娃深受心理分析影响,她称这个领域是"符号性的""阴性空间",是一个有着关联性的富饶之地,它存在于语言的"象征"世界之前。这一洞见极大地影响了法国女性主义的阴性书写实验。女性主义文学评论家如埃莱娜·西苏（Hélène Cixous）等呼吁女性用超越"男权中心"形式的、非线性的、颠覆性的书写方式书写自我，书写她们的性快感：

> 那位热情奔放、自由自在的女子在何处？她与往常一样沉溺在自己的天真质朴中，对自己一无所知，被先表现为父母继而是婚姻的菲勒斯中心主义铁臂带入了自我轻视之中，但她从未对自己的力量感到过羞耻。她强烈欲望的奇妙骚动令她惊讶、令她恐慌……她就没有谴责过自己是个魔鬼？①38

西苏邀请女性满怀激情、精确并创新性地书写她们的身体和欲望，"挣脱沉默的囚笼"。"菲勒斯中心主义"是命名男性统治的又一种方式，但它尤为强调"菲勒斯"（勃起的阴茎）的象征域。对语言的强调使一些哲学家开始讨论"菲勒斯中心主义"（phallogocentrism）——由"阳具"与"逻各斯"（理性或逻辑）组成——以揭示男性主导思想已深深地渗透到语言的象征域中。阿尔及利亚的阿西娅·杰巴尔（Assia Djebar，1936—2015）等小说家接受了这种书写方式的挑战。她的创作环境是法国殖民占领与伊斯兰教占主导地位的社会，这里的"男性公共空间与温馨的家庭空间完全相反，男人的空间与女性的复调——那些喃喃低语完全不同……"39

尽管对语言的改造与对雌性/阴性怪物的想象让人兴奋不

---

① 译文有少部分参考埃莱娜·西苏：《美杜莎的笑声》，黄晓红译，收入张京媛主编：《当代女性主义文学批评》，北京大学出版社，1992年，第189—190页。

已,但这种激进女性主义在日常生活中并不切实际。阿西娅·杰巴尔与女性主义关系复杂,她对女性之间具有共性的断言保持警惕。几乎没有作家觉得进行阴性书写是件易事,还有一些作家抱怨阴性书写以女性本质论观点为基础,知识性过强。密尔沃基的那位评论者总结说,即便是受到普遍欢迎的玛丽·戴利的作品也"让我们感觉我们做好准备要采取行动,却不知如何进行下一步,该往哪个方向努力……如果我们不直接对付男性权力结构,我们该如何获得平等权利和生育自由?"[40]

问题是父权制或菲勒斯中心主义似乎模糊不清——凯特·米利特富有影响力的描述将许多不同的知识传统与文学传统的大杂烩都归入这单一的术语之下,并没能解释不同的经济结构或政治结构之间重要的变化。[41]缺乏精确性在有些人看来是一种力量,他们认为历史差异与跨文化差异在妇女压迫面前根本没有意义。1972年,美国一个激进女权主义群体发表了《第四世界宣言》("Fourth World Manifesto"),其中的观点以现在读来令人感觉幼稚的世界共同性为前提:

> 世界范围内,对女性文化的压制只是程度问题,就其根本而言,其背后的现实一致:妇女被剥夺了自主权。去陌生国度游历的妇女可以轻松地与那个国家的妇女交流并了解她们,因为女性的工作与角色(文化)从根本上来说在全世界都一样。[42]

这个群体吸收了"殖民主义"这一术语以表达男性霸权,但"殖民主义"完全无法表达种族、帝国及国家起源对女性的交织性压迫。

事实证明,人们使用"父权制"概念时,很难考虑到不同妇女的经历,与妇女解放相关的各种各样的运动经常疏远那些仍然遭受奴役、阶级排外、殖民暴力及种族主义戕害的妇女。

双重危机

在二十世纪六十年代后期的反殖民运动、和平运动、民权抗议活动之后,兴起了一系列富有影响力的女权活动,自从这些女权运动开始蓬勃发展,许多人就发现妇女运动内部存在着各种不同压迫的交互作用。1969 年,弗朗西丝·比尔(Frances Beal)写了一本题为《双重危机:成为黑人与女性》(*Double Jeopardy: To Be Black and Female*)的小册子,表达她如何看待黑人男女遭受的压迫的交织性:

> 黑人妇女并不怨恨黑人男子掌权。我们对之表示欢迎。我们从中看到了最终所有黑人的解放,摆脱令我们遭受苦难的这腐朽的体制。但这并不意味着你得否定一个才能得到另一个。这种思维方式是错误教育的产物,即有两个选择,要么选这个,要么选那个。黑人男子要是强,黑人妇女就得弱,这是谬论。[43]

因为在性别、种族与阶级方面的经历,非裔美国妇女有着比尔所说的"不得不解决的具体问题"。十九世纪非裔美国女权活动家如索杰娜·特鲁斯(Sojourner Truth)和安娜·茱莉亚·库珀(Anna Julia Cooper)早已经写过"双重奴役"和"三重剥削"的问题。这些思想经由特立尼达出生的克劳迪娅·琼斯(Claudia Jones,1915—1964)的作品,在共产主义和社会主义左派中也有所拓展。因为在美国共产主义运动和黑人民族主义运动中表现积极,1955年,琼斯被驱逐出境到了英国,在英国继续组织共产主义、反殖民主义、争取妇女权利的运动。她谈论了"三重剥削"问题,强调白人妇女与黑人妇女之间的"夫人-女仆"关系深深影响了美国社会中的妇女关系。琼斯认为,即便是出于善意,努力跨越这些差异,雇主们的习惯也会破坏这些努力:雇主们习惯于"认为开明的白人雇主的责任是'告知'黑人妇女她受到了她无疑已经很熟悉的剥削和压迫"。[44]

弗朗西丝·比尔的黑人女权主义构想具有紧迫性,它不应该因为支持种族解放斗争而被推后:

> 我们必须与所有需要解放的人一起获得解放。我们无法等到革命奇迹般地获得成功的未来的伟大时刻之后,才开始解决这些问题。

黑人妇女不能想当然地以为白人女权主义者会满足黑人妇女的需求。与克劳迪娅·琼斯一样,比尔称白人妇女是黑人妇女的"经济敌人":"如果你母亲曾在白人妇女家的厨房工作过,她会明白我的意思。"[45]

比尔曾在美国民权运动中的学生非暴力统一行动委员会里表现积极,但委员会越来越偏向于大男子主义的黑人民权纲领,这让她灰心丧气。1970年,她与其他人共同成立了黑人妇女解放联盟,也就是后来的第三世界妇女联盟,旨在于男女混合的激进主义运动中,将社会公正、反种族主义和妇女解放作为其首先要解决的问题。第三世界妇女联盟设在纽约,该联盟后来以《三重危机:种族主义、性别主义与帝国主义》(*Triple Jeopardy: Racism, Sexism and Imperialism*)为名出版了自己的刊物。

讨论压迫的多重根源问题很有帮助,但在实践中,由之产生的纲领看上去会是比较谁的边缘性因素加起来更多。奇卡诺女权主义者伊丽莎白·马丁内斯(Elizabeth Martínez)嘲讽地称这种结果是"展现压迫种类和程度的奥运会"。1988年,社会学家德博拉·金(Deborah King)首创"多重危机"一词以表达"多重同时进行的压迫",以及"这些压迫之间可以乘法计算的倍增关系"。她希望借之强调,黑人妇女所遭受的种种压迫不是叠加的,而是交互的。[46]后来社会学家帕特里夏·希尔·柯林斯(Patricia Hill Collins)提出了"支配矩阵"(matrix of domination),学者金柏莉·克伦肖(Kimberlé Crenshaw)提出"交织性"(intersectionality),这种交互压迫概念成了黑人女性主义理论最重要的一项贡献。[47]人们据此可以拒绝比较与量化边缘化与压迫的程度,可以要求各项运动同时解决种族排外、阶级排外、性别排外、能力排外等问题。

重要黑人女性主义理论家贝尔·胡克斯是在种族隔离的美国各级学校中接受的教育。她对白人妇女看待种族与阶级剥削的方式极为警惕。在她看来,白人妇女倾向于认为种族和阶级剥削"只是父权制的产物……在西方女权运动中,这导致了这样的设想,即与抵制种族主义和其他的支配形式相比,抵制父权制的统治是更加正当合理的女权运动"。与之不同,胡克斯提出,"结束父权制的统治对全世界的男女来说都是首要问题,这不是因为父权制是所有其他压迫性结构的基础,而是因为父权制正是我们日常生活中最可能持续遭遇的统治"。胡克斯在日常生活中遭受到的更为直接的威胁不是来自种族或阶级压迫,而是来自她父亲的权威,这一点对她的影响极大。不过,胡克斯认为这是具有历史时效的具体判断,不能据此就假定,"女权运动是全世界女性政治议程的核心"。[48]

父权制与男子运动

从"妇女问题"早期开始,一直延伸到妇女解放运动的后期,许多男性都觉得,他们必须响应女权主义,或有可能的话甚至参与妇女解放。"父权制"恰好说明它是这样的体制:即便男性是父权制权力结构的受益者,个体男性也应该反对并批判该体制。二十世纪七八十年代出现了一场快速发展的支持女权、反性别主义的男子运动,主要吸收了黑人民权运动和左派政治观点。尤其是在澳大利亚、比利时、英国、斯堪的纳维亚半岛及美国,许多男性支持女权政治纲领,加入社会、政治问题意识提升组织,参加妇女大游行。他们的出现并不总是受到女性的欢迎,慢慢地,到了二十世纪七十年代,大多数持有女权主张的女子更喜欢在仅有女性的环境中探讨妇女解放问题。[49]这并没有使男性打消念头,他们中的一些人转而加入"反性别歧视男子团体",讨论男性成为女权主义同盟的方式。许多男性都坚信,男人同样受传统性别二元结构和性别等级制之苦,这些结构与等级制将男性锁定在那些具有破坏性的形态中:情感疏离、暴力、性焦虑。男同性恋尤其留心他们如何与女性共同遭受父权制偏见带来的伤害。反性别歧视的异性恋男性则努力学会更多关注他们的情感、身体,学会消除对同性恋的憎恶。男性聆听女权主义者的要求,对她们负责,从而试着承担更多作为父亲的责任,放弃他们的男性特权。

反性别歧视的男子运动认为这场运动既回应了妇女解放运动,也回应了男同性恋的政治纲领。譬如澳大利亚的《XY》男同性恋杂志的宗旨是"拥护男性,支持女性,赞同同性恋"。众多男子组织提供了父权制的替代版本。英国反性别歧视杂志《致命弱点》(Achilles Heel)讨论了临床医学家约翰·罗恩(John Rowan)详尽阐述的"父权心理"(patripsych)。"父权心理"旨在命名相对于妇女压迫的外在社会形式的内在、无意识结构。如同埃莉诺·拉思伯恩稍显粗略地想要在她的"土耳其情结"中映射男性压迫心理,反性别歧视的男性也详述了作为压迫者的内心体验。罗恩断言,男性保有种种无意识的攻击模式,这使他们意识不到他们对女性的压迫。他使用"父权心理"是想让男性能自由讨论自我压迫问题,鼓励更积极、会表达情感的男子气概。虽然女性主义者欣然接受男性努力不再用他们的情感压迫女性,但在许多女性主义者看来,"积极的男子气概"仍有问题,她们对所有男性从男性对女性的暴力、支配、侵犯的文化中获得的好处保持着警惕。

澳大利亚研究男性气质的理论家雷温·W. 康奈尔(Raewyn W. Connell)声明确实存在与当代男性气质相关的暴力与不平等,为男性女权主义者提供了更切实可用的素材。作为二十世纪七十年代的活动家,在变性为女性之前,康奈尔就已经参加了早期澳大利亚男子运动的游行及唤醒人们觉悟的组织。在早期阶段,在男子运动中思考性别问题通常是通过讨论"性别角色"和"男人的角色"等话题。人们不抱期待地希望,"男人的角色"遭遇的危机或许会导致父权制的终结。但重点似乎在于男性所面临的危机,而不是女性所面临的压迫和所遭受的创伤。康奈尔后来在其二十世纪八九十年代的研究中着重讨论男性气质是内嵌于性别关系结构及帝国历史残留中的一套惯例。这样的讨论更有助于改善研究的局面。她强调这给男性提供了巨大的权力与特权,她认识到希望男性主动放弃这些权力与特权非常天真:

> 男性在性别秩序中的支配地位给了他们物质回馈,而对男性气质的各种讨论都始终低估了这回报有多丰厚。在富有的资本主义国家,男性的平均收入大约是女性平均收入的两倍。世界范围内,男性从政人数是女性从政人数的十倍……男性掌控着武器和武装力量,因而也就掌控了暴力手段。我称男性拥有的这些特权与优势为"父权制红利",而这红利始终存在。[50]

康奈尔认为,在这样的背景之下,男子组织对现状几乎构不成任何威胁。"压迫者"的任何运动,不管多么用心良苦,(至多)都会回到积极的、以治疗为导向的男性策略上——努力让男性对他们自身、对他们的行为感觉好点。许多持有女权主张的妇女都怀疑男性愿意做出改变的程度能有多深。人们始终质疑,许多男性对女性主义的支持非常有限、非常敷衍,他们甚至将之当成与妇女活动家调情或是对她们进行挑逗的方式。

尽管男子运动遭到了许多质疑,但反性别歧视男子运动的确提出了一些重要的新思想。康奈尔的重要洞见在于从多种性别角度进行思考,并辨别出霸权式或支配式男性气质以及屈从性的男性气质。譬如,有能力挣得工资或从事某些体育事业的男性与那些没有工作或不从事体育事业的男性相比,过去和现在都享受着各种特权。男性霸权从来就不是一成不变的,相反,它会一直受到质疑与挑战。康奈尔在二十世纪九十年代提出了动态的、历史性的性别权力斗争图景,这为父权制理论增加了新的复杂度。她研究了与阶级、族裔、体能等因素相关又受其限制的各种不同的男性气质,女性主义描述交织性问题同样依赖这些具有影响力的思想来源,因而,这两者之间形成了强烈共鸣。

近年来,关于男性滥用权力的丑闻中,人们已经鲜少显著地谈论父权制,而是使用"毒性男性气质""少男文化"等新的术语进行表述。理解父权制的思想起源可以解释为什么近来的讨论中,父权制变得不再那么重要。父权制植根于人种志与马克思主义理论,这使其与人类社会发展的顺序性相关,因而它容易被人们理解为一个"过渡阶段"。这种目的论使许多人相信,时间的流逝不可避免会导致更加自由、平等的性别政治出现。因而,二十一世纪像美国总统唐纳德·特朗普、巴西总统雅伊尔·博索纳罗(Jair Bolsonaro)和菲律宾总统罗德里戈·杜特尔特(Rodrigo Duterte)等政治领导人的言语与政策竟如此公然地反女性,这令人惊讶。堕胎权受到威胁甚至实际被剥夺,性少数群体受到越来越多的迫害,法庭不惩罚性暴力及性别暴力的行凶者,这些都使女性主义者思考为什么改变的速度如此缓慢甚至还出现了逆转现象。在这样的环境下,谈论"父权制"时趋向于聚焦结构因素而为个体男性免责似乎就不是适当的方式。我们已经看到有许多证据证明妇女和女童受到蓄意虐待,而虐待者却不受惩处,被曝光的丑闻越来越多,存在于各行各业:商业领域、政治领域、娱乐行业、宗教领域、教育界、儿童保育领域。"毒性男性气质"概念既可以作为体制被理解,但也可以被当作个体男性的品德,有效地用于个体分析。

此外,父权制概念被广泛借鉴,进入了当代地缘政治,也就变得不再能够满足女性主义需求。政策制定者中存在着一种倾向,就是妖魔化激进伊斯兰派,这一倾向在美国2001年入侵阿富汗、2003年入侵伊拉克后尤盛。人们反复在西方强权国家挑起的"反恐战争"与妇女地位之间建立巨大的联系。美国前总统乔治·W.布什的妻子劳拉·布什在2001年提出,"对抗恐怖主义的战争同时也是争取妇女权利与尊严的战争"。她的丈夫乔治·W.布什也持有相似观点,他主张:"恐怖分子的一个主要目标就是残酷地压迫妇女,不止阿富汗妇女。"位于美国的女权多数人基金会(Feminist Majority Foundation)支持美国对阿富汗的入侵,认为这场入侵是迈向阿富汗妇女和女童解放的一步。不过,其他的女性团体如"粉色代码"(Code Pink)拒绝接受这样的观点。美国在中东的系列后续干预活动仍坚持用父权制的宗教信仰作为其行动的逻辑依据。

人们认为伊斯兰教与父权制之间存在种种联系,这引起了关于穆斯林性别正统观念与习俗的本质的广泛讨论,呈现出扫除泛论的倾向。2016年,英国前首相大卫·卡梅伦(David Cameron)在介绍为在英国的穆斯林妇女开设英语课的政策时谈及了"父权制社会"。卡梅伦提出,穆斯林妇女被"男人"阻止融入英国社会,他要求人们用自由与宽容的"英国价值观"对抗极权主义。讽刺的是,由此制定的政策却让那些不会说英语的穆斯林妇女承受了被驱逐出境的威胁。这种用父权制批判具体的宗教文化而非更广泛的社会组织形式的做法,使人们很难发现伊斯兰女性主义的存在,尽管伊斯兰女性主义已经存在了很久(第五章中会有详尽阐释)。

我们不应该过于轻易地丢弃"父权制",我们或许想要让它与"男女"等与之竞争的术语进行对话,并认识到父权制倾向于汇集女性与男性之间、不同历史时期之间的重要差异。了解社会如何组织才会使妇女遭厌弃与驱逐的大致情况一直是女性主义者的重要思想举措。这方面的研究有助于抵制男性与女性之间存在"性别战争"的思想,并且可以将讨论的重点转移到结构性问题上:性别不平等如何影响语言、劳动市场、宗教、刑事司法制度、心理及家庭。没有哪一种单一的概念能适用于所有不同的领域。但在本章中,我们发现类似的男性支配概念已经被运用了数百年,女性主义关注的问题渗入了社会主义、无政府主义、民族主义、共和主义学说及黑人民权运动中,与此同时,女性主义也发展了独特的运动形式。下一章将讨论这些运动的空间,以及女性主义者可以借之开拓新天地的入侵与占领策略。

第三章
空　间

玛丽·沃斯通克拉夫特写作《女权辩护》(1792)时，居住在伦敦布鲁姆斯伯里自己的房间里。与许多作家一样，她生活清贫。她将这部作品敬献给法国外交官查尔斯·塔列朗（Charles Talleyrand），他在法国大革命后负责国民教育。他去伦敦拜访她，她请他喝红酒，但她很穷，只能用茶杯装酒给他喝。尽管如此，她可以宣称属于她自己的那个空间对她来说意义深远。沃斯通克拉夫特过着流动的生活，经常游走于英国、法国和斯堪的纳维亚半岛。她有过不幸的恋爱经历，经受过极度的精神痛苦，还有过私生女。1797年，在生命中较为幸福的阶段，她与激进哲学家威廉·戈德温（William Godwin）结婚，生活安定了下来。即便是在婚后，沃斯通克拉夫特仍坚持住在她自己的房子里，尽管当时她怀上了他们的女儿。这种"两个屋檐下的婚姻"无论是在当时还是时隔百年后都颇受争议。这意味着沃斯通克拉夫特得了个坏名声，人们说她性放纵且离经叛道。这名声在十九世纪遮蔽了她的思想成果——她的批评者给她贴上了"着衬裙的鬣狗"的标签。但她需要拥有自己的空间这一点至关重要，这也表明了女权主义者对空间政治深层、持续的关注。

沃斯通克拉夫特尽力在她自己的地方招待她那些知识阶层的伙伴与政治同辈，这与弗洛拉·特里斯坦（Flora Tristan, 1803—1844）在巴黎组织的沙龙异曲同工。特里斯坦的父亲是秘鲁贵族，母亲是法国人。她与沃斯通克拉夫特一样，是栖居于激进的文学圈与政治社交圈边缘的作家。她的写作聚焦十九世纪三四十年代革命年月里巴黎的妇女权利和工人权利。她在她位于巴克街的小公寓里招待她的客人，而这些客人得爬上好多层楼才能到达沙龙地点。但与沃斯通克拉夫特不同的是，特里斯坦不能用自己的名字租公寓。1821年，她嫁给了安德烈·沙扎尔（André Chazal），她的丈夫对她进行了没完没了的盯梢。她深感不幸，四年之后便结束了这场婚姻。沙扎尔想争取他们女儿的抚养权，最终在1838年追踪到特里斯坦位于巴克街的公寓，枪击了她。特里斯坦活了下来，之后出版了游记《女贱民游记》(Peregrinations of a Pariah)和《伦敦漫步》(Promenades in London)。这两部游记敏锐观察到法国、秘鲁和英国存在的性别不平等与阶级不平等现象。不过，她在自己家里的致命遭遇提醒我们，不管是因为缺钱还是因为男性骚扰，建立女性空间始终不易。

女性主义者始终坚持不懈创造性地、顽强地占据空间，以用作政治活动与慰藉的场所。她们的干预措施有些旨在颠覆男权控制的空间，揭示妇女的缺场。譬如妇女参政论者苏珊·B. 安东尼意图领导妇女夺取美国公共场所，如投票站、政治集会场所等。1872年在纽约州的罗切斯特市，她和另外十六位女士侵占了投票站，试图进行总统选举的投票，她为此被逮捕。1876年，安东尼打断了一场美国《独立宣言》百年的大型公众庆祝会。当时，安东尼闯入讲坛，向主席演说了《妇女权利宣言》。[1]

后来的运动者更多使用占领策略,采用和平营、静坐抗议、游行、罢工等形式。她们还转向了新的空间——尤其是家中的私密空间——作为政治场所。"离开广场!"(Lasciate la piazza!)是意大利增强女权意识的一些小团体使用的口号。这些团体厌倦了聚众性的激进政治及与之相伴的英雄男子气概。与之不同,她们邀请妇女在她们自己的家中集会,将人们一直认为属于私人空间的事情政治化。[2]

对空间的争夺一直是女性主义的重要问题,尽管事实往往证明,面对各种敌对性的、挑衅性的反对力量,女性很难守住自己的空间。她们所占据的空间有时糟糕透顶或并非她们所需要的,譬如全世界妇女选举权运动者和女权运动者因参与抗议活动而被囚禁的囚室。其他空间是商业性空间,但它们仍可以充满女性主义潜能。譬如茶室给妇女提供了约见女性朋友的安全空间,因此成了二十世纪早期女权运动不可或缺的部分。[3]各类宣传选举权的报纸的售卖者因街头摆卖禁令而被驱离街道,被驱赶进贫民窟。即便如此,她们还是趁机在路面上用粉笔写下口号和每一次的聚会时间。同样,城市广场成了临时政治集会的举行地,女商贩可以在市场里维护她们的利益和权利——这些都为妇女提供了团结与反抗的机会,提供了维持生计的方式。

妇女往往缺乏资源,因而始终被限制在她们所能进入的空间。"两个屋檐下的婚姻"或者独立生活只有那些相对拥有特权的人才能享有。有这样一位女性,即现代主义作家弗吉尼亚·伍尔夫(1882—1941),她在1929年呼吁妇女要拥有"一间自己的房间"。但她对贫穷妇女的生活从不心存幻想,因为她们永远都不会有这样的空间自主权。三年后,她为工人阶级妇女写的散文集作序,这也反映了她自身享有的经济特权。伍尔夫对她所遇到的那些拥有健壮胳膊和庞大身躯的妇女半是着迷、半是惊恐,她深知她们与她之间存在阶级鸿沟。[4]

平冢明子①(Hiratsuka Raichō,1886—1971)拥有打造一间自己的房间的资源。平冢的母亲给她攒了嫁妆,1911年,她挪用这笔钱创建了日本女性主义组织青鞜社(Seitōsha),并创办了杂志《青鞜》(Seitō)。② 她令世人震惊:公开与情人同居并未婚生育了两个孩子,直到她57岁,也就是1941年,才最终与孩子们的父亲结婚。作为《青鞜》的主编,平冢有了自己的空间,并在她位于日本曙町的家里保留了一间办公室。这个房间体现了日本妇女与女性主义之间保持的关系,许多人认为女性主义是舶自"西方"的一系列思想。平冢的空间分成了占较大比例的"西方"部分——这里放置着一张桌子和许多书;空间剩下的一小部分则是与"西方"空间正对的日本空间,那里焚着香、放着蒲垫,她可以在此冥想。[5]空间不是简单的资源,它总是以民族、宗教等因素为特征。平冢可以自由地吸取两种文化中她认为最好的东西。但对于许多女性来说,她们的宗教、阶级、民族、种族决定了她们可以栖居的空间。

妇女如何栖居于空间之中也是女性主义关注的问题。1974年,丽塔·梅·布朗(Rita Mae Brown)在女性主义期刊《求索》(*Quest*)上特别提道:"社会教导女人和男人通过完全不同的方式

---

① 平冢らいてう,汉语中译为平冢雷鸟、平冢明子、平冢明等,此处用了"平冢明子"。
② 1875年前后,伦敦有位贵族夫人召集妇女文学、文艺爱好者集会,这群文艺女子不追逐时尚,不爱穿黑丝袜,而是穿蓝色毛织袜子。后来蓝袜子便被用来指代知识分子和新时代女性,体现了独立、自尊和自信的女性形象。英语中的"蓝袜子"对应日语中的"青鞜"一词,故这里直接沿用日语中的"青鞜社",就不再译为"蓝袜子团体"。

图 3.1　1911 年青鞜社的东京成员。平冢站在左起第二个位置。

使用空间。"⁶布朗是著名的女同性恋-女性主义小说家,她描述,女性如何占用她们的个人空间由她们对男性凝视的期待及她们不愿占据空间的态度而决定:

> 不主张女性主义的人表现出的一个基本姿势是将臀部稍稍朝向男性同伴的方向。即便一位不信奉女性主义的女子非常性感,她仍会很注意决不要削弱男性的威信……大多数不主张女性主义的人都会低垂眼帘或侧目而视,偷偷地凝视对方,如果对方是男性,她们偷偷看的时候会更小心翼翼。

布朗主张深入理解性别主义如何植根于妇女的手势、面部表情及姿态之中。

姿态与个人空间的政治化成为妇女解放运动的主题,激起了女性艺术批评、妇女自我防卫课程、女性舞蹈动作及争取公共交通工具中女性专用空间的运动的出现。美国民权运动与妇女解放运动的积极参与者丘德·帕梅拉·艾伦(Chude Pamela Allen)详尽阐释了"自由空间"概念。受此概念启发,妇女解放圈里将独立空间作为优先考虑的问题,以便发展"妇女文化",并为异性恋、同性恋、酷儿提供安全的社交场所。

我在本章考查女性主义者索求的各类空间,包括工作场所、祈祷的空间、女性远离暴力的专用庇护所。我还将讨论女性主义者如何努力利用市场"空间"为自己赋权。女性主义对资本主义的各种批判可能会模糊维持生计到底在多大程度上是女性主义的重要问题。一直以来,女性所从事的商业活动既有朝不保夕的小商贩生活,也有更加复杂、长期存在的女性主义企业,譬如书店、出版社等。

劳动空间

1859年,来自林肯郡的一位富有的年轻女子杰茜·布切里特（Jessie Boucherett,1825—1905）要求对劳动力市场进行彻底反思,以便让女子也能在那些"体面的"行当和职业中有一席之地。她深知女性进入"男人的工作"领域会遭到男性的反对,但她还是强调妇女信心不足,对"工业"所知甚少。虽然她知道许多女性不得不为了必要的物质生存条件而工作,但她还是强调女性工作带来的自尊与更高地位才是目标。

布切里特受到了作家兼艺术史学家安娜·詹姆森（Anna Jameson,1794—1860）在十九世纪五十年代中期探讨妇女地位的"客厅讲座"的启发。詹姆森从十九世纪二十年代起便靠写作获得了一份独立的收入,这使她得以结束一段不幸的婚姻,四处游历并成为公共知识分子。她通过演讲为监狱、医院、济贫院中的妇女争取"更大的社会工作空间"。尽管妇女有经济方面的需求,但詹姆森更喜欢谈论她们的义务劳动。[7]但她的一些同辈充分认识到,因为妇女经济方面的需求,她们工作的目的是赚钱。譬如另一位经济独立的著名作家哈丽雅特·马蒂诺（Harriet Martineau,1802—1876）就坚称,"英国六百万妇女中的一半人,工作是为了维持生计"。[8]不过,早期人们在为妇女争取工作自由时,却闭口不谈她们为什么想要或者需要工作。富裕家庭的妇女全身心投入工作是将工作当成修身养性的方式,贫穷的妇女则是为了能有经济来源,能活下去。这些矛盾的解释使许多国家的妇女运动中产生了分歧,说服工人阶级妇女相信女性主义可以代表她们的需求也成为一项长期困扰女性主义者的任务。

妇女工作问题的争论是《英国妇女杂志》(*The English Woman's Journal*)的重要话题。《英国妇女杂志》是伦敦当地的一份刊物,1858年发刊,期刊呼吁让"受过良好教育"的妇女拥有自己的职业。杂志的编辑们不满足于论辩,还建起了自己的实体空间。她们租了一间不大的办公室,处理杂志的出版问题,还为读者提供了阅览室。办公地点先是设在王子大街,之后搬到了附近的兰厄姆街上一个更大的地方。工作室里用了编辑芭芭拉·博迪雄(Barbara Bodichon)的画作做装饰。正是在这些室内空间里,杰茜·布切里特从1859年就开始管理促进妇女就业协会(SPEW)。该协会既充当了妇女的职业介绍所,也协调其他活动,譬如培训妇女学习簿记、收发电报,以及如何做律师助理。促进妇女就业协会还创立了维多利亚印刷所,由妇女经营管理,刊印《英国妇女杂志》。布切里特后来回忆说,"从这间小型办公室和简陋的阅览室诞生了几乎所有当代伟大的妇女运动"。与促进妇女就业协会的活动同步进行的还有另一项富有影响力的诉求,即妇女要求进入诞生于十九世纪的学校、大学学院等公共空间。

在艾米丽·戴维斯(Emily Davies,1830—1920)的努力下,1869年,英国成立了格顿学院。这是艾米丽·戴维斯与《英国妇女杂志》主编芭芭拉·博迪雄共同努力,在剑桥大学设立的英国第一所女子寄宿制高等教育机构。但剑桥大学对之不冷不热,直到1948年,即格顿学院成立了79年之后,女子才有权获得剑桥大学学位。

第三章 空间

女子教育在大英帝国范围内也取得了相似的进展。譬如在英国治下的缅甸,米娅梅哈拉翁(Mya May Hla Oung)是资助女子及女童上各级学校与大学的重要人物。她认为要讨论女子教育问题,就要先对英国"异域文明"对缅甸的影响进行批判性描述,她担心英国的"瓦解性影响"正在弱化佛教国家缅甸所具有的财产与婚姻权利的性别平等。在1903年的一篇杂志文章中,她宣称:"我宁可做缅甸妇女,也不愿成为西方国家最骄傲的妇女中的一员。"[9] 1908年,哈拉翁有过一项雄心勃勃的举措,她资助并参加了缅甸向英国传播佛教的第一个传教团,试图挑战英国的基督教霸权。到她得以在伦敦郊区的彭奇建立起传教前哨之时,英国妇女已经能够大规模地进入新行业,包括理发、医药、行政、印刷及装饰艺术等领域。其间,促进妇女就业协会在1920年前还在租用办公场所,主持各种妇女运动组织事务,为那些致力于提高妇女地位的人提供重要资源与实体空间。[10] 她们的办公地成了标志性地点,这个地点的名称也成了她们这群人的代称,被人们铭记为"兰厄姆街女性主义者"。

促进妇女就业协会的核心诉求,即让妇女进入工作场所,在接下来的数年中出现了分歧,引起了人们的争议。许多从事农业及家政服务工作的妇女已经进入了工作领域,但这些工作往往收入低且极为费力,而她们想要的是更高的收入与更多的尊重。那些从事卖淫的妇女想要的是少受警察侵扰。英国工人阶级妇女在十九世纪和二十世纪初的就业率要高于那些中产阶级妇女,她们非常不能理解中产阶级妇女天真地要求自由进入劳动力市场的行为。贫穷的女工没有劳动权利,工作环境极度危险,一般不会指望工作为她们提供自我实现和享有更大权利的空间。她们

103

也不会去谋求新的就业机会或就业资质。相反,她们中的许多人都乐于支持英国政府和工会运动限制她们工作时间的努力,也愿意接受它们禁止妇女从事某些"危险"行业的提议。

杰茜·布切里特等女性主义者都很警惕那些以保护妇女儿童为名将妇女划归为弱势工人的做法。她怀疑阻止她们夜间工作或让她们有休息时间段的"保护性"法律会导致雇主据此而转雇男性。不过,对许多工人阶级妇女而言,英国的家长式作风为她们提供了一线生机,减轻了令她们疲惫不堪又危险的工作。英国妇女运动在工作场所问题上存在巨大分歧。一些女性主义者发起运动阻止她们所认为的国家对许多女工的侵扰,这些女工包括从事采煤这种"危险行业"的妇女、在酒吧工作的妇女,还有或许是最具争议性的从事卖淫的妇女。也有一些女性主义者维护国家的保护性法律,这些人大多参加过工会运动,后来成为英国工党成员。妇女选举权运动及工党活动家埃塞尔·斯诺登于1913年反驳了她称为"彻底的女权主义者"的一类人。斯诺登很认同妇女应被阻止夜间工作及生育后工作,但她并没有清楚说明她称赞的这种做法到底意味着什么,也没有评述这会在多大程度上控制妇女的选择——这种模糊性会带来危害。斯诺登特别指出,因为女子要做母亲,"妇女的身体会被征用"从事生殖这项"特殊工作",那么最好的做法就是"准妈妈可以……完全居家,直到她们的孩子自己能够工作赚钱"。[11] 她的观点急转直下,从某种形式的产假变成将妇女完全排除在劳动力市场之外,直至她们将孩子养大成人。她所说的"征用"妇女身体似乎呼应了早先英国《传染病法》(Contagious Diseases Acts)规范性工作者的做法。法案赋予了警察如下权力:可以拘留、检查、强行处理任何他们怀疑是妓女的妇女。斯诺登的观点也与后来法西斯主义致力于高出生率的做法相似。

1918年,英国年长的妇女获得了选举权①,此后,英国最大的女权组织——全国平等公民权协会联盟(NUSEC)在"受保护的"劳动这一问题上面临着巨大分歧。争取选举权的运动掩盖了围绕妇女就业的深层分歧。1919年,全国平等公民权协会联盟成立之时要求"同工同酬,让妇女有机会从事工业方面的工作及各种职业"。但到1927年时,全国平等公民权协会联盟的领导者埃莉诺·拉思伯恩提出,如果是因为"社会利益"或者工人们自己要求,那么女性主义者们应当支持保护性立法。这导致了大批全国平等公民权协会联盟的执行委员会成员辞职,因为他们担心这些对"种族"或"群体"的模糊呼吁会将妇女赶出某些工作领域。英国女权周刊《时势》(Time and Tide)宣称,全国平等公民权协会联盟"不再是女权主义团体"。但其他的妇女,通常是那些自身拥有工厂工作的妇女,仍然乐意接受国家所提供的任何保护性政策。[12]

争取出台美国《平等权利修正案》(ERA)的斗争中也出现了相同的分歧。斗争得到了全国妇女党的支持,从1966年开始,又得到了美国全国妇女组织的支持。为通过宪法修正案而进行的斗争主导了后妇女选举权运动,成为美国女权运动的标志。如同在英国一样,美国修正案运动引起了激烈争议,争议的焦点是修正案很可能会排除产假及妇女最低工资等保护性立法出现的可能。

---

① 1918年2月6日,英国皇室签署议会通过的《全民代表法案》,赋予妇女选举权,但妇女至少要年满30岁才有选举资格,而男性只需达到21岁。该法案的通过并不意味着英国妇女与男性享有了同等的政治权利。直到1928年,英国才将妇女投票年限降到21岁。

批评者提出,女工需要得到具体的保障,以免她们遭遇劳动力市场经常性的深度剥削,尤其要保障她们的工作不再是工时长、收入低。美国争取实现《平等权利修正案》的运动并没有取得共识,而且尽管这场运动一直延续到了二十世纪八十年代(还有最近才获批准的案例,一是 2017 年在内华达州,一是 2018 年在伊利诺伊州),但它迄今为止也没有在美国足够多的州府获批,因而并未被纳入宪法。

在历史学家多萝西·科布尔(Dorothy Cobble)看来,美国《平等权利修正案》运动与许多妇女的生活毫不相干。她认为,美国二十世纪中期的女权运动势头从《平等权利修正案》和宪法修正转向了劳工运动。[13] 重要女性空间变成了工会和纠察线。科布尔特别提到以下组织运动的活动家,包括泛非主义者梅达·斯普林格·肯普(Maida Springer Kemp, 1910—2005)和立陶宛犹太人宝琳·纽曼(Pauline Newman, 1887—1986)。斯普林格·肯普和纽曼都帮助组织过纽约服装女工。斯普林格·肯普成了国际女装工人工会的领军人物,到了二十世纪五十年代,她一直致力于在利比亚、坦桑尼亚、肯尼亚和加纳扩展工会权利。泛非主义和女性主义共同影响了她的政治主张,她深切关注同工同酬问题及女工孩子的看护问题。[14] 纽曼为妇女工会联盟(WTUL)工作,她与另一位持有女权主张的工会成员弗丽达·米勒(Frieda Miller)有着恋爱关系并生活在一起,后者在 1944 年成为美国妇女局主任。科布尔称她们是"社会正义女性主义者"。

这个时期极为重要,工会运动在此期间重新定位,以便更好地代表妇女的各项需求。随着从事文职、轻工业、教育、零售业等工作的妇女人数剧增,妇女成为工会组织新的重要支持者。

梅达·斯普林格·肯普称她所在的工会"在提高妇女地位方面有着杰出贡献",虽然她本人只是工会中极少数可见的女性领导人之一。尽管其成员大多为女性,但国际女装工人工会由男性领导,保持着无视性别的"无差别对待"政策,并没有对女性性别劣势进行较为有效的分析。忠诚于该工会的斯普林格·肯普和纽曼都认为工会谈判而非立法才是实现同工同酬的最佳途径,她们都反对美国《平等权利修正案》。她们还都坚持要求母亲与孩童的需求被写入雇主条款——这是一项非常重要的要求,因为在二十世纪四五十年代的婴儿潮时期,更多的女工在工作的同时,还要勉力应对生育、哺乳、照看孩子的多重任务。她们就事论事的渐进主义方式因为没能质疑更大范围内的性别秩序而易遭受批评;妇女解放运动者对妇女工会成员很不满,为她们在极度不平等的现状下做出妥协而懊恼。尽管如此,必须承认女权主义运动中确实存在"社会公正"的传统,工人阶级、移民与黑人妇女都在女权运动中表现突出,发挥了作用。

  劳工运动中的活动家们提出了《平等权利修正案》的替代版本——《妇女地位法案》(Women's Status Bill),该法案于1947年首次提交美国国会。《平等权利修正案》提出,应该实现严格意义上的法律平等,而与劳工运动相关的主张社会公正的女性主义者则更希望依据女工的实际状况给予相应的对待。宝琳·纽曼称《平等权利修正案》的支持者是"自私的野心家",反过来,《平等权利修正案》的支持者认为她们的反对者被男性主导的工会骗了。这些争异在1963年美国关于《同工同酬法案》的激烈辩论中得到了充分的展现。主张社会公正的女性主义者希望差不多相同的工作能获得相同报酬,而共和党国会议员、《平等权利修正案》的

图 3.2 1936 年,梅达·斯普林格·肯普(中间站立)访问英国布里斯托尔的一家工厂,与服装工人在一起。

支持者凯瑟琳·圣约翰（Katharine St. John）主张"平权女性主义"，坚持法律必须保证相同的工作获得相同的报酬。在存在鲜明性别区别对待现象的美国劳动力市场，这确保了相应的法律只适用于少数男女受雇从事完全一样工作的行业。

工作赚钱对妇女意味着什么——对之进行的相互冲突的种种阐释是各种不同的女性主义争议的焦点。那些选择与工会合作的女性主义者常常发现自己既获得了资源，也遭遇了对妇女权利与需求的反对。妇女对更高工资和更好工作环境的需求有时也会折射男性工人的需求，但关于妇女问题的大多数争议也提出了女工面临的各种具体的边缘化问题，包括怀孕生子、职场性骚扰等。男性主导的工会对这些问题的认识相对迟缓，它们也很难将女性放在领导者的位置上。尽管如此，对于那些努力使工作场所成为妇女获得权力的场所的人来说，劳工运动既是重要的同盟，也是重要资源。

市　场

参与劳工运动的女性主义者将自己置于"老板"的对立面，她们经常批判整个资本主义制度，批判其对待工人的方式。不过，妇女运动并非时时处处反对企业与商业世界。纵观十九世纪各种不同的经济体，我们可以发现围绕小商小贸发生的日常流动的模式，这些小商小贸主要发生在生活困顿的妇女当中。贫穷的妇女没有多少选择的余地，她们往往被迫做些散工和临时工，譬如做洗衣女工、摊贩、性工作者等。私底下进行的这些买卖活动使她们能勉强糊口,但她们得不断躲避政府,因为政府要求她们持有头卖执照,会规范她们的生活。玛丽亚·奥迪拉·席尔瓦·迪亚斯(Maria Odila Silva Dias)通过研究十九世纪巴西圣保罗的女工——不管她们是自由之身还是被奴役——说明了通过交易谋生的不稳定性以及由此获得的权力。在1888年废除奴隶制之前的那些年里,巴西是一个传统上贬低体力劳动的国家。作为"好斗的女人",那些自由与被奴役的女工发现她们可以与其他的女商贩相互支持,共同抵制政府企图控制她们的经济活动、对她们征税的各项措施。[15]她们与政府的对抗往往利用的是"弱者的武器"——谣言、故意拖延、篡改、逃避。

妇女逃避或故意拖延的策略有时不足以应对现状,她们便转而进行公开的有组织的活动与抵抗。譬如在英国统治的尼日利亚,乡村妇女是棕榈油的主要生产者与交易者。尼日尔三角洲地区的伊博人中,妇女在公共领域中行使着相当大的权力,扮演诸如阿嬷(omu)①等角色,与对应的男性办事机构奥比(obi)一起控制妇女的市场活动。英国对这种权力分工的殖民干预强化了男性奥比的权力,同时试图将女性阿嬷的权力排除在权力中心之外。但在二十世纪二十年代,英国政府通过英国任命的"执令官"征收更高的"棚户税",这造成了对当地长官制度权威的逾越,也是在越权向妇女征收费用。妇女拥有集体凌辱的能力,也就是人们所知的"压制"男人。1929年,这些策略就被用来对抗过度征税与政治边缘化问题。有一万多名妇女参加了抗议,她们运用传统的凌辱方式,如女性裸体,反抗本地和英国的精英人士的统治。[16]这些抗议借用了本国的许多传统,如舞蹈、幽灵附体,以及

---

① 伊博语中意为"女王"。

伊博人围绕贸易进行劳动力分工而形成的道义。有文献记载,集市上的妇女"头上戴着草环,腰腹及膝上围着草,有些还拖了个草编的尾巴,除此之外,几乎一丝不挂……"[17]妇女嘲弄那些执令官的权威,朝她们的"统治者"扔沙土,也就是不生寸草的土壤,要求那些执令官将他们的官帽交给妇女。她们的抗议集会最终以对官方的连珠炮似的侮辱结束。妇女手持大砍刀,在有时被称为"妇女战争"的反叛中威风凛凛地挫败英国和当地的士兵。

这样的交战状态最终导致政府军使用了致命的武力:政府军在 1929 年 12 月向女性抗议者开枪,造成 21 人死亡。政府试图推行农业机械化并控制贸易往来,从而赋予男性更多的权力,而殖民当局的统治结构同样赋予男性掌权者以特权。在此大背景下,那些仪式化的反叛形式表明市场作为妇女活动的场所对她们来说很重要,但妇女获得这些场所也需要付出高昂的代价。

1929 年那些令人难忘的抗议活动可被看作对反殖民运动做出的贡献,这些反殖民运动最终导致了 1960 年英国统治者被驱逐出尼日利亚。不过那些抗议仍是妇女领导的运动,其目的是维护她们享有市场空间的权利,因为这些空间让伊博妇女能在一定程度上自由决定她们的经济地位,但前提条件是妇女团结与积极行动。当大多数自称为女权运动的活动围绕着进入职业领域、获得选举权、同工同酬等问题进行之时,在这样的历史时期,1929 年的抗议活动并不能被称为女权运动。妇女的抗议植根于传统的伊博道德经济和辱骂传统,而非鲜明的女权主义思想传统。尽管如此,妇女领导与妇女团结等做法与女权主义的主张形成了共鸣,也对后来的尼日利亚活动家产生了重要影响。

"妇女战争"启发了具有超凡魅力的芳米亚露·兰瑟姆-库蒂

领导的尼日利亚阿贝奥库塔妇女运动,该运动大胆要求获得市场权利。芳米亚露先后在尼日利亚和英国接受教育,二十世纪四十年代成为阿贝奥库塔淑女俱乐部成员,这个俱乐部是一个具有家长作风的福利组织,其宗旨是"提高妇女道德行为标准"。芳米亚露拓展了该组织,将提高市场中劳作的妇女的读写能力作为其目标之一,也由此更好地了解她们不安定的生活。妇女抱怨赋税征收不公平,抱怨被检查员强制脱光衣服检查,以判断她们的年龄及她们需要缴纳的税费。淑女俱乐部在1946年更名为阿贝奥库塔妇女联合会,芳米亚露也穿上了集市妇女穿的印花布衣。她组织她们抵制政府增加赋税,称她组织的各种示威游行是"野炊"。这些示威游行有的持续了48小时,在此期间,妇女们拒绝工作,唱起了歌谣——1946年底的"野炊"和抗议活动中,妇女们创作了两百多首歌曲。抗议者公然反抗殖民当局和奥格博尼当地的执令官,拒绝礼敬男性专用的礼器,想让全世界关注她们因为警察使用催泪瓦斯和随意逮捕的行径而正在进行的抵制运动。正如历史学家谢丽尔·约翰逊-奥迪姆(Cheryl Johnson-Odim)所说,芳米亚露后来变成了重要的泛非主义者和民主社会主义者,曾到过中国、莫斯科、加纳、塞拉利昂,抗议殖民主义及妇女遭受的不公正待遇。尽管她对共产主义持有谨慎态度,但她支持国际妇女民主联合会——这是一个在共产主义势力范围内资助妇女运动的联盟组织。她还从1966年开始批评尼日利亚的军事统治者,因此遭到了警察的不断侵扰。她的儿子——音乐家费拉·库蒂(Fela Kuti)的家遭到了一场突袭,这导致她在1978年受伤并死亡。[18]

芳米亚露留给尼日利亚,也是留给其他许多非洲国家的遗产就是始终要清醒地认识到劳动阶级妇女和乡村妇女的需求。一

图3.3 芳米亚露·兰瑟姆-库蒂,尼日利亚妇女权利、社会主义、泛非主义活动家。芳米亚露特意穿了集市商贩妇女穿的印花衣裙,以显示对她们所关心的问题的尊重。

些非洲评论员质疑:女性主义显然起源于西方帝国主义,这两者能否区别开来?尽管有这样的质疑之声,但芳米亚露很清楚妇女过度承担了殖民占领所带来的沉重代价。她表明,妇女解放问题应该成为"尼日利亚解放受压迫者和贫苦大众的一部分"。[19]这句话成了1983年成立的"尼日利亚妇女"(WIN)的宗旨,该组织的成立旨在突出石油经济、通货膨胀及外部强加的结构调整政策对尼日利亚妇女的负面影响。经济困难逐渐成为核心问题,其所要付出的代价再次由妇女过度承担。此时统治尼日利亚的军政府打压异见与抗议活动。[20]"尼日利亚妇女"旨在扩大公共辩论领域,提出各种关涉妇女的问题,如确保妇女获得水资源,关注逼婚问题,保护性工作者,让女童接受教育等。

这项工作需要集市的妇女、大学生、性工作者、女农民结成联盟,也需要灵敏地周旋在尼日利亚不同民族和宗教之间。"尼日利亚妇女"坚持非教条主义的方法,也吸收男性作为其成员,有时候男性还是其运动的受益人。尽管男性参与女权运动有一些前例,但"尼日利亚妇女"乐于接受并吸收男性加入女权运动,这并不常见。该组织致力于男女双方共同改变性别关系。妇女受家务劳动和经济边缘化问题的拖累,只能拥有有限的时间和资源。"尼日利亚妇女"不仅欣然接受男性参与其工作,而且颂扬与要求男性参与。这表明男性的参与不仅实际提供了力量的源泉与各种资源,而且从根本上改变了男性意识。该组织参与涵盖男女两性的社会公正问题的斗争,这一点往往能吸引男性;反过来,"尼日利亚妇女"希望男性可以更深层次地致力于实现女性主义目标。[21]

吸引男性加入女权运动也是"尼日利亚妇女"应对尼日利亚

这个时期极为具体的挑战所表明的姿态。二十世纪八九十年代信奉伊斯兰教和基督教的尼日利亚呈现出越来越严重的宗教激进主义特征，而吸引男性加入女权运动体现了对该趋向的抵抗。宗教领袖已经开始寻求单一性别形式的礼拜与联盟，作为世俗组织的"尼日利亚妇女"却提供了两性合作的模式和男女混合空间，这对该组织而言极为重要。它欢迎所有人加入——对其成员不设标准——这造成了各种不同目标与优先事务之间的矛盾，但也激励了组织内部为摒弃差异、建立联盟而努力。"尼日利亚妇女"实验性地用完全开放性的策略回答了长期存在的问题，即谁可以成为女性主义者。

女子商业

从经济角度来看，作为集市商贩的妇女过着不安定的生活，她们的收入只能勉强糊口。她们彼此团结，有着很强的权利意识。但她们很少有能力进行长期的运动或是建立她们自己的空间与机构。不过，在有些历史时期，那些持有女权主张的先驱已经打造出种种资源，能提供资金建立扩大妇女权力的空间。譬如在底特律，妇女运动的成员在1976年购买并修缮了底特律城中心一座著名的建筑——先前曾是妇女城市俱乐部所在地，作为女性社交、创业和运动的中心对外开放。

二十世纪七十年代的妇女解放运动催生了一批女性主义小型企业的诞生，底特律的妇女以此为基础有了进一步发展。在美国，创业文化已根深蒂固，许多美国女性受女权运动宣扬的独立与自主思想的启发,选择创立自己的企业便不足为奇了。许多人都批评人型资本主义企业,希望出现更能体现伦理价值的企业。她们还认为像书店、律所、妇女健康中心、出版社等企业对传播女性主义主张极为重要。她们制作了各种极富争议的体现女性主义主张的产品,譬如纽约的"解放企业"生产一种围裙,上面装饰着醒目文字——"去他的家务活",但即便是持有宽容态度的反文化报《村声》(Village Voice)都拒绝为之打广告。不过,持有女性主义主张的企业主找到了现成的政治化买卖市场。

她们也借鉴了女同性恋先前已建立的传统,即经营酒吧与咖啡馆,这里为性少数群体提供了安全和宽容的空间。女同性恋常面临着人们对她们的外表和性倾向的歧视,她们深知妇女需要自主空间。[22]她们争取"妇女空间"的运动有时在女性主义诉求和女同性恋诉求之间摇摆。但正如历史学家亚历山德拉·凯彻姆(Alexandra Ketchum)谈及安大略省的咖啡馆与饭店时所提出的,她们的运动往往有可能同时吸引两个阵营。在加拿大,因为本国的禁酒传统,孤身妇女发现自己很难进入售卖白酒的场所;酒吧是被污名化的敌对空间。通过设立会员制的"妇女俱乐部",人们就可以确保女性专享的环境,譬如多伦多的"三杯咖啡店"从1975年就开始提供妇女跳舞的空间。缺乏资金意味着这样的"妇女空间"永远找不到它的经营场所,只能被迫临时找地方经营。辟出"妇女空间"的努力是一场象征性的战役,因为现存社会空间都已暂时被占据,便只能在整个城市打游击战。[23]

不管她们有着怎样的性取向和政治倾向,大多数妇女经营的企业都很难获得她们需要的资本,供她们购买股票、租用经营场所、雇工人。银行不愿意借钱给妇女,尤其不愿借给已婚妇女。

抵押和信用卡通常都不以妇女为服务对象，或者会要求她们的丈夫做担保，而有色人种妇女尤其不得获得金融资源。历史学家乔舒亚·克拉克·戴维斯（Joshua Clark Davis）指出，金融问题推动了女性信用合作社和女性银行的建立，这其中就包括1973年创立的底特律女性联邦信用合作社（FFCU）。[24]该信用合作社的创立者希冀拓展她们的妇女健康工作坊，但她们很快意识到，全国范围内都存在女性借贷的需求。早年有一份传单邀请妇女支持者"将我们的积蓄投资到给我们的姐妹们的借贷中去，不要将它们投在男性所有和控制的银行机构，因为那些机构奉行性别歧视的借贷政策和用工原则"。底特律女性联邦信用合作社由女性经营，她们描述它"像个妇女中心……内设布告栏和海报，公布女性主义相关新闻与活动"。[25]她们在密歇根全州设立了分部，这种运营模式也传播到了美国其他州。到1975年，全国各女性信用合作社的资产总额达到了150万美元。对于经常极度缺乏资金的妇女运动来说，这个空前的数额创造了更多的投资机会。

经过大量辩论，信用合作社设立了女性经济网（FEN）以协调她们的各种活动。底特律女性联邦信用合作社的创立者野心勃勃，她们提议女性经济网购买并翻新她们城市先前的妇女城市俱乐部。有些女性主义者深有疑虑，她们担心一个富裕的组织最终会控制处于阶级底层的草根妇女运动。虽然底特律女性联邦信用合作社的运作不以盈利为目标，但其批评者还是认为女性企业"无可救药地陷入了更大的经济体制中，该体制只懂一件事——盈利"。[26]

尽管如此，女性经济网还是雇了当地表现积极的女性主义者打扫并修缮了妇女城市俱乐部的大楼。受雇者需要工作好多天，但收入很低,工作环境又很糟糕——这样的工作强度很快引发争议,女工们不安地谈论要罢工进行抗议。1976年4月,女性经济网在修缮后的大楼开业,向妇女开放一家宾馆和一家游泳池,还设立了酒吧和夜总会。全国闻名的女权活动家格洛丽亚·斯泰纳姆(Gloria Steinem)在开业典礼上剪彩,她剪断的是一根美元钞票制成的彩带,彩带象征该组织致力于使妇女富裕。但这浮华的开业典礼注定时运不济。俱乐部收取会员年费100美元,底特律大多数妇女远负担不起这个数额。运营成本成了很大问题,更大规模的妇女运动对这整个规划不置可否。仅仅五个月之后,这些经营场所就关了门。

这是对于资本主义市场内建构女性空间这一愿景的巨大打击。但女性经济网如流星般地崛起与消亡的经历并不能被认为代表了所有女性企业的命运。在底特律,支持女同性恋-女性主义的酒吧和咖啡馆仍生意兴旺,同时,像手工珠宝制作及女性发廊这样的商业也同样兴旺。尽管有人批评美容行业,批评该行业对妇女的不合理要求,但结果证明妇女沙龙很可能为女性主义者及反种族主义者彼此团结与建立人际关系提供了重要空间。譬如在英国,1975年成立的曼彻斯特黑人妇女合作社,1980年更名为阿巴辛迪(Abasindi),为黑人妇女提供了美发空间。合作社成员认识到,黑人妇女的头发在白人妇女导向的美容文化中始终被贬低。[27]

女性出版业是妇女辟出市场空间的又一种途径,是占据出版"文化空间"的方式。这些出版公司如印度的迦梨女神①妇女出版

---

① Kali,也译作卡厉、卡莉女神,印度神话中湿婆神妃帕尔瓦蒂的化身,被认为是最黑暗和暴虐的黑色地母。

社(Kali for Women)、英国的悍妇出版社(即维拉戈出版社)、尼泊尔的阿斯米塔妇女出版社,比底特律妇女城市俱乐部的存在时间还长,其中的一些在二十一世纪还存在,甚至仍在蓬勃发展,我们将在第四章对之进行具体阐释。这些出版社出版的图书供给或许是最具象征性和辨识性的女性空间——妇女书店——销售。这样的空间提供了运动、静思、启发智力、辩论、饮食及社交的场地。女性出版业努力扩大企业规模,扩大政治影响力,尽管成效各不相同。像伦敦的"妇女报刊"(1907)、芝加哥的"妇女与儿童优先"(1967)、日本京都的松花堂妇女书店(1975)、米兰妇女图书馆(1975)、印度的"街头阅读"(Streelekha,1984)、肯尼亚首都内罗毕的"女儿遗产"(Binti Legacy,1996)等书店形成了一张强大的网络,传播女性主义思想。至关重要的是,这些商业空间面向所有不同阶级的妇女,大多数还为男性开放了至少一部分空间。这些书店在商业大街上的每日日常中帮助争取妇女权利,它们的存在即在鲜明宣扬女性主义的变革承诺。

"街头阅读"是印度班加罗尔的一家女性书店,创办于1984年,它"首先是作为妇女集会之地"存在。书店提供文学读物、咨询、法律意见、邮购服务,目的是让更多的读者接触到女性主义图书。书店的创办者指出,"第三世界的妇女运动并不与促进社会变革的其他运动彼此孤立",因而书店也会贮藏关于"和平、发展、生态、工人运动、低种姓'贱民'、农民"等主题的图书。[28]"街头阅读"致力于为"女权运动"提供"思想基石",其藏书考虑的是可购性。她们十分清楚大多数印度妇女买不起昂贵的女性主义书籍,书店的商业前景并不乐观。为了提升风险抵御能力,她们与加拿大的妇女书店和美国马萨诸塞州的新字书店建立了友好关系。

这确立了书店之间图书、期刊及图书销售专业知识的双向交流。譬如"街头阅读"的《女性主义日记簿》(Feminist Daybook)也在北美的伙伴书店销售,它们还举行资金筹集活动以支持"街头阅读"开设流动书车,增开卡维亚(Kavya)妇女借阅图书馆。[29]"街头阅读"是缔结联盟的地方,既和与女权运动交织的其他激进抗议活动结盟,也和久负盛誉的女性图书业国际网络结盟。书店成员决心依赖图书买卖养活她们自己,支付场地费用,支持女性出版业和女性作者——但她们也强烈批判全球资本主义图书业,认为它导致许多贫穷国家的书商负担不起图书价格,书价被那些有影响力的出版社操控。虽然这几家书店之间的联盟存在着种种问题,但商业企业也可以成为社群空间,而女性企业家也充分意识到了在市场中可以获得的权力有限。

礼拜空间

早先的女性主义史学家有时会将女权运动描述为反宗教活动。信仰往往与宗教激进主义控制妇女的礼拜与着装的努力联系在一起。犹太无神论者欧内斯廷·罗斯长久以来一直拒绝接受宗教,认为宗教就是社会不平等与性别不平等的主要原因。妇女参政论者伊丽莎白·卡迪·斯坦顿也对传统宗教持有异议,她高呼应对基督教《圣经》进行批判性重读,并据此展开一场"彻底的革命"。她宣称,"《圣经》训诫,妇女将罪恶与死亡带入此世,她加速了人类的堕落,她被提审到天堂的审判席前,被审判、被指控、被宣判"。对于基督教妇女来说,这教义意味着"婚姻是枷锁,做母亲是一段苦难与极度痛苦的经历,她要在沉默与臣服中扮演好依从者的角色,依赖男人的慷慨之举满足她所有的物质需求"。[30]

斯坦顿想要保持基督教信仰,但要摒弃基督教对妇女屈从性的强调。她建立了一个国际妇女委员会,开展了一项颇富争议的项目,即从女性主义角度重读《圣经》。与她有接触的许多女性都拒绝加入她的项目,但最终她还是组织起了一个 26 人的团队,成员包括芬兰活动家亚历山德拉·格里彭贝格(Alexandra Gripenberg,1857—1913)、奥地利的伊尔玛·冯·特罗尔-波罗斯提亚尼(Irma von Troll-Borostyáni)和法国社会改革者伊莎贝尔·博杰罗(Isabelle Bogelot)。斯坦顿将团队对《旧约》及《新约》中对妇女地位的评论结集成书,在 1895 年和 1898 年以《女子圣经》(*The Woman's Bible*)为名出版。斯坦顿书中的观点是,祷告应该同时向天母和天父进行。该书一经出版即成为畅销书,但在其他妇女参政论者和公众当中,它声名狼藉。

这样的著作提醒我们,女性主义从来不是一场世俗运动。斯坦顿从十九世纪六十年代起便对唯心灵论运动产生了兴趣,而且许多女性主义者都发现,正统与非正统信仰都可给人启发。对像维奥莱特·约翰逊(Violet Johnson,1870—1939)这样的女性来说,宗教也为女性提供了重要的(虽然常常是临时拼凑的)空间。维奥莱特·约翰逊是非裔美国人,她在新泽西郊区做家仆,也是浸信会平信徒①领袖。与斯坦顿公然高举女性主义思想不同,推动约翰逊行动的是对道德与公正的精神追求。但那些道德原则中隐含着政治性的社会公正,其所要求的空间完全是按照性别划分的。尽管约翰逊没有女权活动家杰茜·布切里特用以争取公

---

① 平信徒指基督教中没有圣职的人,也称为教友,是普通信徒。

共权利与公共空间的资源,她还是创造了最基本、最普通的各种场地,这显示了妇女运动可以在草根阶层进行。

作为家仆,维奥莱特·约翰逊能进入的属于自己的空间很有限。仆人深知她们休息的卧室、工作的厨房和餐具洗涤室是别人的财产。主人家拥有进入这些房间的法律权利,他们有权检查仆人的物品和身体,控制仆人的进出。仆人会因为很小的事或是主人家臆想的冒犯行为而被解雇,这可能是突然发生的状况,仆人很难争辩,因为她们资源有限。在找工作的时期,她们常常只能住公寓,或是到亲戚家暂住。这就让空间的划分与控制成为极受关注的问题。仆人拥有的空间只是她们个人的箱子或盒子,那里是她们能维护隐私的空间。或许正是这种自己的私密空间遭雇主侵入的感觉让维奥莱特·约翰逊觉得设立一个《圣经》学习的会场尤为重要。据历史学家贝蒂·利文斯顿·亚当斯(Betty Livingston Adams)记载,约翰逊在1898年租下一家商用洗衣房,将之改成了一个神圣空间,这里最终成为新泽西州萨米特市的芳甸浸信会教堂。教堂八位创始教友都是非裔美国女仆。[31]

虽然十九世纪的浸信会接受建立非裔美国人领导的教堂,但长久以来浸信会一直倾向于对它们进行家长式管理。非裔美国男性牧师对此满怀沮丧,他们在十九世纪七八十年代组织了自己的集会和会众,旨在强调他们值得尊重以及他们具有自主权。但事实证明,此举是对女性礼拜者的排斥,而她们往往承担着极为重要的精神领袖的角色。非裔美国人的浸信会开始谨慎对待妇女的宗教神职和传道,尽管妇女在维持会众的数量和为会众筹集资金方面贡献突出,但教堂还是拒绝接受妇女作为领导者。人们畏惧有强烈宗教使命感的妇女,认为她们会危害非裔美国人教会

第三章 空间

寻求的本就不稳固的社会地位。维奥莱特·约翰逊在新泽西州萨米特市的芳甸教会以女性为主，但教会的牧师爱德华·麦克丹尼尔斯(Edward McDaniels)始终拥有正式的领导权。

最初的洗衣房太小，很快就满足不了芳甸浸信会的使用需求，会众承担起了建造新场地的责任。因为教会信徒没有资源，教会被迫寻求外部捐助，但捐助人的动机有时并不是乐善好施。因为麦克丹尼尔斯牧师的募捐，有人提供了金钱。麦克丹尼尔斯牧师向捐助者们强调了他们教会将会存在的种种问题，认为问题的出现在于越来越多的"南方女黑人"进入了新泽西州的家政服务业。[32]非裔美国妇女总与性放纵及生育能力相联系，麦克丹尼尔斯向白人及黑人中产阶级捐助人表示，教会可以帮助规范她们的行为。因而维奥莱特·约翰逊所寻求的神圣空间实际上并不始终是解放性的空间。这是一个信息混杂的地方，妇女的声音和行为既在这里得到支持，同时也遭否定。

不管根本原因是什么，能向非裔美国教会提供任何服务的资源都寥寥无几。在萨米特，捐赠人捐助的费用只够建造预想中的新教堂的地下室。1908年，新教堂搭了个临时屋顶就算建成了，建成后即刻投入使用，举行教会活动。到1912年，反复出现的洪灾迫使教众搬出教堂。芳甸浸信会的教众渴望获得更宽敞、更适合居住的空间，她们提出了一项雄心勃勃的计划——收购废弃的萨米特市政厅。占领最负盛名的市民空间的企图突破了以妇女为主的非裔美国教会可被接受的极限。白人居民发起运动，反对这桩买卖，他们认为这会导致生意被毁，也会威胁地价。郊区关于"黑人""殖民"的煽动性言论清楚表明，维护"白人空间"极为重要。[33]

二十世纪初期,新泽西州日益严重的种族歧视使服务于黑人群体或是超越种族界限的神圣空间变得难以实现。芳甸浸信会最终占据的是白人捐助者资助的一栋简陋建筑,白人捐助者的捐资动机在于他们希望该教会不出现在更受关注的地方。白人受托人持有建筑的契约,控制了牧师聘请事宜。[34]芳甸浸信会的黑人妇女获得了可使用的空间,但付出了高昂的代价,因为她们丧失了对空间的支配权。

尽管她可以获得的空间存在着种种质量问题,尽管关于空间该如何被占用、谁可以占用等方面存在各种争论,但维奥莱特·约翰逊仍重视创造满足妇女需求的空间。1918年,她的事业因战时救济工作中断,她租了一套她本人居住的公寓,不过她也将公寓取名为"女工的工厂之家"或"家外之家"。她的目标是为工作在战时工业生产线上的"有色人种女孩"提供"舒适、宜人"的专用空间。[35]这可以媲美白人妇女主导的如基督教女青年会(YWCA)这样更大的项目。约翰逊的小公寓在"一战"期间及战后为800多位年轻女性提供了空间与支持。基督教女青年会很支持约翰逊的这项工作,因为她们很乐意避开怎么在她们自己的空间里调配黑人妇女的职业技能和领导才能等棘手问题。这使居住在约翰逊家的人可以使用基督教女青年会的各项设施——但前提是要实行种族隔离制。

在二十世纪最初的几十年间,美国北方诸州出现了越来越严厉的隔离政策和越来越严重的暴力行径,在此大背景下,非裔美国人群体越来越四面楚歌。形成多种族空间变得愈加困难,尤其是在二十世纪三十年代的经济大萧条带来的经济阵痛使工人阶级和少数族裔妇女的物质生活变得极为艰难的形势下。尽管如此,约翰逊的"家外之家"继续提供空间,在二十世纪二三十年代使年轻女性可以经营俱乐部,探讨非裔美国人的文学与历史。

尽管男性与女性之间进行着复杂的权力博弈,萨米特白人居民及当地的基督教女青年会持有种族主义态度,但芳甸浸信会及其他妇女空间还是给了维奥莱特·约翰逊及其女性同胞参与改革的机会。她们在基督教妇女禁酒联合会的禁酒活动及妇女选举权运动中都表现突出。约翰逊还与工会活动家梅达·斯普林格·肯普一样参与了反私刑运动。在约翰逊看来,反私刑运动不仅提出了保护非裔美国男性的必要性,也揭示了非裔美国女性容易被白人男性强奸并致孕的状况。她在1919年给总统伍德罗·威尔逊(Woodrow Wilson)的信中写道:"白人践踏有色人种妇女的荣誉,这样的故事写在了我们种族的每一张面孔上。"[36]

维奥莱特·约翰逊在种族与性别的交织处寻求公平公正,尽管她身处新泽西州的郊区,远离国家权力所在地,但她毫不犹豫地与总统进行对话。她的工作从草根阶层起步,在她加入全国有色人种妇女协会和新泽西州有色人种妇女共和党俱乐部等组织后,她的工作的范围与规模都在扩大。但她在国家法律层面进行游说的努力让她面临着艰难的选择:黑人妇女是被迫选择与白人妇女联合参与酒精管制运动,还是忠诚于争取种族正义的组织,如全国有色人种促进会(NAACP,该组织反对酒类销售并优先考虑种族正义问题)。1922年,维奥莱特·约翰逊加入白人女性的阵营,支持主张禁酒的候选人。1924年,她与白人妇女决裂,转而支持反私刑的候选人。她支持实现妇女需求并不是以女性主义之名,尽管她在许多场合都始终如一地致力于推动妇女需求与利益的实现。"女性主义"一词不足以表达在此历史时期影响了约翰逊行动的种族、阶级、性别的交织性压迫。无论如何,她选择了她所偏爱的"妇女基督教布道所"作为另一种显示她工作意义的方式,这一点值得尊重。她追求社会公正,与女性主义者有相同的关注焦点与策略,但在她的一生中,时常存在的状况是工人阶级妇女和黑人妇女所关心的问题在她们所经历的女权运动中并未得到应有的尊重。

约翰逊于1939年在她的"家外之家"中离世。她的葬礼在她所创立的芳甸浸信会教堂举行,这再合适不过。但即便是死亡也明晰地显示了非裔美国工人阶级妇女享有的空间极为有限:约翰逊被葬在了一座无名墓穴中,这是她的前白人家政雇主暗中策划的结果。[37]

自主空间

维奥莱特·约翰逊用她自己的公寓给那些非裔美国女工提供安全的空间,这也是后来的几代人都熟悉的策略。二十世纪七八十年代出现了许多女性庇护处、收容所、安全地带,其中大部分都是针对日益增加的"家庭暴力"而设立,它们也为那些遭遇强奸、性侵害的人提供了容身之地。之前都在争论殴打妻子的问题,而新的讨论话语强调了暴力的严重性与普遍性,也强调暴力的对象不仅是妻子,也包括孩子、女朋友及其他亲属。

在澳大利亚,妇女避难运动因教会开办的避难所而逐渐开展,这些避难所由女子设立,使用的是与维奥莱特·约翰逊相似的策略。但在二十世纪七十年代,父权制观念(详见第二章)极富影响力,也影响了女权运动的方式,启发妇女建立起一些相当不同的空间。人们总是聚焦于暴力的伴侣的个体经历,指责女子引发了暴力行为,女性主义者则改变焦点,提出了另一种分析。她们解释道,男性针对女性的暴力不是个体的病态现象,而是父权制的结构特征,男性正是借此维护着父权制现状的稳定性。

认识到男性针对女性暴力的普遍性及其核心源泉后,女性觉得迫切需要找到可以抵制男性暴力的新型空间。在澳大利亚维多利亚州,像"中途之家"这样的庇护所在二十世纪七十年代早期开放。它们旨在为妇女提供安全场所,在那里,她们可以重新审视自己的生活,获得短暂的喘息时光,探究掌控自己的命运是什么样的感觉。庇护所提供的空间使用率相当高,而且还经常人满为患。烹饪的空间很小,床垫塞得到处都是,不剩一点空隙。庇护所的管理人员混杂,有专职人员,有居住者,也有志愿者。庇护所的居住者也参与管理,这一点在做决定及每日劳动的安排方面极为重要,因为这是将她们吸引到女性主义辩论中的一种方式,也可以防止这变成自上而下的"拯救"方式。最初,庇护所条件很差——就是一些女权运动者的房子里的一两间房,或者占用闲置的建筑。尽管如此,在警察和福利机构一般(往好里说)不会积极支持妇女与暴力的伴侣生活在一起的时期,这些庇护所为受害者提供了关键的支持。

澳大利亚政府很早就会为避难所提供资金资助,从1975年开始便会给全国妇女避难所项目拨款。与其他国家的妇女相比,澳大利亚的妇女运动更愿意将国家看成她们的有益盟友。这创造了更多的机会,拓展了妇女可获得的空间,也为这些空间提供了装备。但这也带来了"招安"(co-option)的问题,其含义可以用一个新造的词来概括——femocrat，女性主义官僚，这导致如果民选政府对女性主义持有敌视态度，那么澳大利亚的女性主义机构依赖的资金就会被撤回。而且，它也造成了一种倾向，即特别优待那些受过教育的白人妇女，让她们成为领导者，因为她们有信心与学识来驾驭国家的官僚体制。[38]

与政府的联盟尤其让澳大利亚的原住民妇女感到紧张，她们极度怀疑这样的女性主义空间是否欢迎她们，是否能为她们提供安全保障。澳大利亚原住民被剥夺公民权、儿童被强制收养及抚养权被剥夺、强制绝育及福利监管等遗留问题，意味着对澳大利亚原住民来说公共机构存在着很大的问题。有些妇女组织，如澳大利亚妇女联盟，曾在二十世纪五六十年代的运动中尽力照顾到原住民妇女和她们关心的问题。澳大利亚妇女联盟隶属于左翼女性主义的国际妇女民主联合会，定期公布原住民反抗剥夺其权利的斗争。但二十世纪七十年代的妇女解放运动与工人阶级妇女运动及被边缘化的其他种族妇女的斗争之间的渊源并不那么深。蒂卡·詹·威尔逊（Tikka Jan Wilson）在一家收容所工作，她在1996年写过一本书，揭示澳大利亚女性收容所如何出现白人妇女与库里（Koori）①妇女之间的对立。尽管收容所的规章制度上说着反种族主义，但收容所里的白人工作人员倾向于认为库里员工"懒惰"。他们没有意识到这或许就是文化成见，也没有意识到收容所的那些种族主义行为准则与文化价值观会将收容所变成"白人"空间。白人女性主义者努力将收容所的被收留者看作"妇女"，抹除了原住民妇女要想获得她们的服务会遭遇的具体的不利因素。她们谈论的姐妹情谊在漫长的白人种族主义侵略

---

① Koori 是对澳大利亚东南部原住民的称呼。

和性暴力历史面前显得天真又健忘。白人妇女深深牵扯进了十九、二十世纪试图控制原住民群体的福利事业中，这些做法有时就被复制到了女性庇护所中。[39]

移民澳大利亚的妇女同样经历了被体制排斥的问题，现存的体制几乎不了解她们的具体需求，也几乎没有能提供翻译服务的资源。收容所的工作人员往往不愿意收容移民妇女，因为她们认为这些妇女不太可能离开她们暴力的伴侣。一位工作人员回忆，她的同事们"认为移民妇女问题很多，她们相信，支持移民妇女并赋予她们权力的努力是一种浪费，因为她们总是会回家，回到虐待她们的伴侣身边"。[40]人们总是有意无意地指责种族是暴力的起因，而不去考虑隔离及贫困等更广泛的结构性因素，正是这些结构性因素使得有些群体更可能经历虐待，缺乏对暴力提出异议的能力。澳大利亚白人妇女管理的收容所有时也不愿意质疑某些种族主义偏见，如移民妇女不爱干净，需要专门的食宿和礼拜的地方。这就意味着有些收容所私下禁止收容移民。有一位工作人员回忆，"每周你至少会听说有两三家收容所表示，不收容越南妇女，不收容土耳其妇女，不收容原住民妇女，不收容阿拉伯妇女"。[41]结果，一些专门收容移民妇女或原住民妇女的收容所应运而生，譬如 1975 年在墨尔本卡尔顿由意大利移民互助小组"团结共存"（Co As It）设立的收容所。政府提供了资金，但很明显，数额比提供给"主流"妇女收容所的少得多。澳大利亚收容所运动中占主导的"白人""盎格鲁"价值观使女性空间只是部分地向移民和原住民妇女开放。

要求获得空间并创造空间，这始终是女权运动的核心，尽管随之形成的空间没能摆脱划界和管制问题。那些不具有阶级或种族优势与特权的妇女有时很难进入显而易见的女性空间,如妇女中心、收容所、书店等。通过政府资助、与社会工作者或警察合作而创立的空间让女性主义者进入了两难境地。暴虐的国家上下串通一气来管制、监禁和驱逐穷人、残疾人、同性恋、移民及有色人种,有时会迫使女性主义者置身事外。

有些女性场所极度简陋,或是不完全归妇女管理;有些女性场所则即便是在意想不到的空间,如男性领导的教会和刚起步的小型企业里,还是蓬勃发展了起来。女性主义者并非总是致力于建立长期存在的或精心布局的空间;二十世纪后期的那些组织内部简报和爱好者杂志有时会故意让内容显得外行,存在时间极为短暂。女性主义雄心勃勃的各项计划有时指向了对妇女身体微观空间的控制及妇女身体在空间中的位置。但作为女性主义梦想载体的小而私密的空间和短暂存在的简报、杂志都很重要,它们的重要性不亚于更大、更持久的空间与场所——在宪法中的一席之地、没有性骚扰的工作场所,或者妇女中心、档案馆、图书馆、书店等构成现代各种女性主义的坚实基础的空间。

下面我们先看一个昙花一现的物品——它将引领我们探讨占据女性主义中心的"物件",看看十九世纪四十年代革命时期发明的第一张宣扬妇女权利的邮政邮寄标签。

第四章
物　品

安妮·奈特是一名英国贵格会教徒,在十九世纪二十年代积极参与反奴隶制斗争。她来自埃塞克斯郡切尔姆斯福德的一个普通家庭,与许多贵格会教徒一样,她受过良好教育,熟知激进的政治辩论。她曾是切尔姆斯福德女子反奴隶制协会成员,1825 年随组织巡游欧洲,与欧洲大陆的废奴主义者建立了联系。但像许多其他参与该运动的激进女性一样,她对自己在 1840 年伦敦世界反奴隶制大会上的遭遇感到震惊。

妇女在这场运动中发挥了领导作用——当时有人认为她们是"灌注整个反奴隶制大厦的水泥"。[1] 然而,大会的男性组织者决定,女性既不能使用讲台,也不能占用大厅。美国代表团对此尤为愤怒,大会第一天全体讨论的都是这个问题。最终,女性被允许在楼上的旁听席观看,但没有进一步的参与。有些男性支持者与她们一起待在楼上旁听席,以显示与她们的团结。这次争议激发了美国代表卢克丽霞·莫特(Lucretia Mott)和伊丽莎白·卡迪·斯坦顿于 1848 年在纽约州的塞尼卡福尔斯举行了她们自己的妇女权利大会。

安妮·奈特受到了英国妇女权利运动的启发,她在 1840 年给朋友的信件中说道:"我们与五十年前不同了,不再'坐在炉火旁纺纱',或是帮穷邻居蒸馏迷迭香和薰衣草香了。"² 她在英国宪章运动中提出了妇女权利问题,深入参与过法国妇女运动。奈特参加了君主制被推翻后的 1848 年巴黎大革命,也与工人们共同努力建立激进政府。她还与社会主义女权主义者让娜·德鲁安结盟。让娜·德鲁安是个女裁缝,是夏尔·傅立叶的追随者,她曾在大革命期间通过一系列期刊——《妇女之声》(*Voix des Femmes*)、《妇女政治》(*Politique des Femmes*)、《妇女观点》(*Opinion des Femmes*)——争取妇女选举权与各项妇女权利。奈特回到英国后,于 1851 年成立了第一个英国妇女选举权协会——谢菲尔德女性政治协会。这是一个极具争议性的举动——此前德鲁安就因为她的女权活动而被日益专制的法国政府监禁。尽管如此,奈特的组织成功地获得了一份请愿书,并将之递交给了上议院,呼吁让所有成年人拥有平等投票权。

奈特与世界上许多国家的运动者都有联系,她是个很有口才的人,呼吁实现"人类特权均等化"。她很有可能是 1847 年英国国内传阅的匿名小册子的作者,这份小册子提出:"地球上的各国永远都无法得到良好治理,除非男女两性、所有党派的利益都能得到充分维护,都能对法律的制定与施行产生影响,拥有发声权和参与权。"因为她与全世界其他妇女权利的支持者都保持着通信,她极具创新地使用她的书信作为新型政治工具——创造了一种具有辨识度的"品牌"来辅助她的观点。奈特设计了"用鲜亮的黄色、绿色、粉色印刷的标签",上面印有她关于妇女选举权的观点。她将这些标签贴在她的信件中,形成了最早的女性主义色彩设计。历史学家邦尼·安德森描述:"这些带有抨击性的微型传

图 4.1 安妮·奈特拿着一块牌子,上面写着:"千千万万受难者。神圣救赎者,请解放人类。作别这愤怒的世界,赢得自由。"

单将一行细小的字塞入长三英寸宽两英寸的长方形内,还要确保一封信函就可以改变许多人的信仰。"³但并不是所有人都深信标签上的信息。安妮·奈特的表亲就不喜欢安妮写给她的信件中贴的那些标签,她刻板地评论道:

> 我觉得把它们贴在我们写的所有信件上很不得体。在我看来,传递真理的方式非常重要,我们被告诫不可对牛弹琴。⁴

在现代史中,妇女往往与消费密切相关。但消费的物件存在差别。十八世纪,妇女消费奢侈品——俗丽的时尚用品及珠宝;十九世纪,妇女买的是平常的家庭消费品——对展现女性气质极为重要的物品,此时,家庭主妇已成为定型的形象。到了二十世纪,大众资本主义的崛起导致了男性和女性的大量商业消费,但女性在很大程度上保持了其作为时尚、家用物品和食物消费者的卓越地位。消费中融入的女性气质是女性主义挫败感的源泉。运动者们有时更热衷于思想与梦想的领域,她们努力摆脱女性作为购物者和家庭主妇的刻板印象。有人提出,购物行为将妇女禁锢在贪得无厌的享乐世界。但女性主义者所追求的并不只是超越物质文化;物品有助于表达政治观点,交流女性主义思想,发现其他女性主义者,推动实现女性梦想。物品由女性主义者占用,由她们生产,在妇女运动中及世界范围内流通。在某些情况下,零售和购物其实都是女性主义行为。

对传播与表征女性主义思想的物质方式的思考是历史学家研究的重要话题。如果女性主义是一幅拼贴图,那图中的每一个

第四章 物品

模块所用的是什么物质材料？最新研究开始关注运动者使用的物品，试图更好地理解我们对世界的感官参与如何影响了政治与思想。我们触摸、品鉴、佩戴表征女性主义思想的物品，这可以成为支持妇女运动并赢得运动胜利的有力方式。安妮·奈特的表亲或许会觉得这是"对牛弹琴"，但对于穿着代表妇女选举权运动的颜色的衣物，佩戴支持妇女选举权的腰带、妇女解放徽章的数代女性来说，这感觉就像是自己获得了某种力量。女性主义者对"物件"的创造性再利用相当普遍。英国的格里纳姆公地和平营在1982年围堵军事基地①的运动时期寄送过一系列信函，邀请全国妇女带来个人物品，如衣物、照片等，用于遮挡围栏。蜡烛、尿片、卫生巾、素描及彩色羊毛装饰在围栏之上，让它成了生与死之战的焦点。尽管这一切很快被士兵们毁掉，格里纳姆公地和平营的妇女仍继续"织补"围栏。她们中的一人回忆道：

> 我从没有见过这么美、这么精致的织补品……基地周围有几大片地方都围着丑陋的栅栏，但很快，这围栏看上去就像漂亮的织锦……整个围栏变成了一块可爱光滑的织锦面，那是心灵手巧的女人细心织出来的。[5]

现实情况会让最不可能的物品成为蕴含女性主义的物品。1980年在英国加的夫，一家酒吧拒绝给一名女子提供一品脱啤酒，这名女子对酒店老板提起了个人诉讼，此后，品脱玻璃杯成了妇女有权进入休闲空间、有权喝酒的标志。这家酒店老板从1972年开始限制妇女只能饮半品脱酒，当时有两位女同性恋在店里点

---

① 旨在反对英国政府在格里纳姆皇家空军基地安装巡航导弹。

了好几品脱的酒:"她们显然彼此爱慕,于是我就决定不给女士们提供成品脱的啤酒。"八年后,法官判决酒店老板的这种憎恶同性恋的行为非法。但法官在判决时说的话降低了女性主义者庆祝的热情,因为法官清楚地表明,他做出以上判决不是受妇女平等权利问题的驱动,而是因为担心引起男性暴力:"如果你拒绝供给年轻女士一品脱啤酒,那很可能会导致她的男性同伴因反对你的做法而做出扰乱治安的行为。"[6]

艾莉森·巴特利特(Alison Bartlett)和玛格丽特·亨德森(Margaret Henderson)两位学者近来写了一些文章探讨澳大利亚妇女运动中的"女性主义物件"。她们将研究的"物件"有效地分成不同的类别:有形之物,如衣物、身上的各种配饰;"创造世界"之物,如电影、书籍;抗议所用之物,如横幅。她们提醒我们,有些物品只有把它们从日常语境中抽离出来才具有"女性主义"内涵。譬如,一位抗议者回忆,DIY商店里的螺栓割刀被格里纳姆和平营的抗议者购买,"成了我们最喜欢的工具;围在围栏上的那些大大小小的碎片开始被用作汽车装饰、耳环、衣服配件、家里墙上的装饰物"。这样的物品可能会变成标志,广受欢迎。譬如澳大利亚的松树谷妇女和平营(Pine Gap Women's Peace Camp)里有一道横幅,上面醒目地画着螺栓割刀。这道横幅由英国格里纳姆和平营制作,松树谷妇女和平营自豪地将之展示出来,随之展示的还有一段"(格里纳姆营地)围栏上的铁丝"。[7]亨德森和巴特利特总结说,"那些运动中的物品……成了带有女性主义印记之物"。[8]在女性主义文化中注入各种物品,物品使女性主义文化具体化,使之可以更长久地存在,为后代的女性主义者留下了可认领、可改造的遗产。本章中,我们将考查过去两百年间,物品如何推动女性主义发展。

打出女性主义品牌

安妮·奈特选择粉、绿、黄等颜色或许仅仅是因为想要吸引读者的注意。但到了二十世纪初期,英国妇女选举权运动已经采用了让人一眼便能认出的色彩设计——代表全国妇女选举权协会联盟(NUWSS,1897年成立)的红色与白色,之后又加上了绿色,指涉意大利复兴运动(意大利重新统一运动)的颜色。朱塞佩·马志尼(Giuseppe Mazzini)和朱塞佩·加里波第(Giuseppe Garibaldi)领导的意大利运动中的浪漫共和民族主义深深地影响了英国像夏洛特·德斯帕德(Charlotte Despard)和埃米琳·潘克赫斯特(Emmeline Pankhurst)这样的激进分子。潘克赫斯特提出:"就像意大利被铁腕压制,妇女也被铁腕支配。"[9] 然而,她想将她创立的妇女社会政治联盟(WSPU,1903年创立)与全国妇女选举权协会联盟区分开来。她的组织以紫色、白色和绿色为标志,这三种颜色分别代表了自尊、纯洁与希望。

这些颜色可以出现在缎带上,通常用来搭配纯白色裙子,也可以张扬地用在帽子、配饰和裙子上。穿戴这些颜色就有机会与同道中人"相认",但或许更重要的是穿戴者有机会参加大规模的活动。数千妇女游行穿过伦敦海德公园、特拉法加广场和爱丁堡的王子大街等地,造成一种大众支持妇女获得选举权的势不可挡之感。参加全国妇女选举权协会联盟1913年伦敦朝圣之旅的妇女,头戴拉菲草帽,肩配红、白、绿饰带,背着搭配的背包跨越英国,进行游行抗议。[10] 其他妇女选举权组织也选择了不同的颜色,譬如支持妇女选举权男子联盟选择了他们或许希望会令自己风度翩翩的配色——黑色和金色;国际妇女选举权联盟选了白色和金色;抗税联盟则选用了冷色——黑色、白色和灰色。[11]

在妇女社会政治联盟中,埃米琳·佩西克-劳伦斯(Emmeline Pethick-Lawrence)告诉支持者们,日常生活中选择穿什么的时候,"你们每个人都可以变成女性主义色彩的二级经销商"。[12] 百货商店在妇女选举权期刊上做广告,妇女参政论者要是有购买能力,也会高兴地穿上时髦的衣裙,戴上时髦的帽子。历史学家记录了时装零售商与妇女选举权运动之间紧密又高明的商业关系。1910年,塞尔福里奇百货公司在《妇女选举权》(*Votes for Women*)期刊上登出广告语"支持妇女选举权,选用软小羊皮多萝西束口女提包",其特色是用了白色、绿色、紫色的皮质抽绳。你也可以在妇女社会政治联盟订购彩带,一先令一码,还可以购买广告上说的与妇女选举权相关的信笺——"光滑而耐磨的纸张":"设计的样子是绿色花环围绕着一颗紫色钻石,中央印有'投票给妇女'的字样。"妇女社会政治联盟"授权了"洗衣店、理发店、纺织品店及餐馆。然而,当英国妇女选举权的支持者选择砸窗户抗议她们被剥夺了选举权时,她们选择的正是伦敦中心售卖这些商品的大型百货商店的橱窗以及政府和议会办公室的窗户。1912年3月一个值得纪念的日子里,一波又一波的妇女每十五分钟出现一次,向干草市场、皮卡迪利广场和牛津广场上那些负有盛名的商店窗户扔石头,砸破了大约400扇窗户,造成5000多英镑的损失,有100多名妇女因此被逮捕。

女性乐意将百货商店的橱窗当成打砸的目标,这表明了她们的政治观点:没有机构可以被排除在女权运动之外。但妇女社会政治联盟也经营自己的零售商店,设计并销售一些商品,如印有领导者照片的胸章,印有女性名人励志名句的日历,定制的餐巾纸——用以庆祝重要的游行或是赞美那些被囚禁的知名人士。她们为纪念监狱服刑而设计的胸章将妇女选举权运动扎根于手工艺文化与银器制作文化中。为了向她们的男性支持者致敬,她们也出售烟草袋和许多以组织中的名人为主题的物件,如"埃米琳"包、"埃米琳"卡片、"埃米琳"相片、"埃米琳"海报等。1910年,妇女社会政治联盟开设的商店广泛分布在全国,共有三十多个分店。这些商店二十四小时开放,橱窗上醒目地展示各个活动地点,宣传她们的运动。商店设在城镇主要的商业大街上,鼓励其他妇女主动参加她们的运动,并为妇女社会政治联盟筹集资金,在公共商业领域明确宣扬女权主义政治。

妇女选举权组织的商店与办公室还资助小型妇女企业,这些妇女往往是坚定的妇女选举权支持者,她们设计工艺品或时尚物件表达她们的观点。克拉拉·斯特朗(Clara Strong,1858—1938)就是其中一位。斯特朗是位女帽制作商,也是妇女社会政治联盟在伦敦西南部克拉彭分部的名誉秘书,她为《妇女选举权》的读者制作了"带有面纱的机车帽"等时尚帽子。罗伯塔·米尔斯(Roberta Mills,1870—1928)宣传使用所有不同妇女选举权协会的代表色制作的皮带及其他皮制品,声称"争取妇女选举权的女子最适合穿戴的就是皮革"。米尔斯通过位于伦敦市中心克莱门茨酒店的妇女社会政治联盟总部销售皮质商品,借此处销售商品的还有一些服装制造商,她们销售的是"艺术服装"——用于游行的宽松长袍,配有刺绣衣领和用妇女选举权团体的代表色制作的花饰边和叶饰边。[13]还有一位支持者宣传的是白色、绿色和紫色的香豌豆种子,这就将女性主义视觉文化带进了英国菜园。

在美国,商业与催生了一系列女性主义物品的妇女选举权运动之间存在着相似的紧密联系。譬如加利福尼亚州妇女选举权协会采用黄色作为协会的代表色,参照了1867年第一场堪萨斯"向日葵州"妇女选举权运动和1910年获得成功的华盛顿州运动的先例。加利福尼亚州妇女选举权协会办公室到处都装饰着黄色的菊花、横幅和海报。在旧金山那场帮助妇女于1911年获得选举权的运动期间,运动者请求商人设置黄色的橱窗展品。运动期间,有五十多家商店这么做了。如历史学家珍妮·休厄尔(Jenny Sewell)所说:"整座城市都披上了即将代表成功的颜色。"加利福尼亚妇女选举权运动者还使用了一个特别的零售商品代表她们的事业,她们在办公室、集市及百货商店售卖并让人品尝"平等茶"。平等茶采用定制包装,或许是为了致敬令人振奋的英国妇女选举权运动,这款茶选择了令人心旷神怡的英式早茶的拼配方式,因而绝不是随意选择的商品。实际上,平等茶象征着与禁酒密切相关的女权运动根除酒精之恶的决心。正是这颇惹争议的决心导致了1911年妇女选举权运动在旧金山失败,因为这里的大小酒吧老板都反对这场运动;不过,因为有乡村选民的支持,这场运动还是在整个加利福尼亚州取得了胜利。[14]

历史学家玛格丽特·芬尼根(Margaret Finnegan)记载了美国妇女参政论者努力采用的各种大众广告技巧——制作大型海报、有轨电车上的广告招牌、夹板广告牌及广告灯牌。一家反妇女选举权的公司拒绝给她们提供在纽约地铁上打广告的空间,妇女参政论者便转而利用妇女自己的身体。她们组织一组又一组的妇女乘坐地铁,举着写有她们要传递的信息的"膝板":"纽约的百万妇女需要选举权。"她们制作并售卖或赠送各种女性主义物品,包括面纱别针、袖扣、三角旗、扑克牌、蝇拍、纸板火柴、黄色条幅、杯垫、喇叭、气球。1915年纽约州的运动期间,有一百万颗与妇女选举权相关的纽扣分发,另外分发的还有宝宝手摇铃和三万五千把扇子,扇面上印着:"保持冷静!我们获得妇女选举权后,您将再也无须焦虑。"[15]

尽管制作了大量女性主义物品,但妇女选举权运动有时也会节制消费,这是一种募款策略。英国的妇女选举权运动会定期组织"自我节制"募款活动——这很有可能是借鉴了基督教救世军的做法,募款活动中,成员们应邀放弃一些不重要的奢侈品,如花卉、可可粉、黄油、公共汽车票。从日常使用中节省下来的钱会被送往各妇女选举权协会,每年"自我节制"活动的数周内,协会都会筹集到相当大数量的资金。在宣传妇女选举权的群众集会上,也有呼吁民众无私捐赠的类似活动。譬如,1908年10月在伦敦阿尔伯特音乐厅举行的群众集会上,因为妇女社会政治联盟的领导人埃米琳·潘克赫斯特及其女儿克里斯特布尔(Christabel)在狱中,埃米琳·佩西克-劳伦斯呼吁观众席中的妇女放弃她们的世俗享受。其结果是支持者不仅承诺捐款,而且还脱下手上的手表和身上佩戴的珠宝首饰,这些都由身着白色连衣裙、佩戴紫色与绿色腰带的年轻女士招摇地拿上了舞台,而每件物品的价值都被添加在了黑板上。[16]

尽管有些较为贫穷的妇女也响应自我节制的号召,捐了少量的金钱,但显然放弃花卉与黄油或是穿上代表妇女选举权色彩的衣物这样的言论所针对的大多是相对富有的妇女。美国妇女参

图 4.2 "平等茶",生产于 1910 年,服务于加利福尼亚州妇女选举权运动。

政论者发现,"我们的工作人员"对于将妇女选举权思想传递给工人阶级妇女"不抱希望,因为太难接触到她们了"。1910年,布鲁克林的妇女参政论者找到了在较贫穷的妇女中传播思想的方式。她们印制了30000个纸袋,上面写着妇女选举权的口号,呼吁"降低税收,减少租金,建设一个清洁、幸福的城市,让每个孩童都能接受全日制教育"。这些纸袋由支持她们的杂货商免费发放,旨在送到"在厨房劳作的忠诚的母亲、姐妹、姑姨"手上。[17]在厨房劳作的妇女怎么看待妇女选举权运动,怎么看待那些写着诸多承诺的纸袋子,这一点并没有记录,但纸袋子是有意制作的日常消耗品,是妇女选举权运动的一部分。

  妇女参政论者有时担心她们的政治主张会因为与各种便宜或一次性的商品的广泛关联而被轻视,因为这些商品可能会妨碍人们更深入地投入该运动。当生产商们弄明白了妇女选举权运动存在着潜力,可以用作促销的"诱饵"时,这就变成了尤为突出的问题。有大量贴着妇女选举权标签的物品被生产出来,它们实际与妇女运动毫无关系,譬如约翰逊教育食品公司生产的妇女选举权饼干。1911年,妇女参政论者玛丽·韦尔·丹尼特(Mary Ware Dennett)看到又一个这样的物品时冷嘲道,那物品上印着"'所有妇女都投票给?'投票给什么?我不确定那是什么,或许是麦片、牙膏、地毯清扫器,还是其他什么……"[18]丹尼特对资本主义消费侵蚀妇女选举权运动感到不满,这一点既引起了后来数代妇女解放运动者的共鸣,也被她们进一步强调,她们坚决主张摆脱资本主义的消费冲动。

女性主义身体

在反资本主义、朋克及草根阶层运动的大背景下,二十世纪七十年代英国妇女解放运动不愿欣然接受妇女选举权运动前辈政治化的消费策略,或许也就不足为奇了。她们更喜欢低调、低费用的女性主义工艺品世界,玛姬鞋业就是一例,它描述自己是威尔士特里加伦的"为妇女制鞋的妇女集体企业"。这个时期没有二十世纪初期那种大规模以色彩为主题的大型零售,而是回归到了"生活制造"及用于抗议活动的物品。伦敦女性书店"姐妹创作"(Sisterwrite)除了卖书,也出售其他物品——大多为海报、徽章和唱片。或许极富争议的是,"姐妹创作"还售卖窥器;窥器后来被滥用,成了最不女性主义的物品。

二十世纪七十年代的妇女组织严厉批评各种医疗技术,它们往往由男性设计与支配,却被用于监管并控制女性身体。冰冷的金属窥器被妇科医生强制用在妇女身上,这些医生通常很少会在医疗保健服务中咨询或考虑妇女意见。窥器由美国医生詹姆斯·马里昂·西姆斯(James Marion Sims)研制,他是亚拉巴马州的一个奴隶主,十九世纪四十年代,他未经被奴役妇女的同意便将窥器用在了她们身上。不久,法国及其殖民地的警察毫不留情地用这种窥器针对妓女,强制检查性病;对窥器的使用一直延续到二十世纪后期,各地警察用这种方法骚扰性工作者。维多利亚时期,像约瑟芬·巴特勒(Josephine Butler)这样的女性主义者明确表明,这种用窥器强制检查妓女的做法是"工具性强奸"。激进

第四章　物品

女性主义者安德烈娅·德沃金（Andrea Dworkin，1966—2005）描述了二十世纪六十年代中期她因抗议越南战争而被捕后，医生如何对她使用了窥器："他们几乎用一个钢制的窥器将我里面撕裂了，这么做的同时，他们还愉快地用言语折磨我。"[19]因此，它似乎不可能是女性主义物品。尽管如此，女性主义者可以夺回并改造窥器。女性经济网1977年开设的底特律妇女城市俱乐部就计划在其大楼里建立窥器工厂。在伦敦，"姐妹创作"书店售卖了塑料版的窥器，这种材质的窥器比医学工作者喜欢用的金属材质的温暖不少，而且人们设想的用途也很不一样。

女性主义者对窥器的挪用鼓励了妇女使用窥器观察她们自己的身体，希望能让她们摆脱任何对自己的阴道或许存有的厌恶或羞耻感，因为阴道之前一直被视为隐秘或"肮脏"之物。阿德里安娜·莎莱（Adrienne Sallay）回忆起她所在的妇女组织参加的在澳大利亚悉尼举办的一次会议：

> 我们脱了我们的短衬裤，围成一圈躺在地上，双脚朝向圆圈中央，紧握着我们各自的镜子。我还能回忆起那块新地毯的味道，感受到我后背下垫子的触感，想起我们认真对待我们的生理的方式，还有古朴的镜子列阵。这些镜子包括：有着优雅长柄的手持镜、弧形放大（！）镜、未镶框的化妆镜、口红存放盒里的小镜子，还有我带的金色折叠化妆镜。一开始，我们每个人都肃着一张脸偷偷地凝视自己，握着我们各自的镜子，伸长了胳膊，倾斜着角度照着我们毫无戒备的阴道。

但结果,

> 这场合严肃的氛围一下子被打破了。有人没看镜子,而是抬头看起了我们所有人在空中摆动的双腿、我们羞红的脸颊、我们脱下的短衬裤,很快我们都看着彼此的姿势大笑起来,笑我们的发现,笑我们感受到的快乐。[20]

强调自我发现,这使妇女能重新想象并学会爱自己的身体,也有助于她们加强自主性,摆脱男权主导、等级分明的医疗卫生行业。窥器由此变成了妇女重获医疗权力的象征,这充分体现在1973年洛杉矶妇女中心报刊《姐妹》(Sister)封面的那幅神奇女侠卡通画中:一把夺过懦弱医生手中的窥器,神奇女侠大声宣告:"我手持窥器,我拥有力量!我可以战斗!"但在女性主义哲学家唐娜·哈拉维(Donna Haraway)看来,选择神奇女侠暴露了白人种族中心主义,缺乏对更广泛的健康问题的敏感性。她提出,窥器是一种可视化技术,有复制殖民凝视及其侵袭性技术手段的危险。对妇女身体的侵占,哪怕只是通过他们手中的窥器,也与数百年来侵略者侵占土地和原住民身体的行径一样。哈拉维认为,窥器仍然可以成为一项女性主义技术,但要认识到它不是一个物品,而是一种了解女性主义宏大图景的方式。在她看来,这幅宏大图景包含的不只是北半球自助组织中那些相对具有特权的妇女,也包含地球上那些需要生殖自由和基本医疗保障的贫穷妇女。因此,窥器可以成为"重视自由与公正的政策规划",而不只是一个物品。她论证,这代表了女权运动中新的"民权"问题。[21]

哈拉维提供了一幅扣人心弦的图景,展现了健康不平等状

图 4.3　洛杉矶妇女中心报刊《姐妹》1973 年 7 月刊封面：神奇女侠挥舞着窥器。

况、有毒工作环境造成的伤亡人数,以及南北半球大多数非白人女性缺乏医疗保健的情况。但她对女性主义健康运动的解读或许太过悲观。她的解读主要针对她所关注的妇女群体——穷人、未参保的人、非法的移民妇女。妇女组织是人们广泛讨论事关身体与健康的物质问题的地方,这些讨论往往能充分认识到全球结构在卫生资源分配方面所起的作用。刊印健康手册《我们的身体,我们自己》(*Our Bodies, Ourselves*)是始于二十世纪七十年代的出版现象,该做法源于波士顿,之后在全球流传,它是女性主义医疗卫生运动的重要部分。学者凯茜·戴维斯(Kathy Davis)指出,健康手册被翻译成多国语言、多种版本,使女性主义医疗卫生运动可以适用于女性主义出现的各种环境。《我们的身体,我们自己》的众多当地版本因地制宜调整女性主义医疗卫生政策。[22] 戴维斯认为,虽然刊印健康手册的做法源于美国,但它并非强加在世界其他地方妇女身上的"文化帝国主义",而是经过修改,体现了当地改写者的切身认识。

譬如保加利亚的翻译者在该书 2001 年的本地版中,偏向于突出个体女性如何从女性身体角度获得权力。1989 年,保加利亚从社会主义国家转变为资本主义国家,此后很少强调组织与群体。保加利亚版本的健康手册直截了当地谈论堕胎问题,反映了保加利亚国内堕胎具有合法性与无争议性,其标题也由原英文中复数的身体调整为单数——《我们共有的女性身体,我们自己》(*Our Body, Ourselves*),以此表现对个体的强调。这在拉丁美洲又不一样,翻译《我们的身体,我们自己》的拉美译者更喜欢强调在家庭、卫生健康运动、传统治疗实践与群体中理解妇女健康的作用。各异的版本以及各种不同的例释、证词及重点使《我们的身体，我们自己》成了一种"女性主义"物品，促进了不同地域之间的沟通，但同时也是在回应每个地域自身关心的问题。其中一个问题便是"女性主义"作为标签的重要性。保加利亚的妇女很不喜欢这个标签，因为"女性主义"隐含着马克思列宁主义中的集体主义宣传。但在拉丁美洲的版本中，自助（auto ayuda）的说法不为人们接受。对此，古巴的一位编辑解释道：

> 没有人会自己照料自己……是你与周围人的关系让你健康，你也是从你与周围人的关系中获得一切让你健康的因素，包括集体行动的能量，这是健康的一部分。[23]

人们决心挑战妇女身体体验的强制性或商业性因素，于是发明了一些创新性的"女性主义物件"。活动家苏珊娜·甘农（Susanne Gannon）回想起了一项"令人大开眼界"的发明。那是二十世纪七十年代，她在墨尔本的一所大学读书，有人用海绵和棉花做出了月经棉条。女权运动长期以来一直关注妇女因为月经来潮所承担的费用，尤其关注对月经产品征收的税。澳大利亚妇女游行中有身着红斗篷的"月经复仇者"，堪培拉政府办公室的抗议者穿上了印有"我流血，我投票"[24]字样的T恤以警示立法者。月经棉条如果可用，就可代表妇女从不易携带的垫子和碎布中解放了出来。月经棉条让妇女可以有更多的身体自由，上学不用请假，能自行决定自己的生理周期。英国杂志《多余的肋骨》（*Spare Rib*）在1980年宣称中国妇女使用"粗糙的棕黄色厕纸"很痛苦。1980年，一个英国访问团来到南京，在接待他们的中国妇联工作人员的茶杯里展示了月经棉条的特性，认为这是一个代表解放的物品。[25]但有人提出,真正的解放并不只是你能获得什么样的商业产品,而更多的是制造出你自己的商品。譬如,1077年英格兰布里斯托尔自由卫生保护组织制造出了她们自己的月经棉条,作为街头表演活动的一部分,并将它们发放给了现场观众。1986年,俄勒冈州萨勒姆的一位女子在密歇根期刊《女同关系》(Lesbian Connection)上发表了她自制卫生棉条的教程。她强调她的卫生棉条成分天然,含有"四分之一量杯的海绵碎片、纯羊毛和棉丝。一茶匙干海藻粒(海带)或干燥的皮革碎片(增加吸水性)"。她的方法需要熨烫棉花,缝上除换带,但制作出来的卫生棉条让她"感到舒适,可以进行选择……它可能花费更高(大约是商店价格的两倍),而且制作起来需要的时间更长,但它值!"[26]

在世界上的许多地方,卫生棉条仍然是禁忌之物。在这些地方,女人觉得触摸她们的生殖器是有问题的;社会要求年轻女性保护好处女膜,如此才能证明她们是处女;或者根本就买不到卫生棉条。即便在有些地方,卫生棉条对许多女性来说已司空见惯,但她们使用时仍极度谨慎。因为朋克族将卫生棉条当成时尚品穿戴,也因为女性主义奇装异服以它们为特色,这些令人震惊的能力更证明了它们的禁忌性。还有女性主义者不断努力强调卫生棉条的负面特征——填充物不可循环使用,有可能造成中毒性休克,许多妇女买不起。大型公司如倍得适为其卫生棉条促销时强调其除臭设计,遭到了抵制,因为这暗示妇女生殖器有异臭。卫生棉条中的合成材料与中毒性休克症之间的联系引起了女性主义者的广泛争论,她们担心面对大量妇女死亡的问题,卫生棉条生产商在处理问题时缺乏透明性与责任感。

由此,北半球的女性主义者与卫生棉条之间存在着某种爱恨交织的关系,她们一直在寻找替代物。海绵"环保、便宜、可重复使用,与其他让月经变得隐形的产品相比,没有那么多表现谨慎与羞耻的意象"。[27]许多女性主义者喜欢将它联想为"天然的",认为它远离了以盈利为目的的各大公司。天然海绵在英国女性主义报刊上做了广告,谢菲尔德的一家妇女解放组织报道,海绵"吸收力更强,感觉更自然、更舒适,当然还**便宜**得多"。[28]威斯康星州麦迪逊市的一家社区药店为其"天然棕色海绵"向女性主义期刊《面包与玫瑰》(*Bread and Roses*)的读者打广告说:"我们销售海绵,鼓励女士们分享她们的评论。更重要的是,我们鼓励您与您本人的身体和解。"[29]墨尔本妇女收容所"行囊"(Matilda)命名其内部简讯为《海绵月刊》(*Sea Sponge Monthly*),这是对另类月经文化的打趣性指涉,也隐喻"妇女不断吸收信息的方式以及规划我们生活的新方式"。[30]事实证明,身体是女性主义创造力、精神联系的诞生地,是发明或改造女性主义"物件"的灵感发生地。

非洲妇女身体

北半球女性主义者对卫生棉条逗趣又激进的改造与南半球大部分地区相对缺少足够卫生产品的情况形成了鲜明对比。二十世纪最初的一二十年间,这导致了围绕"月经贫困"展开的运动,致力于为因月经被迫旷学或旷工的妇女争取更多的经期用品。但在四十年前,许多欧美女性主义者并不认为非洲妇女与她们一样在经期需要尊严或是卫生的月经棉条。对于非洲妇女,人们更关注的问题是,妇女生殖器是男性宗教暴力与文化暴力的发生地——这些暴力表现为实施女性切割术,即人们所称的"女性割礼"。许多非洲妇女都领导过反割礼运动,但这些运动若毫无敏感性地围绕"野蛮主义"展开,也会导致各种分歧产生。这导致在撒哈拉以南的非洲地区,人们对女性主义与妇女解放的接受相当复杂。许多非洲妇女并不支持她们认为由白人妇女主导、带有殖民心态的政治运动。但参加民族解放的妇女有兴趣探索妇女在国家中的位置,以及艾梅·塞泽尔(Aimé Césaire)、弗朗兹·法农(Franz Fanon)等学者阐述的"黑人性"思想的性别化问题。

激进派学者认为,帝国对殖民地人民施加的不只是暴力,还给他们灌输了自己是劣等人的思想及其他心理创伤。出生于塞内加尔、在法国接受教育的作家阿瓦·蒂亚姆(Awa Thaim)探讨了这些问题。她搜集的西非妇女当事人证言集于1978年在法国以《黑人话语》(La Parole aux Négresses)为题出版,1986年被翻译成英语版《黑人姐妹,大声说》(Black Sisters, Speak Out)。蒂亚姆感到失望,因为在新兴独立的国家如塞内加尔和科特迪瓦,争取国家解放的斗争几乎没有使妇女受益。但她更沮丧的是妇女自己似乎成了父权制的同谋。蒂亚姆记录下她与一组组男人和女人的谈话,而她原本期待会出现激烈争论的地方,却常常遭遇妇女的沉默。她认为许多非洲妇女"处于奴役状态中,是被动的受害者"。在蒂亚姆看来,非洲妇女使用美白产品,拉直发,这些表明她们与殖民文化和父权文化串通一气。

但蒂亚姆收集的证言与受害者概念和共谋思想之间存在着矛盾。据她所对话的那些妇女描述,她们婚姻不幸时会使用传统的或伊斯兰教的方式实现离婚的目的。一位名叫"麦蒂娜"(Médina)的塞内加尔女子描述了她被家人强迫嫁给一个她从未见过的表亲时,她采取了日常的绝食抗议、拒绝行房。麦蒂娜在塞内加尔前殖民首都圣路易长大,那曾是一座国际大都会。她说她爱上了一个在学校里认识的年轻小伙;她的描述清晰表明了她想做选择,想反叛家庭的束缚。在另一段不同寻常的证言中,一位尼日利亚女教师描述她与丈夫共同承担了照料五个孩子的责任:"要是我忙着其他什么事,他会很乐意给孩子们换尿片或给他们洗澡。"她和她丈夫都在国外求过学,但他们的家人批评了他们俩照料孩子的习惯:

>"妻子若想升入天堂,就必须为她丈夫鞠躬尽瘁,"他们说,并且补充道,"这写在了《古兰经》里。"我总想反驳:"胡扯!管好你们自己就行!"

这代表了那些自信、受过教育且有时候具有国际视野的西非妇女的声音,她们在重塑与男性关系方面远非被动。

尽管阿瓦·蒂亚姆意识到了在非洲背景下使用"女性主义"一词的问题,也似乎忽视了她所出版的证言的源头——那些坚强的妇女,但她还是欣然接受了非洲黑人女权运动的概念。蒂亚姆批评了凯特·米利特等白人女性主义者抹杀了黑人妇女,让女性主义默然地确定了满足白人妇女需求的方向。她的女性主义与之不同,其灵感源于她所称颂的阿尔及利亚、越南、津巴布韦标志性的反殖民妇女斗争。她设想了一种值得颂扬的非洲妇女文化,一种可以与非洲男性结盟的女性主义。她以黑人妇女协会(Coordination des Femmes Noires)成员的身份试验了她的想法,该协会于1976年成立于法国,旨在对抗种族主义与性别主义。

将这些问题加入现有妇女运动中并不容易。《姐妹们,大声说》提供了一份简短的阅读清单,在其中尴尬地融入了西方经典之作。像伯努瓦特·格鲁(Benoîte Groult)的《如她一般》(Ainsi Soit-Elle)、西蒙娜·德·波伏瓦的《第二性》、舒拉米斯·费尔斯通(Shulamith Firestone)的《性别辩证法》(The Dialectic of Sex)就与反殖民主义、反主流文化的作家作品[如法农、威廉·赖希(Wilhelm Reich)]及非洲人类学研究著作放在了一起。几乎没有黑人女性主义著作或非洲妇女文学可以传达并强化蒂亚姆所呼吁的非洲女性主义。《如她一般》这样的文本起不了这方面的作用。这本书由伯努瓦特·格鲁所著,她是法国白人上层阶级人士。《如她一般》富有争议地强调非洲文化对妇女极其暴力,聚焦于对非洲妇女实行的阴蒂切除术与阴部扣锁术(即切除阴唇和阴蒂,缝合外阴)。这为蒂亚姆的书打下了基础,蒂亚姆的书在法国被广泛引用,以强化非洲妇女受到了无与伦比的压迫的观点。蒂亚姆描述了一夫多妻制、阴蒂切除术及包办婚姻,也描写了妇女的抵抗、其他妇女状况及国际性的性别秩序,但这两方面是割裂的。[31]她遭到了一些女性的批评,如《阿米娜》(Amina)杂志主编艾萨图·迪亚洛(Aissatou Diallo)说她天真地呈现了非洲妇女,认为她们的现状植根于乡村与宗教压迫。《阿米娜》是在巴黎和达喀尔同时发行的杂志,面向说法语的非洲妇女及海外非洲妇女。与蒂亚姆的作品不同,《阿米娜》反映了城市及受过教育的非洲妇女关注的问题,有助于消除对非洲妇女受迫害现象的大家长式描述。

关于女性主义在非洲语境中的重要性问题的激烈争论仍在持续进行。有些国家出现了国家赞助的妇女运动,如1972年由

第四章　物品

莫桑比克解放阵线(Frelimo，莫桑比克解放运动)设立的莫桑比克妇女组织。莫桑比克解放阵线早在1968年第二次党代会上就开始谴责一夫多妻制和支付"彩礼"的做法。1975年，解放阵线在莫桑比克获得当政权，用总统萨莫拉·马谢尔(Samora Machel)的话说，执政党将妇女运动视为"革命的根本需要"。实际上，莫桑比克解放阵线的正统马克思主义及其中央集权制倾向并没有在"国家女性主义"方案中为妇女提供多少可以获得自主与发声权的空间。莫桑比克解放阵线倡导的妇女识字与生产运动是有物质基础的，需要为妇女提供拖拉机和钢笔等物品。但女性并不总能获得这些物件。莫桑比克解放阵线推行其政策时通常不会询问妇女的意见，也不理会妇女还被要求承担生育与家务劳动的责任。拖拉机依然由男性掌控，莫桑比克妇女的文盲率仍然很高(2005年的比率为70％，而男性文盲率为40％)。[32]

不管是欧洲种族化的女性主义还是国家支持的女性主义都无法为非洲女性主义提供创造力或政治动力。但在二十世纪八九十年代，伊菲·阿玛蒂姆、奥伊昂克·奥耶乌米(Oyèrónké Oyěwùmí)等学者特别强调非洲许多社会中存在着性别多样性。她们突出了与年龄相交织的非二元性别形式，这样的社会性别形态在前殖民时期与殖民时期的非洲，为妇女和不可简单归为男女两种性别之一的人提供了复杂的行使权力的机会。[33]这些学者的这项工作与该时期的其他女性主义思想家早已展开的非二元式的性别描述产生了共鸣，也表明非洲的性别观念既富新颖性，又有影响力。非洲女性主义论坛开始定期举行会议，旨在于女权运动中体现非洲文化和世界观。2006年在加纳成立的非洲女性主义论坛在非洲各国也有不同的代表性组织，如利比里亚女性主论坛等。非洲女性主义论坛创立时的宪章阐明：

> 我们唤起对那些妇女的记忆，在任何历史书籍中都无从考究她们姓甚名谁；我们坚持认为，女性主义是从西方舶来非洲的说法是对我们的极大侮辱。我们重申并维护非洲各国妇女抵抗父权制的悠久又丰富的传统。我们在此宣称我们有权作为非洲女性主义者建构我们自己的理论体系，为我们自己书写，制定我们自己的战略，为我们自己言说。[34]

本书开始部分引用的那位一百二十年前的加纳无名氏书信作者曾嘲讽白人男性"就是狗屁"，她很有可能会赞同非洲妇女论坛宪章的主张。

抗议与"创造世界"之物

非洲女性主义论坛铿锵有力的话语印在纸张上，变成"墨迹"后，本身也成了物品。书籍、小册子、杂志是最吸引人、最可见也是最方便携带的女性主义元素。它们表达了第六章中将要讨论的深厚情感。一位澳大利亚女性主义者回忆了二十世纪七十年代"第一波令人振奋的女性主义大创作时期"诞生的作品，"情感从书页中如蒸汽般升腾：兴高采烈、欢欣鼓舞、紧密相连、姐妹情谊"。[35] 写作与阅读对女性主义至关重要，有些学者认为，"妇女运动似乎是用书写创造了自己"。[36]

书写具有力量，这一认知导致了女性主义者尝试生产各种女性主义品牌笔。譬如,纽约妇女选举权党生产了一种特制的刻字蘸水笔,笔的颜色是代表她们组织的黑色与黄色,笔身上刻着"投票给妇女"。英国的妇女社会政治联盟也生产了一种题字笔,该笔的销售额将被用于女权事业。笔当然还可以用于其他不同目的,包括反女性主义写作。但女性主义与书面文字之间的特殊关系使笔成为富有影响力的女性主义物品。

过去两个世纪中的大部分时间里,随着印刷技术与书本装订技术的发展,以及印刷品在世界范围内的传播方式的多样化,书写的力量得到了加强。印刷品,不管是精装书、昙花一现的小册子、新闻报纸还是自制的个人杂志,都成为传播女性主义梦想与思想的重要媒介。许多这样的印刷品都不是由正规出版社刊印,而是一些小团体在资源许可的情况下发行的图书和小册子。二十世纪七十年代日本妇女解放运动中精炼的日常简讯或者九十年代地下朋克女权运动中的个人杂志都是小成本制作,没有科技含量,也没有销售渠道。女性主义印刷文化有时得到一些出版社的支持,这些出版社并不是直接被认定为女性主义出版社,但女性在这些出版社中地位突出,要么是作家,要么是合作者,譬如津巴布韦的热带之书出版社(Baobab Books)、摩洛哥的狐狸出版社(Le Fennec)。另外的情况是有些出版社邀稿并鼓励女性主义创作,譬如印度的迦梨女神妇女出版社。该出版社于1984年由丽图·梅农(Ritu Menon)和乌瓦西·布塔利亚(Urvashi Butalia)创立,其规划建立在1978年印度女性主义英语杂志《玛努西》(Manushi)的经营经验基础之上。创始人们决意充实印度女性主义知识生产,抵制北半球的游客和学者对印度图书出版的主导,让印度读者读到更便宜的图书。她们出版的最著名的一本书是

《身体》(Sharir ki Jaankari)。该书印刷量达数千册,却从未在书店销售,而是以成本价分销给了乡村妇女。《身体》起初是由拉贾斯坦邦的乡村工作坊进行创作,关注的是女性健康问题。书的第一版由一百多位妇女共同编写,由手工制作而成。有点像《我们的身体,我们自己》,《身体》一书意在赋予乡村妇女权力,教导她们抵制婚内强奸、胎儿性别选择等问题。但结果书中的裸体插图在后续的工作坊创作中并不受欢迎,村民们也抗议说裸体在她们的日常环境中并不重要。迦梨女神妇女出版社修订了这本书,加入衣物包裹的身体,但也设置了可翻折的纸板,这样衣物包裹下的身体可以得到更深入的观察。男性印刷公司甚至连这个版本都不愿意印刷,迦梨女神妇女出版社便将这项出版业务转给了德里一家全由妇女经营的集体印刷企业。这家企业继续使用手工装订,生产出了可触摸、实用、响应当地需求的女性主义书籍。[37]

其他女性主义出版公司确立了一种专业、具有视觉冲击力的风格,形成了一种一眼便可辨识的女性主义书本美学。1973年,卡门·卡里尔(Carmen Callil)创立悍妇出版社。卡里尔是澳大利亚人,一直为反主流文化期刊《印刻》(Ink)和《神奇之域》(Oz)工作。她和她的团队坚决主张通过她们的现代经典系列再现那些女性作家的绝版作品,这个书系的绿色书脊创造了独特的女性主义美学。一位美国游客留意到伦敦的这家书店:"悍妇书店令人惊叹之处在于,你走进书店,迎面而来的是一本又一本悍妇出版社出版的书,那是一片绿色书籍的海洋……"[38]

绿色呼应了更早期的爱尔兰女士专享出版计划,作家詹姆斯·乔伊斯描述这项计划是出版"碧绿色小牛皮封面"的图书。伊丽莎白·叶芝和苏珊·叶芝(Elizabeth and Susan Yeats)从

第四章 物品

1902年起就在都柏林附近的彻奇敦经营夸拉出版社（Cuala Press），该出版社从未自称为女性主义出版社。它出版过许多奢华的、手工制作的工艺美术书籍，其中男作家的作品数量远多于女作家。作为爱尔兰诗人叶芝的妹妹，伊丽莎白与苏珊这对叶芝姐妹的贡献常因为她们更著名的哥哥而变得黯然失色。但正如西蒙娜·默里（Simone Murray）所认为的，在爱尔兰通过革命摆脱英国统治，又通过内战赢得独立的四十年间，叶芝家的未婚两姐妹始终支持着她们的男性亲属，训练家里的所有女性劳动力进行创作与排版印刷。她们强调妇女需要拥有经济自主权，需要进入劳动力市场，这与十九世纪六十年代维多利亚出版社的先驱们提出的观点（参见第三章）类似。实际上，正是维多利亚出版社的先驱者们通过设在伦敦的妇女印刷协会给伊丽莎白·叶芝提供了印刷方面的培训。[39]支持妇女工作的积极行动铺设的基础为妇女印刷和女性主义印刷留下了跨越时间与空间的有形遗产。

　　总之，图书与杂志的生产有其自身的物质文化世界，它植根于单调的生产过程，要经过创作、装订以及印刷机的操作与上墨等流程。即便是在二十世纪末，先是广播媒体后是数字媒介似乎取代了印刷业，但记录女权运动的有形纸质材料仍极为重要。菲律宾活动家安娜·莉亚·萨拉比亚（Anna Leah Sarabia）发现，尽管她出品的广播与电视节目内容长达数千小时，但她认为重要的是"个人业绩的纸质副本，不管它的形式是影印版的小册子和报纸、难以阅读的油印专著，还是多次重版的作品汇编"。萨拉比亚与人合写了一本关于菲律宾经历的书——《诉说生活》（*Telling Lives*），该书于1992年在阿姆斯特丹举办的国际女性主义图书展上面市。萨拉比亚本人随后又陆续出版了几本书。[40]

图 4.4　伊丽莎白·叶芝在邓恩·埃默尔（后来的夸拉）印刷间操作手摇印刷机，约 1903 年。

第四章 物品

从简单的铅笔、钢笔、剪刀,叶芝的妹妹们使用的英格兰手摇印刷机和14点活字印刷机,改变了二十世纪女性主义知识生产形式的基士得耶速印机与复印机——使简报与小册子的生产成本变得极低,到越来越复杂的工具,如国际商用机器公司(IBM)生产的高尔夫球式冲击打字机及后来的文字处理技术和数字出版技术,过去两百年间不断变化的通信技术对于女性主义思想及创造力的物质化极为重要。

尽管会周期性地出现激动人心的女性主义革命,女性主义者会经历重重围堵,变得情绪高涨、激进好战,但日常劳动、融资及销售女性主义物件也同样重要。本章展示了相当丰富的物品,它们被买卖,被重新设计,被破坏,为女性主义者提供了可确实感知、穿戴、购买女性主义象征性实物的方式。从女性饮酒者手持品脱啤酒杯的临时形象,到(或许不乐意)承担着"女性主义伴生物"角色的海绵,物品被纳入了女权运动,被重新界定目的,被剪裁,被上色,被免费赠送,被售卖,被珍藏。

女性主义可以被商品化的想法引发了争议,批评者担心这会将激进的政治运动带入利润与生产的世界。投机主义企业有时试图将女性主义的创造力商品化,但赚钱有时也是激进妇女的实用性目标,这在第三章中讨论过。政治运动需要资源,二十世纪初的妇女参政论者清楚地认识到了这一点。妇女可以通过书店、编辑、设计、印刷来维持生计,并使其他行动成为可能。历史学家琼·玛丽·约翰逊(Joan Marie Johnson)提出,"在高度父权制的社会中,金钱是迫使改变发生的有效方式"。[41] 市场内部开辟出来的空间可以为各种各样的妇女提供入口,对她们来说,提高社会政治觉悟的组织非常可怕。同样,各类女性主义杂志、徽章、笔、围巾、海报使妇女叫以尝试性地探索女性隶属关系问题,或玩笑性地呈现她们的政治主张。

下一章中,我将转向对女性主义时尚的探讨。但作为本章的结论,我将引用澳大利亚女性主义者戴妮·富勒(Deni Fuller)对女性主义物质文化不容反驳的赞美。她写到"女性"象征符号时说:

> 我们用纸、锡、棉布、油漆、木材、印花布、亮片、银、硬纸板、亚麻布、羊毛、帆布、牛仔布、粉笔、水彩笔、拉图雷赛印纸、陶瓷、蜡染布、铅窗、文身、线、黏土、水晶、沙子、珠子、闪光粉、树胶叶制作象征符号。我们挥舞符号,穿戴它,描画它,涂鸦它,用它进行丝网印刷、制成压膜、镶边,将它加工成耳环、吊坠、戒指。我们在符号当中加上一个拳头表示我们的决心。我们将两个符号放在一起表示性别与团结。我们大规模生产我们的象征符号,用在厨房、屋后游廊里,我们将它贴在城市路灯杆、商店的侧墙上,我们邮寄它或是在路上面对面分发给别人。我们热爱它,它也热爱我们。[42]

图 4.5　二十世纪七八十年代法国、英国、意大利妇女解放徽章上的"女性"象征符号。

第五章

外　表

从2017年世界范围内的妇女游行事件开始,"女性主义者的样子"该是什么,人们普遍可通过她们所发明的"猫儿帽"辨识出来。"猫儿帽"是针织或钩针编织的粉色帽子,帽子顶部有两个"尖角",看上去像两只小耳朵,或者也可以看成女性的外阴。游行中及随后世界各地成千上万的妇女和非二元性别人群佩戴了这种帽子,这成了表达大众抗议的视觉声明。"猫儿帽"为手工制作,这表明了妇女手工技艺的悠久历史,而帽子的名称反驳了唐纳德·特朗普在总统大选中被广泛报道的言辞——"抓过女性下体",消除了这一评论引起的偏见。长期以来,时尚还是女性主义"物件"尤为丰富、充满争议的领域。各种衣裙设计的目的,或为使女性行动不便,或为愉悦男性并物化女性性别特征,或为展现妇女的纯洁与忠贞,女性的身体始终受到肉体上或象征性的伤害与限制。从"理性着装"到"猫儿帽",服饰一直是女性主义者进行质疑与颠覆的场域。

我想跟男孩子们在布赖恩特公园玩耍,你却说那很粗俗,没有淑女风度——那就是女性主义。每当你转身,我便摘下面纱或脱下手套,或者我在房内待了两天,而不是穿上妇女胸衣(紧身胸衣)——那就是女性主义。我不再应邀去骑马或出海——那就是女性主义。即便你反对,我也要上大学——那就是女性主义。即便有人反对,说我"自私",我仍坚持要有正常的工作时间——那就是女性主义。即便有人反对,说我不够自私,我想要个孩子的时候便会生个孩子——那就是女性主义。[1]

这段话是美国民族志学者兼人类学家埃尔茜·克卢斯·帕森斯(Elsie Clews Parsons,1875—1941)在回答困扰她母亲的问题——"什么是女性主义?"帕森斯将少年时对胸衣、手套与面纱的抗议置于其反叛行为的中心,此外她还提到了教育、有意义的工作及生育自由。

穿着长裤、不戴帽子、不穿胸衣的女性形象长久以来一直是"女性主义者"视觉形象的中心。像法国作家乔治·桑(George Sand,1804—1876)这样的人物因为穿男装且认为这样的穿着既经济又实用而变得声名狼藉。从1800年开始,巴黎妇女必须向警方申请许可证才可穿男装,这使乔治·桑的着装选择具有了颠覆性。乔治·桑没有许可证,还因为她爱穿男装而备受嘲笑。作家维克多·雨果讽刺地评论:"乔治·桑决定不了她是男是女。我对我所有同行都怀有敬意,但这不该由我来决定她是我的姐妹还是兄弟。"[2]

对埃尔茜·帕森斯来说,不只是她对传统时尚的抵制,还有一种消费行为——抽烟——也鲜明地表达了女性主义者的感受和女性主义者看上去应该是什么样。乔治·桑极富争议地将抽烟(她抽的烟是雪茄和水烟袋)与对女性衣裙的反叛结合了起来。二十世纪的帕森斯遭遇的同样是对女性充满敌意的环境。她的《女性主义者日志》(*Journal of a Feminist*)写于二十世纪前十年间,但直到1994年才得以出版。该书一遍又一遍地描述她试图在美国的饭店、车站、火车车厢里抽烟,她经常会被阻止,但她发现,作为一名受过大学教育的白人女性,她还是享有了相当大的自由。帕森斯可以抽烟,穿长裤,去美国西南部转悠,记录美国原住民的民间传说。她通过人类学观察发现,社会习俗具有可塑性,是外部强加的。她大胆地将这一发现延展至她本身的性别:"今早,我或许会觉得自己是个男人,让我像男人般表现。下午,我觉得自己没有性别,让我像没有性别的人那般表现。"显然,二十一世纪的"发现"——性别流动性,在过去也有人共鸣,即便"跨性别"的说法才出现不久。

本章中,我将探讨女权运动中时尚与身体所发挥的作用。二十一世纪关于面纱与"布基尼"①的争论,以及媒体对公众人物如希拉里·克林顿等的衣着的过分关注,都提醒我们妇女着装在划定她们在社会中的"位置"方面极为重要。选择让自己看上去不一样是具有革命潜力的行为。除了颠覆穿衣规范,女性主义者还提出谁在"看"也是一个需要思考的问题。二十世纪七十年代,运动者认为"男性凝视"是艺术、文化和社会生活的主要压迫性特征,于是便采取行动,颠覆自己的形象。1986年,女性主义学者钱

---

① burkini,为 bikini(比基尼)和 burka(布尔卡——穆斯林女子在公共场所穿戴的带面纱的衣袍)的合成,译为"布基尼"。穆斯林教规规定,穆斯林女性不可在丈夫和父亲之外的异性面前裸露面部与手脚之外的其他身体部分。因而在设计这类人群所穿的泳装时,其特点仍是从头到脚包裹严实,这样生产出来的泳装就包括了头巾、束腰外衣和裤子三个部分。

德拉·塔尔佩德·莫汉蒂(Chandra Talpade Mohanty)进一步延展了"男性凝视"概念。她写作了《在西方注视下》("Under Western Eyes"),强烈批评"西方"女性主义未能理解并应对第三世界妇女面临的权力不平等问题。[3]因而"看"的概念可以有多种形式,还会触及女性主义思想与实践的一些关键要素。

我们先聚焦十九世纪后期出现的"新女性",即经济独立、自信的女性,她对自我的追寻引领她走出家庭,进入工作领域,走上街头,甚至在立法机关有了一席之地。这种标志性人物——短发、有主见——在全世界都很受欢迎。仅举几个国家为例,英国、日本、中国、新西兰、俄国等国的妇女都探索了"现代的"存在方式。"新女性"与服饰改革,以及打破传统的头发与身体管理密切相关。我们会发现,二十世纪七八十年代妇女解放运动的参与者也采用了"女性主义风格",即穿衣打扮是为愉悦自己及其他女性。

之后,我们会接着讨论另一种形式的着装——出现在不同文化与宗教传统中的极具争议的戴面纱行为。尽管人们对戴面纱所具有的含义有不同的看法,但我认为,装饰/保护性覆盖物如面纱、头巾和穆斯林妇女遮盖头部与上身的罩袍,既能赋予妇女权力,也能约束她们。最后,我将反思服饰改革带来的种种问题:强化"男性化的"或教条主义的女性主义者的刻板形象,形成小圈子和内部团体,表现出阶级与种族排他性——这有时也会紧随"女性主义风格"出现。

美、时尚与政治

时尚或美往往是妇女试图行使权力的工具。女性主义者面临着两难境地：是遵从着装规则，获得社会优势，还是冒险承担因为拒绝与大家看上去一样而遭受的损失。譬如在菲律宾，西班牙的殖民定居（1521—1898）和美国殖民统治（1898—1946）的历史为女性主义者创造了复杂的环境，在此环境中，时尚成了中心。从十九世纪后期开始，便出现了赋予菲律宾妇女选举权的呼声，但当时活跃在公共生活领域中的大部分妇女更愿意通过保守的"俱乐部运动"组织活动，因而选举权运动显得比较低调。"俱乐部妇女"的政治运动的典型特征是提倡妇女持家、着装端庄的保守行为准则。"俱乐部妇女"发现，在外貌上展示她们作为传统母亲、受人尊敬及富有女性气质的形象，有助于她们支持妇女孕期健康与饮食的运动，也有助于降低孩童死亡率。在此背景下，西班牙殖民当局赞颂母性是女性气质的中心，这一观点，即便是在寻求新身份的那些受过教育、积极参与运动的妇女当中都有相当大的影响。

尽管菲律宾妇女具有不少政治经验，表现出了相当高的政治严肃性，但妇女在公共事业方面的成绩往往还是要看她们的外表。选美比赛是菲律宾妇女获得公众形象的重要方式。许多妇女参政论者、"俱乐部妇女"及新闻工作者都是公认的"狂欢女王"，都穿着华丽的服装摆拍过。[4]对女性来说，能够吸收传统女性之美是获得公民地位的有力方式。

1898年，美国取代西班牙成为菲律宾的新殖民统治国，随着妇女拥有更多接受教育的机会并最终获得妇女选举权，要求菲律宾实现现代化的呼声高涨。但像许多殖民国家一样，美国人发现很难想象一个菲律宾妇女先于美国妇女获得选举权的世界。尽管美国边境及西部地区如怀俄明、科罗拉多、犹他等州的妇女在十九世纪后期获得了选举权,但美国成年女性直到1920年都还没有完全获得选举权,而代表种族主义的《吉姆·克劳法》在1920年之后还仍然限制着非裔美国人和印第安人的权利。这或许可以解释为什么菲律宾的妇女选举权运动在1918年后才有组织地出现,而此时美国妇女选举权运动已经在许多州取得胜利并坚信将会赢得全面胜利。对菲律宾妇女来说,要求获得选举权,这实际提出了一个复杂的选择问题,因为妇女选举权往往主张的是西方妇女的权利,因而菲律宾妇女很可能会被扣上殖民势力合作者的帽子。民族主义运动不愿意优先考虑妇女选举权,一些民族主义运动中的重要人物甚至完全反对妇女选举权,他们更想要将妇女与母性和家联系在一起。对于女权主义者来说,这是很难处理的问题,因而个人外貌仍是关键资源。

在此民族主义运动背景下的女性运动者不仅不得不选择穿什么样的衣服,还要确定她们服饰改革的立场。像许多其他被殖民国家一样,菲律宾的男性政治家发现,在大多数情况下,选择"西方"服饰于他们有利,而活跃在公共生活中的妇女却往往被期待穿"传统"或民族服饰。在菲律宾,许多女性主义者都抵制穿西班牙殖民时期的传统服装:松松垮垮的女衬衣(camisa)、披肩(pañuelo)以及女士短上衣(terno)——这种上衣的特征是有着硬挺的蝴蝶袖,非常不实用。有人主张,这种被称作"玛利亚·克拉拉"(Maria Clara)[①]的服饰很有可能会在工作场所和学校引发事故,妨碍女性参与运动。下雨的时候,这种服装也容易湿透,令人尴尬。不过,像皮拉尔·伊达尔戈·利姆(Pilar Hidalgo Lim,

---

① 玛利亚·克拉拉形象是西班牙统治菲律宾后对菲律宾女性的要求,即女性需矜持、羞怯、端庄、贤淑、谦恭有礼、自我牺牲、从一而终。这些形象具有东方特征。

图 5.1 菲律宾妇女参政论者、外交官、慈善家特立尼达·费尔南德斯·莱加尔达,1924 年马尼拉狂欢女王。

1893—1973)和特立尼达·费尔南德斯·莱加尔达(Trinidad Fernandez Legarda，1899—1998)等菲律宾女性主义者意识到她们需远离女性主义的"西方"内涵，所以她们在公共事件中时常穿着这类服饰。她们严厉批评"玛利亚·克拉拉"式的服饰代表了女性对家庭的顺从与家庭对她们的限制，但她们也谨慎地不让她们的"新女性"形象表现得过于美国化或过于大胆越轨。这种务实的选择限制了她们颠覆保守规范——关于妇女在世界中的"天然"位置的规范——的程度，但确实缓解了菲律宾女性主义的殖民主义表述与民族主义表述之间的紧张对立。妇女选举权成为重要的女性主义目标，得到了1937年国家全民公决的完全支持，菲律宾妇女最终获得了选举权。

理性着装与奇装异服的时尚

菲律宾谨慎恪守常规的策略在其他国家也获得了共鸣。在美国，1849年服装改革者兼记者阿梅莉亚·布卢默(Amelia Bloomer，1818—1894)掀起了一场富有争议的运动，要求让女性可以在及膝长裙下穿宽松裤子。此时距离全世界狂热参与1848年反君主制革命刚过去一年，美国女性也在1848年齐聚塞尼卡福尔斯讨论妇女选举权问题。布卢默成功地让一些妇女相信，出于实用性与健康等方面的原因，女性应放弃穿维多利亚时代的细腰长裙、长衬裙及紧身胸衣。她设计的服装样式都刊印在了她的期刊《百合》(The Lily)上，对这些样式的需求量很大，商店里也开始储备各种"理性"套装。但这个时期的一些运动者认为，布卢

图 5.2 "布卢默服饰"石版画,1851 年。

默的时尚探索与寻求改革的严肃政治追求并不相融。妇女权利活动家安吉丽娜·格里姆克（Angelina Grimké，1805—1879）与布卢默一样致力于废奴主义和妇女权利运动，她支持穿着"朴素"，因为她了解《圣经》中对时尚的处罚，她拒绝穿带饰边的服饰和丝质长筒袜。"我的朋友们说我让自己显得荒唐"，她在日记中这样写道，但她仍确定要响应"崇高又神圣的召唤"。[5] 对其他人来说，布卢默的新形象引起了强烈的公众抗议，成了人们的消遣，轰动一时。妇女参政论者和废奴主义者保利娜·凯洛格·赖特·戴维斯夫人（Mrs Paulina Kellogg Wright Davis，1813—1876）刻意地打扮自己，目的是要"消除人们的偏见，即认为所有争取妇女权利的女性都是长着胡子的可怕老怪物"。她在十九世纪五十年代参与妇女权利大会时，被讽刺丑陋怪异。她注意到，大众期待她是一个"粗俗、男性化、专横跋扈、令人讨厌的人，家中脏乱，不关怀家人，还有一个妻管严的丈夫"。他们惊讶地发现她是个"美丽、长相精致的女人，举止温柔，说话轻声细语"。[6]

不过，布卢默以健康和卫生为名呼吁改变，这呼吁将会长久鸣响，尤其是当女性主义思想在世界范围内传播，让它们与不同的服饰传统之间产生对话时。1902 年，日本记者羽仁元子（Hani Motoko，1873—1957）撰写了两篇文章发表在《妇女先驱报》（Fujin shinpō）上，这是基督教妇女禁酒联合会日本分支机构印发的刊物。元子聚焦卫生与妇女衣装的关系，宣传"改良"衣装，这类服装在日本和服中加入西方服饰元素，使妇女活动更方便。

基督教妇女禁酒联合会由欧洲和北美运动者管理支配，成员被派往海外，宣传道德纯洁和由妇女担任道德领导的思想。除了控制酒精，她们还强调妇女应参与社会服务，并致力于控制并阻止卖淫活动。这契合了日本明治时代政府制定的日本"现代化"目标，此"现代化"尤其强调要打造现代、高效的母亲。基督教妇女禁酒联合会广泛推广舒适服饰，以取代那些面料僵硬、穿在身上累赘的和服及宽腰带。但妇女参与明治维新的程度有限。元子出生当年，明治早期的一项规定就禁止日本妇女剪短发；欣然接受新时尚的欲望与让妇女代表、体现日本传统的需要之间也往往存在矛盾。

对新型服饰感兴趣的元子在全世界都能找到同好。服饰改革运动者认为，妇女不再需要穿又长又肥大的裙子，或是穿那些有僵硬领口的衣物，不再需要戴手套和帽子。相反，她们喜欢灯笼裤、五趾袜、裤裙或长及脚踝的裙子。在新西兰，妇女在1893年便已获得全国议会投票权；次年，新西兰理性着装协会成立，提出妇女应有权抛开那些限制她们行动与呼吸的紧身衣。当然，工人阶级妇女从未像中产阶级和上层阶级妇女那样热衷紧身衣等服装。但主要还是较为富有或是有较大社会影响力的妇女支持新型着装，她们承受得起被视作不体面的人的代价——这在新西兰还影响到了毛利部落，她们中的妇女精英同样愿意偶尔穿上理性服饰。虽然有些人认为这些举措属于简单的健康改革，但其他人觉得这些举措与妇女更广泛的需求相关：能在公共空间自由地活动，有骑自行车、参与体育运动的自由。基督教妇女禁酒联合会的新西兰分部支持理性着装，但那些最不愿受拘束的女性穿的颇受争议的裤装与基督教妇女禁酒联合会所恪守的庄重与纯洁原则相悖。

服饰改革者是全球对"新女性"的想象中极为显眼的一群人。

图 5.3 穿着理性服饰的毛利族服饰改革者,约 1906 年。

第五章 外表

"新女性"是十九世纪末二十世纪初的社会变革与性别障碍最具标志性的象征。"新女性"常被媒体讽刺为不合潮流、穿灯笼裤的自行车骑行者。但到了二十世纪二十年代，所谓的"女性主义者的样子"在主流文化中变得更加突出。早先"新女性"因为穿粗花呢灯笼裤、不束胸而被嘲笑，到了二十世纪二十年代，更简便的内衣和短发更普遍地被妇女接受，此时的她们享受着这些时尚带给她们的新的身体自由。对两次世界大战之间的"新女性"来说，实现自我表达的方式不只有加入政治团体等传统的活动模式，还包括消费流行文化提供的各种资源，这些资源如电影、无线电台、舞蹈、杂志等相对更容易跨越国界。譬如，日本的"新女性"和"摩登女孩"因为有了越来越多接受教育的机会，她们的身上综合了踌躇满志的自我修养与表现自我的各种新元素：与西方消费主义密切相关的钟形帽、连衣裙、香粉。[7]在其他国家还出现了更为杂糅的"现代女性"形象，她们利用时尚表达自己对自由与自主行使权力的要求。历史学家高彦颐（Dorothy Ko）描述，二十世纪二十年代的上海，妇女接受了西式高跟鞋，搭配高领、裹身旗袍。中华民国时期的一些中国女性设计了各种鞋子，以适应当时禁止缠足条例颁布后不再需要裹缠的双脚，让它们看上去更有魅力。[8]"新女性"被认为具有流动性，她们出现在街道上、店铺中，或外出工作以赢得自由。

"新女性"和"摩登女孩"现象引出了许多重要问题，即这些新发展在多大程度上与女性主义相关。当然，两次世界大战期间留着波波头的女性并不都应该被理解为是在表达政治立场，而且一些女性主义者对享乐主义与自我陶醉提出了批评，她们认为这种风气与新时尚脱不了干系。不过，将女性主义者与"蓝袜子"的陈腐形象——乱穿衣、欲求不满——相联系，就是在忽视对服饰及自我表征方式的丰富实验，它们标志着全世界妇女获得了一定权力。

服饰也可以有更多直接的政治用途。妇女选举权运动者有效地利用了历史学家卡罗尔·马丁利（Carol Mattingly）所称的"服饰修辞"，使用具有政治含义的颜色与风格。她们有时选择衣物是因为它们的防护性能和实用性：有衬垫的衣裙和结实的帽子可以防止警察与围观者的袭击；帽针和扇子可以变成防卫的武器；低跟鞋能让她们更容易逃跑。英国被捕的妇女参政论者就能快速利用她们的衣装对抗迫害。因为证词在很大程度上依赖于对所见服装的描述，所以被羁押的妇女互换衣物，让警察的证词无法证明被告席上的就是活动参与者。而且，时尚衣装具有阶级优势，有时可以给穿着这些衣装的人提供保护，使她们避免被逮捕，因为警察不愿意与那些穿着传统服饰的中产阶级和上层阶级妇女对峙，这就使那些激进的妇女可以不受限地进出她们举行抗议的场所。妇女选举权运动者穿得"优雅又得体"，以此保持体面，使传统女性气质政治化。[9]

解放了的女子样貌

二十世纪初期活动家的一些策略在数十年后被再次使用。土耳其女性主义者居尔·厄兹耶因（Gul Ozyegin）还记得二十世纪八十年代在安卡拉，她和其他的女性主义者一起派发装饰着紫色大珠子的领针。这些领针令人想起具有攻击性的妇女选举权运动帽针和扇子，可供女性反击那些在公共交通中试图触碰她们身体的男人。领针是妇女自卫运动这一强大的传统中的重要物件，它成了土耳其妇女有意义、实用又引人注目的反抗标记。[10]作为妇女运动中具有颜色标识的一种标志，领针也可以唤起女性主义者的认可，促进女性主义群体建设。

不过，二十世纪后期的许多女性主义活动家对早期女性主义者使用的策略与进行的选择都持有怀疑态度。其中的一个争议就是关于女性主义服饰规范。二十世纪初期的妇女参政论者策略性地接受了表征正统女性气质但往往带有资产阶级或传统属性的服饰，这让她们看上去不愿意挑战强迫妇女穿不舒适的衣物并令妇女活动受限的男权。十九世纪中期服饰改革运动所倡导的日常颠覆在精神上更接近妇女解放运动决意要抛弃所有传统女性特质的做法。

贝尔法斯特的女性主义者玛丽-泰蕾兹·麦克吉文（Marie-Thérèse McGivern）如此回忆二十世纪七十年代：

> 我们不化妆，那有点被看作……那是父权制强迫我们化妆。我们不穿高跟鞋，合脚的鞋子穿上真舒服，在那些日子里，我们总是穿那种舒适的平底鞋，不穿高跟鞋……我们不穿紧身衣裤，我们穿舒适的衣服，我们不再为男人而打扮。

麦克吉文随即强调，这并不意味着她们看上去像男人："我们很时尚，因为我们还是女人，所以，耳环变得越来越精美，头发越来越朋克，染成了红色。"[11]二十世纪七十年代自己动手（DIY）的朋克精神适用于妇女运动，可以与妇女传统技艺（如针织、拼布工艺）

的复兴相结合。麦克吉文还记得她们穿着"非常鲜亮的棉夹克，通常是拼布绗缝的……这些夹克很漂亮，但它们还是那种非常直筒的夹克，不太合身"。这些夹克参考了毛泽东时代中国的视觉审美，有意认同社会主义传统对妇女解放运动的重要性。毛主席在1961年曾写下这样的诗句："中华儿女多奇志，不爱红装爱武装。"[12]中国的棉衣被借鉴、被修改，成了贝尔法斯特妇女眼中"女性主义者的样子"，它成了公开的声明，拒绝以男性认可的方式展现女性身体。

妇女解放运动者并用多种风格，将工靴与裙子搭配，创造出颠覆性的外表。她们的服装上印着标语；二十世纪七十年代后期美国达特茅斯学院女性主义燃火团体（Pyrofeminist Group）所穿T恤上就印着她们的口号 BTMFD——"焚毁那帮混蛋"。[13]波士顿工人阶级女同性恋团体"插进墙体混蛋集团"（Stick-It-In-The-Wall-Motherfucker Collective）的成员苏·卡茨（Sue Katz）回想起自己穿着皮装，迫切渴望拥有聚氯乙烯材质的超短裙带来的反叛潜能。[14]妇女解放运动中的许多活跃分子发现新的服饰选择是标志她们日常生活中的反叛的有力方式，对有些人来说这种反叛包括不遵循性别规范的变装、植体毛、束胸。妇女们表示，不遵从传统穿衣方式或男性界定的时尚，而是为愉悦自己或其他女性而打扮，这是一件相当令人开心的事。在澳大利亚，艾莉森·巴特利特回忆："不穿胸罩是种解脱。感觉舒服极了，也是功能性的解放……而且还省钱。"澳大利亚布里斯班有过一次以"夺回夜行权"（Reclaim the Night）为名的大游行，参加这场值得纪念的大游行的运动者还记得大家自发地、自豪地脱了衬衣和T恤：

群体效应愈演愈烈，其他一些人脱掉了上衣，自豪地行走在城市的街道上，穿过了（维多利亚）大桥。老老少少，环肥燕瘦，双乳左摇右晃，上颠下荡……警察穿着防护服，手拿武器，看上去比我们还易受伤害，就好像他们需要保护，免遭街上那些突然从胸罩下释放出的乳房的袭击。

在她看来，这种行为"令人十分舒适，具有颠覆性，还有点性感"，让警察的防暴装备看上去很荒谬。[15]其后，"女性主义者的样子"就不仅是新的衣物，还要考量妇女对身体姿态的使用，以及如何将妇女置于物理空间或公共空间内。

二十世纪八十年代的格里纳姆公地和平营里，英国妇女开创了一种独具特色的风格，该风格"多彩、实用，富有创造力——寸长的短发上绑着彩带，多层、宽松的衣装，包括彩色围巾、靴子、油布雨衣……"有时候，为了避开营地的各项安保措施，这种女性主义美学会被摒弃。有两个格里纳姆公地和平营的女子穿上了传统的长裙和短裙，顺利获得准许进入了军事基地，在为军人家庭准备的休息室里享受了看电视的福利。她们不绑彩带，不穿长针织套衫，直到离开基地大门，也没人认出她们是和平营的活动者。[16]

靠近权力宝座的妇女在穿什么方面同样具有策略性。英国地方政府从政者瓦莱丽·怀斯（Valerie Wise）在二十世纪八十年代将数百万英镑的公共基金拨给了妇女团体，她喜欢穿传统的裙装，拒绝穿工装裤。在妇女解放运动者反抗服饰规范，不愿意穿胸罩，拒绝剔体毛的时代，怀斯发现将头发剪短对她来说都是"巨大的冒险"。她很清楚，传统着装使她作为从政者更有影响力：

"我想让民众聆听我所说的话,而不是花很长的时间关注我穿什么,因为我不想我的衣服分散人们的注意力。我不是那种海报中的模特。"[17]萨拉·道斯(Sara Dowse)在二十世纪七十年代是澳大利亚行政部门妇女事务办公室主任,她也同样说过,穿得"不能太奢华,但也不能太时髦"。任职期间,她的"样子"从穿牛仔裤变成了穿牛仔长裙。但她在八十年代发现,"女性主义党人"的穿衣准则发生了变化,她们此时穿的是有肩垫的权力套装①:"上衣往往是红色的,红色在许多文化中与权力和性欲相关。这种衣装复杂又矛盾地融合了权力与性欲……同样重要的是重新出现了高跟鞋。"[18]

树立"女性主义者的样子"是创建新群体的明显、易实现的方式。对贝尔法斯特的女性主义者来说,她们使用了易于识别的外表,时尚为她们提供了归属感。麦克吉文发现工装裤在其中起着关键作用,不过,她强调二十世纪七十年代贝尔法斯特出现了工装裤供货短缺的问题。她在七十年代后期到访纽约,为跟她住在同一个合作农场里的女性预订了相同的工装裤,形成了集体制服。这与她所奉行的集体精神,即自给自足、共享资源一致。

服饰监管

"妇女解放的样子"的政治思想不仅关乎愉悦自己,在有些情况下,也包括评判其他妇女。妇女解放运动的积极参与者决意要

---

① 原文为 power suit,诞生于二十世纪八十年代,为乔治·阿玛尼设计,特征是宽肩的套装西服。因为宽肩给人力量感,所以被称作权力套装。

反对性客体化问题，她们将全世界的选美大赛作为批评对象，而选美大赛正是菲律宾妇女参与政治的入口。众所周知，妇女中断、抗议过如美国小姐竞选这样备受关注的大赛。譬如，1968年，女性主义团体"纽约激进女子"组织了一场抗议选美比赛的纠察活动，并上演了各种噱头，例如"绵羊走秀"，以抗议模特"像乡间集市上的动物那样被评判"。她们拒绝接受男性记者的采访，迫使新闻报纸请来女记者——她们通常都是那些不受重视的妇女专栏的记者——来报道抗议活动。抗议者有一个著名举措——设立一个"自由垃圾桶"，里面放满了胸罩、假睫毛以及《花花公子》《女士家庭杂志》等杂志；不过，与流行的观点不一样，她们并没有焚烧"自由垃圾桶"里的物品。[19]这一活动也传到了英国，这里参与抗议的活动者在1970年的世界小姐选美大赛上投掷面粉炸弹，用助威响板扰乱比赛进程；[20]传到新西兰，这里参与抗议的运动者切断了1971年新西兰小姐选美大赛的电源；传到秘鲁，"秘鲁妇女解放行动"（ALIMUPER）举行游行示威抗议1973年在首都利马举办的秘鲁小姐选美大赛。各地妇女都在采取行动抗议无数小型选美比赛。苏格兰的桑迪·怀尔斯（Sandie Wyles）在阿伯丁大学攻读学位，1975年，她与同女子团体的其他人一起报名参加了学校举办的一场选美比赛，作为她们的第一个政治行动：

> 我们填了张表，我猜他们根本不知道他们遇到了什么，因为我们这一大帮人一起来了这里，即便是在那个时代，我们中有不少人都穿着工装裤，还都没有化妆……活动的统筹们就说："不，不，你们不能进，你们别全进去，你们只能一次进去一个。"然后我们就说："不，我们要一起进。"[21]

尽管她们遭到了其他不主张女性主义的选美大赛参赛者的强烈反对——据怀尔斯描述，她们说的话"真的很难听"，但怀尔斯她们的女子团体还是进行了抗议，当地报纸报道了她们，而她们还继续积极参与了在阿伯丁举行的支持堕胎权及"夺回夜行权"等抗议活动。但这些标志性的抗议活动也可被视为针对女模特的活动，会破坏姐妹情谊。许多模特都来自工人阶级，在她们眼中，在选美比赛中获胜既是自尊的来源，也是获得奖金或社会地位的途径。英国的黑人社区有着悠久的选美比赛传统，最初该比赛是由西印度活动家克劳迪娅·琼斯在伦敦早期的诺丁山狂欢节上出资举办的。妇女解放抗议活动倾向于无情漠视种族与阶级等动态因素。她们的抗议活动还证实了女性主义者反对（异性恋）情色与享乐，并试图用她们自己确立的可接受行为的标准来监管其他女性的身体。她们由此获得的好评头论足、道德僵化的名声，让她们的思想难以触及更广泛的受众。强制穿工装裤或毛泽东时代风格的棉衣是一种带有约束性的着装规范，使人很难想象那些穿着不同服饰的女性之间能产生姐妹情谊或有团结的可能。

颠覆性的自我造型与阶级矛盾

着装具有的阶级属性长久以来一直是妇女运动中紧张关系和权力博弈的根源。爱德华七世时期，妇女选举权运动者超越常规的策略对那些物质财富有限的人来说存在很大问题，因为她们买不起那些精致的帽子与衣裙。工人阶级妇女相对被排除在了

图 5.4 妇女参政论者康斯坦丝·利顿夫人扮成工人阶级女裁缝"简·沃顿",约 1914 年。

那些需要穿着时尚衣装的抗议活动之外,这就意味着妇女社会政治联盟许多举世瞩目的运动都由中产阶级和上层阶级妇女主导。尽管如此,工人阶级妇女还是找到了参与游行的机会,她们有时候穿着行业标志性服装,譬如妇女选举权领导人安妮·肯尼(Annie Kenney)有时会穿戴的配头巾和木底鞋的"纺织厂女工"装,有时候加入那些穿着制服的助产士和护士的游行。但工人阶级的装束有时也会被借用来做伪装或是为了娱乐。受过良好教育且出身名门的妇女参政论者芭芭拉·艾尔顿·古尔德(Barbara Ayrton Gould, 1886—1950)就曾借用过"渔女"的衣装,目的是在1909年的妇女展示会上扮演英勇、救人性命的灯塔守护人的女儿格雷丝·达林(Grace Darling)。人们总感觉中产阶级和上层阶级妇女喜欢装扮成工人阶级妇女。而出身贵族的康斯坦丝·利顿夫人(Lady Constance Lytton)则是出于更为严肃的目的,将自己扮作了一个她想象出来的工人阶级女子"简·沃顿"。利顿因为自己在1909年被捕后很快被释放而感到沮丧,尽管监狱方解释她被释放是因为她有心脏病,但她怀疑这都是因为她的社会等级。

1910年,她被当作土气的简·沃顿遭到逮捕时,

> 头戴粗花呢帽子,身穿一件绿色棉布长外套,那是我花了8先令6便士买的,披着一条羊毛围巾,戴着羊毛手套,围着一条白色的丝质颈巾,戴着一副夹鼻眼镜,手里拿着一个女士钱包,还有个网兜存放我的一些证件。[22]

如此穿着的她被判强迫劳役,而且没有经过任何的医疗检查,就

遭到了八次强迫进食。心脏有问题是真的，利顿心脏病发，始终都没有痊愈。在爱德华七世时期的英国，服装强化了阶级不平等，妇女参政论者明确展现了这一点，也对此完全了解。但妇女选举权运动在许多方面仍不愿意挑战服饰传统。后来的数代女权运动者更勇于打破传统，但在女性主义者该穿什么这件事上，阶级问题仍普遍存在。

　　二十世纪后期，随着妇女解放和女同性恋群体表现出特有的样貌，社会阶层赋予了不同女性意义截然不同的服饰文化。澳大利亚女性主义者莱姬·霍普金斯（Lekkie Hopkins）记得自己穿过蓝色和卡其色的工装服，她认为这种服装有着鲜明的内涵，让她有了身体自主权："我们征用了男性工人的服装，意在表明我们的身体属于我们自己，应用来娱乐我们自己，不应被出卖，也不应被掠夺。"[23]但这种着装方式与更早时期拥有特权的妇女参政论者漠然地穿着工人阶级服饰其实并无区别。妇女拥有的不同阶级背景使得带有阶级政治意味的"女性主义者的样子"令一部分人感到痛苦。参与北美女性主义书店运动的一位运动者内特·哈特（Nett Hart）发现："并不是所有人面对强制性的性别服饰规范的时候都有经济实力选择说'不'。"哈特认为，女性主义者穿着"工装裤和法兰绒长裤"，努力想要看上去不一样，这或许仅仅意味着"中产阶级和上层阶级妇女那样的装扮是工人阶级妇女和贫苦妇女的日常穿着"。[24]对于苏·卡茨来说，她的波士顿团体试验了集体分享衣装，结果证明这其中存在很大问题。卡茨来自贫穷家庭，她发现工人阶级和黑人妇女与衣装之间的关系可能截然不同，这使得集体分享衣物困难重重：

许多工人阶级白人和黑人家庭的孩子被严格培养,既然穿不起昂贵、时髦、要百般呵护的衣服,至少要穿得干净整洁,穿熨烫过的衣物。我们中的一些人会有几件攒下来的或是花了大价钱买下的贵重衣物,就不那么愿意与别人分享……

我从来都不想让别人穿我的衣服。在我的成长过程中,几乎我所有的衣服都是别人穿过的……那些整个童年都能穿新衣的人跟衣服的关系肯定与我跟衣服的关系不同。她们不在乎衣服,因为她们知道爸爸妈妈会帮她们买更多新衣服。对她们来说,房间正中那一堆堆的衣物就像有趣的摸彩袋。[25]

弗朗西丝·比尔的小册子《双重危机》也关注到了这些矛盾。她意识到女性主义者长久以来始终不赞同时尚女性,她如此描述时尚女性:"花费无数闲暇时光精心打扮,痴迷于炫耀性消费,将生命的种种功能限定在性别角色中。"但比尔发现在黑人妇女的生活中找不到对这种思想的共鸣:

认为黑人妇女就像中产阶级白人妇女那样只需要照料好家庭和孩子,这是空想。大多数黑人妇女要忙家务,要照料家人的衣食。黑人妇女占了黑人劳动力中相当大的比重,这种黑人妇女外出工作的情况既出现在最贫穷的黑人家庭,同样也出现在所谓的黑人"中产阶级"家庭。黑人妇女从来都负担不起任何仿冒的奢侈品。

比尔的洞察与早期的种族排斥现象一致。曾是奴隶的废奴主义者索杰娜·特鲁斯曾抱怨,1870年妇女选举权大会的参与者都穿得太时尚了,不会有人把她们当一回事。"头上插着鹅翅膀,看上去就好像要飞起来。穿得这样可笑,来谈论改革和妇女权利,你们是哪门子的改革者?"[26]但白人妇女权论者不乐意让一个曾经的奴隶评价她们的外表。特鲁斯时常穿着朴素的贵格派衣裙,妇女选举权刊物《妇女杂志》(*Woman's Journal*)对她本人的外表进行过攻击。

总的来说,女性主义者对时尚的看法多有分歧,有人认为它具有破坏性,属于父权制残留,也有人认为它是一个生动的愉悦之境。这些争论可以追溯到数十年前。服饰是许多工人阶级和黑人妇女没有进行政治化的文化场,正如内特·哈特总结所称:

> 妇女(应该被允许)对我们自己的身体进行自我定义,拥有自主权。但我们必须清楚,最早使用身体这一特权的人是那些极为熟悉特权的人。[27]

穿裙子的男人

妇女的衣装受到严格审查、承受巨大商业压力、成为热门政治辩论话题之时,男人的服饰同样处在女性主义的凝视之下。1848年,伊丽莎白·卡迪·斯坦顿在开拓性的塞尼卡福尔斯妇女权利大会上发言时,她知道穿着裤装的刻板化妇女形象会被嘲笑,会降低她言辞的力度。她一直支持不穿紧身衣、着舒适女性服饰的运动,但她不愿意接受男性着装风格:"说到他们的服装,先生们不需要担忧我们会模仿,因为我们认为这违反了优美、品味、庄重等所有原则。"她支持穿"宽松、飘垂的服装",认为这是理性着装。她忍不住要对当权男性进行进一步的讽刺:

> 所有的主教、神父、法官、律师、世界头等国家的市长大人们,还有罗马教皇,他们在自己的最高职位上主持仪式或行使权力时,所有人穿的都是宽松、飘垂的长袍,这就是心照不宣地承认,普通男人的衣装既不庄重,也不气派。[28]

弗吉尼亚·伍尔夫有过同样的指责,她对英国男性当权派的浮夸本性极为感兴趣,便在1938的论辩性著作《三个几尼》(*Three Guineas*)中刊印了戴着假发、穿着长袍、外罩裘皮大衣的法官和神职人员的照片。

> 你们的衣装首先会让我们惊得目瞪口呆。其数量如此之多,样式如此好看,装饰如此精美——这些就是拥有公共身份的有文化、有教养的男人穿的衣装!你们时而穿上紫罗兰色的服饰,胸前佩戴着镶有宝石的十字架;时而穿上肩部饰有蕾丝的服饰;时而穿上貂皮大衣……[29]

伍尔夫将男性服饰的精致与男性对战争的追求联系起来,提出军服极好例证了男性服饰如何成为社会地位、暴力及等级制度的危险工具。伍尔夫用盛行于她那个时代的关于文明与野蛮的种族主义观点论证道:

要表示任何事物的价值,不管是智力方面的,抑或是道德方面的,如果判断的标准是看佩戴了哪些金属或缎带,穿了哪种彩色兜帽或长袍,那么这种行为就是一种暴行,应该受到我们的嘲笑,就如我们嘲笑野蛮人的仪式那般。[30]

但并不是所有男性都试图保持传统的男性着装方式。有些人努力使男子所穿衣物多样化,或是颠覆男子衣物的标准样式,譬如激进诗人爱德华·卡彭特(Edward Carpenter,1844—1929)就曾说过鞋子是"皮质棺材"。卡彭特认为自己属于"第三性别",他穿自己做的凉鞋,那是他仿照他从印度买来的一双凉鞋的样式做的。

卡彭特为他那些持有激进思想的朋友制作凉鞋,但在二十世纪初,他被普遍认为是个怪胎,因为他总穿奇装异服。颠覆男性服饰传统的运动一直到二十世纪后期才逐渐成为主流,出现了像嬉皮士运动、"垮掉的一代"的青年运动、朋克运动、魅惑摇滚运动、妇女解放运动等挑战传统服饰文化的运动。对一些男性来说,这一切始于小小的叛逆,开始佩戴女性主义和反性别主义的徽章,上面印有"不过是另一个男人"或"独身具有颠覆性"等口号。另外也有男性追求彻底的改变:威尔士反性别主义活动家皮特·希克斯(Pete Six)参加二十世纪八十年代的男子团体活动时,身罩黑披风,脚蹬红木屐,下穿他所称的"手绘裤"。受到朋克的影响,他自己编织了一件粉色搭红色的针织套衫,剃光了两侧的头发,中间引人注目地扎了一条紧编的马尾辫,努力展现一种反性别主义的别样男性时尚文化。[31]评论者往往觉得这没什么大

不了,《卫报》的一位记者讽刺性地评论道:

> 新型男士摆脱了传统的刻板形象,即刻发现他自己不一样了。他穿着有褶裤、宽大的衬衣、中式拖鞋,摆出谦逊的姿态,在极为沉重的压力下劳作;没人真正把他当回事。[32]

尽管如此,《卫报》还是联合阿拉米斯男装公司共同赞助了一场名为"1985年度新型男士"的摄影比赛。他们给设计了男子裙装的约翰·科尔文(John Colvin)颁发了奖金,约翰也因他的设计在二十世纪八十年代成为布里斯托尔反性别主义男子组织成员。[33]

正如阶级与种族的等级制度使女性主义者改革时尚的努力变得复杂,种族与民族同样令反性别主义男性陷入重重危机。科尔文是个舞者,他在非裔加勒比男人和非洲男人身上观察到的身体整体性给了他灵感。在后来的一次采访中,他说:

> 我觉得我们许多人会接受这种模式化的观念,认为如果我们有着西印度或非洲黑人的文化背景,我们会更深刻地意识到我们身体的运动,会比大多数拥有西方文化背景的人的身体更流畅优美,但我至今还未在时尚产业中发现对这种身体运动感的展现或利用。

约翰漫不经心地说起"我们",谈到非白人男子与他们的身体有着更紧密的关系,不恰当地将之作为灵感源泉,这实际突出了英国反性别主义男子运动中缺乏黑人和亚裔男子的参与。

实际上,改革男装并不容易。回想起曾有男人用手在他裙子上摸来摸去，约翰·科尔文很惊讶他竟会遭到男人不同程度的性骚扰。作为穿着裙子的男子，他表示：

> 穿着裙子走在大街上的现实是，很危险。这每次都是政治行为。你必须自信，能随机应变；你会被骚扰，被辱骂；大体说来，我从未遭到过任何一位女性的辱骂，但是许多男人都骂过我。[34]

一些反性别主义男子因与妇女运动的联盟与联系而受激励，试验了雌雄同体与异装。另有一些男子穿上了半身裙、连衣裙、胸罩，因为他们想表达自己是酷儿或同性恋。还有一些男子感觉自己的性别出了错，认为自己应是女子。所有这些不同群体颠覆男性着装方式的努力都有力地证明，无论是男是女，要想以有悖性别标准的方式呈现自我都困难重重。穿上女子衣装或是"另类"时装的男子往往发现这会很危险。但他们很少会承认，妇女和非二元性别的人每天都会遭到类似的骚扰。雪上加霜的是，如果妇女"挑逗性地"穿着短裙，司法机构将拒绝以强奸罪或袭击罪起诉加害者。

戴头巾的时尚达人

妇女的衣装往往通过面纱、斗篷等方式遮挡身体，它们特意为妇女提供保护，使她们免于在大街上、工作场所遭到恶语或虐待。尽管这些自我保护的策略常被解读为压迫，但它们潜藏着女性主义思想。法国裔秘鲁作家弗洛拉·特里斯坦1833年至1834年到访秘鲁，她在利马遇到了裹着saya、罩着manto——遮盖了她们上半身和头部的衣服——的妇女。manto是一种黑色罩袍，裹住上半身，而saya则遮蔽妇女的头部、嘴部和一只眼睛，特里斯坦描述这样的装扮"既经济，又整洁、方便，基本不需要打理，随时可以罩上"。

特里斯坦强调这种衣装赋予了妇女伪装的力量和自由：

> 利马的女子，不管她在生活中处于什么地位，始终都是**她自己**；她从不受束缚。她是个小姑娘的时候，衣装给了她自由，让她可以摆脱父母的控制。长大嫁了人，她不需要冠上夫姓，她保留自己的姓氏，始终保持着独立自主。

特里斯坦描述，秘鲁的妇女可以在利马的大街上自由来去，可以与男士交谈、调情：

> 这些女士独自一人去剧院，去看斗牛，去公共聚会，去舞会，去公共场所散步，去教堂，去串门，几乎去哪儿都可以。如果遇到她们想聊两句的人，她们便会与之聊天，聊完离开，她们在人群中仍是自由、独立的个体，比那些脸上无遮蔽物的男人还要更自由、独立。

尽管热衷于此，特里斯坦持有的仍是人们所熟悉的文明等级思想，认为欧洲优于世界上的其他地方。特里斯坦相信，秘鲁妇女"与欧洲妇女相比，在道德方面要差一些"："这些人所达到的文明程度与我们欧洲人所实现的文明程度还相差甚远。在秘鲁,没有一所机构为男性或女性提供教育……"特里斯坦将利马的妇女自由视为道德的萌芽期。她或许还天真地认为简单的一副面纱就能实现自由。秘鲁的司法体系并不承认妇女的公民地位,秘鲁社会也是由保守社会机构和大地主控制。正如二十世纪初期秘鲁女权主义主张所揭示的,这绝不是一个妇女已经获得解放的社会。譬如秘鲁女权运动者玛丽亚·赫苏斯·阿尔瓦拉多·里维拉(María Jesús Alvarado Rivera,1878—1971)1924年因宣扬妇女权利运动而被捕入狱,其后又被迫流亡。尽管如此,特里斯坦的观察还是颇为重要,因为长久以来戴面纱引发了深层争议——面纱往往被视为父权制的工具。这些争议在涉及伊斯兰社会中的做法时尤为突出。事实上,特里斯坦警觉地发现了秘鲁风俗与许多伊斯兰国家戴面纱的传统之间具有相似之处。她总结说,在秘鲁,"所有妇女都戴面纱,不管她们属于哪一个阶层;这得到了人们的尊重,是这个国家风俗的一部分。这就像东方穆斯林妇女戴面纱的风俗一样"。[35]

特里斯坦的评论与更早期的一位旅行者——英国贵族书信作家玛丽·沃特利·蒙塔古夫人(Lady Mary Wortley Montagu,1689—1762)的评论异曲同工。作为英国驻土耳其大使的妻子,玛丽夫人观察了奥斯曼帝国妇女的生活。她努力驳斥欧洲人中流传的一些关于穆斯林妇女地位低下的观念,譬如,欧洲人认为,在穆斯林的文化中,妇女没有灵魂。通过观察穆斯林妇女以及她本人的实践,她也支持戴面纱。与特里斯坦相似,玛丽夫人也认为面纱可以被接受,因为它可以让妇女匿名。[36]后来的运动也欣然接受中东地区的时装自由。阿梅莉亚·布卢默夸赞她所设计的裤

图 5.5 裹头巾、穿罩袍的女郎,利马,约 1860—1880 年。

装时提出,她的灵感来自"穆斯林"。1851年,旧金山一家报纸描述布卢默的一位美国追随者"华美地穿着一条黑色缎面半身裙,非常短,下面是平滑的红色缎面裤子,披着华丽的黄色绉纱披肩,头上包着丝质头巾,仿照了土耳其妇女的装扮"。[37]

尽管有人发声支持伊斯兰服饰,但非穆斯林观察者描述穆斯林妇女生活的时候往往将之描述为受压迫的生活。整个十九和二十世纪,许多西方评论者都认为穆斯林妇女的闺阁和头巾象征着她们需要世俗女性主义的"拯救"。穆斯林妇女本身有时也会批评她们的服饰,尽管另有一些人认为伊斯兰服饰赋予了妇女权力。在埃及和其他伊斯兰国家围绕戴面纱出现的极具争议的政治观点解释了为什么数十年来包裹头部会造成两难的境地。

覆面纱、民族主义与殖民凝视

1799年,拉希德妇女大会上围绕"妇女问题"进行的讨论表明埃及有着悠久的性别质询史。这个过程往往由富裕的和上层阶级的妇女主导。十九世纪和二十世纪初的埃及,到处可见妇女文学沙龙、文化沙龙,主办者包括纳兹莉·法齐尔公主(Princess Nazli Fazil,1853—1913)和黎巴嫩的玛伊·齐亚达(Mayy Ziyadah,1886—1941)。她们的沙龙为女性和男性提供了直接进行思想交流的空间,他们在此讨论社会、政治、文化和性别方面的问题,这样的活动试验性地扩展到了其他更广的圈子。1914年,妇女教育协会在开罗成立,为妇女提供关于妇女问题的公开讲演。这是对1908年成立的埃及大学不招收女学生做出的回应。

此外，妇女积极参与各种慈善组织，也经此进入了公众领域。这些慈善组织都是由上层阶级和中产阶级妇女建立并运营的，组织的出资人为埃及贵族妇女。它们向贫穷的妇女和儿童提供医疗服务、收容所和孤儿院。尽管这些主要是慈善活动而非直接的女权活动，但它们在扩展妇女参与公共生活方面起着重要作用。它们使一些妇女在一定程度上跨越了性别界限，这些界限将明确的家庭私密领域与公民活动和商业活动领域分隔开。即便妇女承担的大部分角色似乎都与家庭领域对他人的养育和照料相关，但她们还是突破了家庭的局限，积极参与到社会问题的讨论与解决中。埃及精英妇女对社会与政治问题的积极参与体现为她们努力争取将妇女权利纳入1923年宪法。此前经过1919年革命，埃及宣布成为独立国家。但直到1952年推翻君主政体，性别平等问题才得到宪法保障。

埃及活动家胡达·沙拉维（Huda Sha'arawi, 1879—1947）出生在埃及上层阶级家庭，她家实行让妇女与世隔绝并戴面纱的做法；她在13岁时嫁给了一位表亲。但沙拉维并没有过着禁闭式的生活。她凭自己的实力获得了正规教育，用法语和阿拉伯语写作并出版自己的创作，组织了女童教育，经常与丈夫分居。她的政治活动植根于民族主义，她领导组织了1919年反英抗议活动中的妇女运动，这场抗议活动使埃及获得了半独立，形成了埃及王国。1922年，沙拉维的丈夫去世，她开始抵制穆斯林妇女因出门戴头巾所形成的与世隔绝状态。1923年参加完在罗马举行的国际妇女选举权联盟大会后，她与萨伊扎·纳巴拉维（Saiza Nabarawi）一起返程。到达开罗火车站后，她故意取下了遮在脸上的面纱，这让她出了名。

第五章 外表

与沙拉维同时代的欧洲人支持她摘面纱的行为,认为这是埃及妇女前进的重要一步,尽管二十世纪初期埃及的实际情况是,大多数乡村和工人阶级妇女根本不戴任何面纱。对沙拉维本人来说,摘掉面纱不是什么大事,此后不久刊发在《国际妇女选举权新闻报》(*International Woman Suffrage News*)上的一篇文章根本都没有提及此事。不过,她强调了她在 1923 年创立的埃及女权同盟。[38]沙拉维出版了女性主义杂志《埃及人》(*L'Egyptienne*)和《埃及妇女》(*el-Masreyyah*),将她的运动重心放在改革家庭法和帮助妇女获得受教育机会上。她与国际妇女组织如国际妇女选举权联盟等密切合作。国际妇女选举权联盟是 1904 年成立于柏林的有影响力的国际组织,旨在于世界范围内争取妇女选举权。到 1929 年,国际妇女选举权联盟已有来自 51 个国家的代表加入,其定期代表大会会讨论经济、教育、道德、妇女政治权利等问题,努力呈现选举权与更大范围的妇女解放的关联性。联盟的月刊《选举权》(*Jus Suffragii*)用英语和法语两个版本记录了全世界的妇女运动。通过国际妇女选举权联盟这个国际组织以及她在本国内的活动,胡达·沙拉维成为极为引人注目的埃及女性主义者代表。她为赢得妇女自由和权利而做出的长期努力都记录在她的《我的回忆录》(*Mudhakkirātī*)中。这部回忆录被翻译成英语时却被安上了一个东方化的标题《闺阁岁月:一位埃及女权主义者的回忆录》(*Harem Years: The Memoirs of an Egyptian Feminist*)。尽管沙拉维参加了许多公开的女权运动,但如果不借助与世隔离和戴面纱的形象,以英语为母语的读者很难想象伊斯兰国家的妇女是什么样子。沙拉维嘲笑了西方人对面纱的迷恋,她称"无知的面纱"遮蔽了西方妇女对埃及妇女的看法。

沙拉维或许并没有将戴面纱当成主要攻击对象，但它是许多穆斯林妇女始终关心的重要问题。纳奇拉·扎因丁（Nazira Zain al-Din, 1908—1976）出生在黎巴嫩知识分子家庭，她既有穆斯林教育背景，也有天主教教育背景。二十世纪二十年代，她公开反对伊斯兰当局要求戴面纱的做法，彼时她还只是个十几岁的少女。她在出版于1928年的作品《覆上面纱与揭开面纱》（Veiling and Unveiling）中质疑叙利亚神职人员，因为他们支持妇女裹上扎因丁所称的"全方位包裹的黑色布料和面纱"。她将服饰限制与穆斯林妇女面临的其他身体限制相联系，提出伊斯兰教神职人员"想让面纱成为闺房的围墙，妇女只有步入坟墓时才能揭开面纱"。在她的解释中，伊斯兰教经文与妇女自由思想是完全相容的。经文是以男人和女人都拥有的天生的意志自由与思想自由等观念为基础的；她在《古兰经》中并没有发现任何提及覆盖面纱的文字。扎因丁支持提高伊斯兰教国家母亲的地位，强调《古兰经》维护妇女的财产权利、离婚权利，以及禁止杀害女婴。与她同时代的和早先的许多其他女权主义论辩文章一样，《覆上面纱与揭开面纱》将妇女定位为天生拥有理性能力的人，将妇女的不足归咎于无法接受教育。与她同时代的许多民族主义者一样，扎因丁认为限制妇女的国家必然会在与其他国家的竞争及获得独立的斗争中虚弱无力。

在培养出如扎因丁和沙拉维等妇女活动家的殖民背景之下，我们很难找到不提殖民问题却还能倡导妇女自由的方式，无法不将妇女自由问题当成被殖民者的"原始落后"问题。女性主义似乎被用来以西方的方式实现本国的现代化。扎因丁的反对者指责她让传教士支配她书中的内容。尽管她在1929年对此批评进行了反驳，出版了《女孩与酋长们》(The Girl and the Shaikhs)一书，但此后她再无任何作品出版。

面纱始终是个复杂的象征符号。在一些女性看来，这是一种文化与精神习俗，与妇女组织公共活动并不相悖——事实上，它已被欣然接受为使这些组织活动成为可能的习俗。埃及的一些人，如受过良好教育的宰纳卜·加扎利(Zainab al-Ghazali, 1917—2005)在激进伊斯兰和社会公正的旗号下组织起了埃及妇女。加扎利先前是沙拉维组织的埃及女权同盟的成员。受伊斯兰教赋予妇女的强烈家庭权利感的驱使，她在二十世纪三十年代创立了穆斯林妇女协会，该组织后来变成了穆斯林姐妹会。[39]她的这些组织发起的运动旨在争取于伊斯兰教内部实现两性的精神平等，不过，她也谨守妇女顺从于男性的戒律。这并不妨碍她为广大观众讲演并出版大量图书。加扎利因其激进主义在监狱里待了很久，其主张中的伊斯兰教内容与女性主义思想让这世俗-民族主义的埃及当局不安。

1956年，贾迈勒·阿卜杜勒·纳赛尔(Gamal Abdel Nasser)政府颁布宪法，埃及妇女获得了选举权，平等权利得以保障。在转向以"民族振兴"思想为基础的"国家女性主义"的过程中，妇女地位成为纳赛尔泛阿拉伯主义世俗现代化计划的一部分。在这样的民族主义现代性中，面纱是落后时代的象征；而妇女参与雇佣劳动被优先当作通往民族建构的关键道路。[40]不过，信仰在妇女生活中起着什么样的作用，埃及社会对此并没有共识。到二十世纪七十年代，复兴的伊斯兰运动开始推动建立所谓的"纯正"伊斯兰，而非"西方化的"伊斯兰。二十世纪七八十年代，大量的埃及妇女欣然戴上了头巾，大学校园里的年轻女性尤为如此。印度尼西亚也出现了相似的潮流，这里的妇女穿戴吉尔巴布(jilhab)——印度尼西亚版的合身头巾。新兴的伊斯兰学生运动推动了这些潮流，该运动质疑1966年至1998年统治印度尼西亚的苏哈托政府世俗化、军事化的"新秩序"。[41] 被称为busana Muslimah的"端庄的"伊斯兰时尚涌现，取代了先前要求简朴虔诚的着装方式。受开罗、吉达出现的最新时尚的影响，印度尼西亚出现了本国风格的时尚。穿着飘逸的长裤、无袖上衣，戴着各式各样的头巾，这些构成了穆斯林时尚。这种时尚融入虔诚的宗教服饰样式，既表达了民族主义情感，也表达了宗教情感。[42]

1936年，西方支持下的伊朗残暴独裁者礼萨·沙阿·巴列维(Reza Shah Pahlavi)政府禁止妇女戴头巾，但遭到了国内的强烈抵制。对于伊朗妇女来说，戴头巾意味着她们支持1979年革命，这也是她们在新的"伊斯兰现代性"的表述中要求获得选择自己"外表"的权利的方式。但她们很快就清醒地认识到，伊朗伊斯兰革命当局反对妇女参与公共生活，他们以戴面纱的法令暴力实行性别隔离，要粗暴地将妇女移除出公共生活。在巴基斯坦，齐亚-哈克将军统治下的军事政权颁布了相似的强制伊斯兰化举措，它们对妇女在1977年后工作和栖居公共空间的合法权利构成了严峻挑战。1987年，巴基斯坦妇女行动论坛中的一群女性因为国家分发用以遮盖头部和上身的罩袍(chadors)和头巾(dupattas)而被激怒。她们自1981年起便积极发起各种运动维护家庭法中的妇女权利，尤其对妇女因被指控通奸——广泛被亲属利用来控制妇女行为——而遭到逮捕和拘留提出了异议。她们中的一位成员拉拉·鲁克(Lala Rukh)回忆自己非常喜欢穿上"漂亮的"罩袍，但她不要被强迫穿。这群妇女烧了她们的头巾以抗议当局为巴基斯坦妇女残酷营造出充满敌意的司法与文化环境。[43] 1987年,阿富汗妇女革命联盟(RAWA)的创立者米娜·克什瓦尔·卡迈勒(Meena Keshwar Kamal,1956—1987)在巴基斯坦遇刺身亡。阿富汗妇女革命联盟的各成员自1977年起便一直在喀布尔致力于妇女识字和妇女就业等工作,开展反家暴运动。联盟发现,在充满危机、不安定的阿富汗社会中,可以遮蔽全身的罩袍是私运相机和她们油印的期刊《妇女讯息》(*Payam-e-Zan*)的有效方式。她们反宗教激进主义、支持民主的女性主义政治主张使她们既与苏联占领军也与圣战组织的抵抗者为敌,付出了致命的代价。米娜流亡巴基斯坦,但这并没能保护她免遭或许是国家指使的刺杀行动。[44]

一些伊斯兰教徒狂热地反对女性主义,他们为之贴上了堕落的"西方"的标签;另有一些伊斯兰教徒则呼应了加扎利的观点,将她们的女性主义思想建立在《古兰经》以及她们通过伊斯兰教的各种风俗习惯获得权力的日常生活体验的基础之上。[45] 像所有世界主要宗教一样,伊斯兰教在不同的地方和不同的历史时刻经历了一系列阐释。在伊朗伊斯兰共和国,尽管1979年革命后的修辞和司法改革的目的都是限制妇女,让她们罩上面纱,但还是有越来越多的妇女出现在公共生活和文化生活中。兹巴·米尔-侯赛因(Ziba Mir-Hosseini)提出,戴面纱使伊朗妇女得以进入公共生活的各个领域。她指出,革命初期开始的禁令已逐渐瓦解,妇女可以成为法官,可以学习工程学等学科。而到了二十世纪九十年代,伊斯兰教教法得到重新阐释,妇女自主权、免受暴力、有权进入公共领域等女性主义主张被写入其中。[46] 从二十世纪八十年代开始,设计者和制造商开始设计并生产时尚的伊斯兰妇女服

图5.6 阿富汗女性主义者米娜·克什瓦尔·卡迈勒在演说,1982年。

饰，这受到了一些女性的欢迎，她们认为这给了她们迷人的"外表"；伊斯兰妇女服饰也标志着伊斯兰教复兴，成为更有影响力的政治、文化力量。

仇视伊斯兰教的各项活动仍然普遍声称其动机在于"解放妇女"，譬如过去十年间，法国、荷兰、比利时、奥地利、丹麦、新西兰等国的公共场所禁止戴面纱，出现了骚扰戴面纱的女性的行为。这些禁令所造成的象征性和实际性的暴力在2015年的法国沙滩节上得到了证明。当时，武装警察被召集去强制执行市政府禁止穿"布基尼"——一些穆斯林妇女穿的包裹全身的泳装——的法令。警察粗暴的干涉导致沙滩上的穆斯林妇女被迫脱掉了她们不性感的泳装，但他们的粗暴干涉与市政禁令所称的女性主义动机并不吻合。尽管在2020年新冠病毒肺炎疫情期间，人们被强制要求戴口罩，但法国仍极有争议性地支持禁止戴面纱的法令，这也表明穆斯林妇女面临着惩戒性歧视。

对于那些决意要将仇视伊斯兰教与女性主义相结合的人来说，面纱仍然是他们号召众人的集结点，他们从贝尔·胡克斯提出的"帝国主义的凝视——试图支配、征服、殖民的目光"中汲取了力量。[47]尽管人们长久以来一直宣称宗教必定是父权制的，但从全球来看，女性主义却从来都不是独具世俗性的运动，而宗教动机有着触发女权运动的悠久历史。

伊斯兰女性主义有着悠久的传统，十九世纪后期的中东、南亚、东南亚的穆斯林强烈支持妇女权利，支持妇女教育。如果像许多批评者所做的那样，认为穆斯林妇女包裹头巾或戴面纱是男性征服女性所强加的必然结果，那就忽视了妇女自身的选择意识,忽视了她们遮蔽头部的各种复杂原因。这种想法将单一的父权制立场归因于伊斯兰教,这是过去的评论者不会接受的。实际上,对于十九世纪和二十世纪的许多运动者来说,虐待妇女的不是伊斯兰教而是其他宗教传统,她们尤其强烈反对印度教教徒、锡克教教徒和罗马天主教徒的做法。在其他时刻,被归结为反女性主义的不是各种宗教,而是各个民族。1917年,美国加入第一次世界大战抗击德国,《纽约时报》刊发了《德国憎恶女权主义》("Germany Hates Feminism")的头版文章。该报编辑们则将美国美化为"女权主义的乐土,享受特殊优待的女子的乐土"。[48]不同的宗教或民族会被描述为支持女性主义还是反对女性主义,这其中存在着巨大的历史多变性,而且,任何这样的描述都不可只看表面。但从二十世纪七十年代后期开始,西方社会称伊斯兰教本质上是宗教激进主义及反女性主义,这一描述背后不断发展的势头使以下工作变得极为重要,即突出历史上存在的伊斯兰女性主义,突出穆斯林妇女曾要求或抵制包裹头巾、覆上面纱的不同态度。

在世界各地,妇女在选择她们展现给别人的外表和拒绝接受社会要求她们展现的外表方面始终不得不谨慎小心。妇女选举权运动者一面享受着十九世纪四十年代以来美国服饰改革者所倡导的"自由套装",一面又为了增加她们的影响力而不越过自我展示的传统疆界,在这两者之间走钢索。主张妇女选举权的演说家苏珊·B. 安东尼发现,她穿短裙时,"我的听众的注意力集中在我的衣装而不是我的言语上"。[49]她选择了穿长裙,尽管长裙限制了她的行动。服饰改革仍受激进妇女的欢迎,但对于那些更接近传统权力的妇女来说,服饰改革带来的是注意力的转移和危险。

2016年,希拉里·克林顿在美国总统大选中的经历提醒我们,妇女衣装在二十一世纪仍会引起不必要的注意。希拉里选择了"裤装套装",认为"它们让我感觉更职业化,随时可以出发"。她还喜欢穿"制服",这样她的着装方式就不会分散记者的注意力,让他们可以关注她演讲的内容,并防止"偷拍裙底"的阴暗做法。尽管如此,对希拉里的新闻报道还是没完没了地批评她对服装的选择,要么说她看上去太男性化,要么说她穿得太随意。

尽管妇女在公共生活中面临的是充满敌意的环境,但有时候即便是在极不可能的环境中,妇女还是让自己的声音受到了关注。妇女解放运动者基本将选美小姐当成父权制的受害者,将她们描绘为绵羊或奶牛。但在2017年11月的秘鲁小姐选美大赛上,参赛的模特穿着闪亮的金色衣裙走向了麦克风。她们一个接一个地大声宣告她们的姓名、她们所来自的地区,还有她们的"数据"。她们每个人所报出的不再是胸围和腰围,而是重要的数据:她们所居住的区域和城市中被杀害的妇女的数量,被施暴的儿童的数量以及家庭暴力的比例。这场抗议活动受到了带有♯NiUnaMenos(一个都不能少)标签的更大范围的抗议活动的启发。"一个都不能少"的抗议活动突出了拉丁美洲妇女普遍遭受的家庭暴力和谋杀,引发了大规模的抗议游行。将选美竞赛场景中似乎满足了男性凝视的年轻女子的身体与女性遭受侵犯的可怕清单并置,这引发了争议。一些抗议者认为,将女性主义与商业化的、公司化的选美比赛相结合,这令人难以接受。但正是这种并置,正是通常沉默、被漠视的模特的声音让这次活动有了影响力。它有力地提醒人们,女性主义可以吸收诸多不同的平台、不同的声音,"女性主义者的样子"可以涵盖选美竞赛的头冠、头巾及"自由套装"。

第六章
情　感

情感一直以来都是重新思考性别秩序,传递女性主义紧迫感的诸多努力中的一部分。我大概是在15岁的时候第一次读到一本女性主义出版社,也就是悍妇出版社出的书,书脊是清晰可辨的绿色。这本书的书名是《我的光辉生涯》(*My Brilliant Career*),作者是迈尔斯(斯特拉)·富兰克林[Miles (Stella) Franklin]。该书描写了一位澳大利亚反叛者,她公然反抗传统,要摆脱单调乏味的工作,坚持自己写作的权利。《我的光辉生涯》出版于1901年,当时作者本人也只有16岁,她假借男子之名出版了这部作品。作者不愿创作那种男女浪漫爱情故事,虽然相隔千山万水,跨越数十寒暑,但她的这种做法实实在在地表达了我本人的情感。几年之后,读到西蒙娜·德·波伏瓦写于二十世纪五十年代的《名士风流》(*The Mandarins*)时,我再次深深着迷。《名士风流》记述了波伏瓦跨越芝加哥和巴黎的紧张又难堪的爱情。我是偶然在南非的一家图书馆看到的这本书,它将我的情感带入了一个严格审视两性关系的世界。这些书帮助我这个十几岁的少女确立了与女性主义之间的情感联系,即便我的一位老师问我是不是"胸罩焚烧者"时,我根本不知道他说的是什么。

就女性主义历史来看，女性主义者的要求具有典型特征，即她们不仅能激发强烈情感，也会将情感策略作为其思想的一部分。何塞法·阿马尔创作于1786年的《捍卫妇女才能及她们在政府管理及其他男性担任的职位方面的能力的论述》是为声明妇女具有理性，也是在大胆宣称，妇女有享有幸福的权利。阿马尔或许受到了《美国独立宣言》中所声称的人生而享有幸福的权利的思想影响。情感在十八世纪后期的政治中具有关键性作用，无论男性还是女性，都可在公共生活中公开表达各种情感。尽管在十九世纪，人们并不接受公开表达情感的行为，但各种情感仍在政治生活中保持着重要性。幸福感的缺失是十九世纪妇女受压迫的典型标志。亨利克·易卜生笔下的女主人公娜拉说她住在父亲和丈夫的房子里时，拥有的只是欢乐，并不是幸福。在这位挪威作家1879年的戏剧《玩偶之家》中，娜拉心甘情愿地走出幼稚的"欢乐"婚姻，在十九世纪的思想家们看来，这是女性自由最不朽的形象，在二十世纪仍能引发共鸣。易卜生的戏剧是1911年《青鞜》(《蓝袜子》)杂志的编辑们最早翻译成日语的文本。早在1892年，《玩偶之家》便被翻译成西班牙语，1918年被译成汉语，1923年被译成孟加拉语和印度西部的古吉特拉语，1938年被译成印度语。《玩偶之家》和娜拉的反叛成了永恒的世界性标志，在世界各地被用来阐述，所谓妇女解放，就是妇女有权获得幸福与实现自我。

后来各种形式的女性主义也将情感作为她们的政治阵地。旧金山妇女组织"拍落的泡沫"(Sudsofloppen)的丘德·帕梅拉·艾伦在1968年写道：

第六章 情感

> 我们的社会让我们远离我们的情感……我们必须要了解我们自己,必须为了我们的精神健康而保持我们的情绪,加强与我们情感间的联系。我们最要关心的不是这些情感是好是坏,而是这些情感是什么。情感是一种现实,否定它们的存在并不会就此摆脱它们。相反,只有承认它们的存在,人才可以开始应对各种不同的情感。[1]

"拍落的泡沫"——这是个无意义的名字,之所以选择这样一个名字,是因为如此人们就很难将其成员归类——建议解放最好是通过小型集会进行。在这些集会上,妇女可以讲述她们的经历,分享"每个个体生活中所遭遇的不同形式的压迫"。这种"唤醒觉悟"或"自我意识"(autocoscienza)的模式长久以来一直与意大利和美国妇女解放相关,但它也有另一个灵感来源,即毛泽东时代的"说悲苦"。毛主席曾有一个著名的论断——"妇女能顶半边天"。这一模式主张先说出自己所遭受的压迫,之后再采取集体行动。这一思想的追随者有时将这个过程说成是"说苦忆苦"。

在共产党领导下的中国和越南,妇女通过以上方式赢得解放、获得权利,这鼓舞了二十世纪六七十年代澳大利亚、古巴、法国和西德的女性主义者。妇女活动家到访中国,创作出了不少重要文本,包括1973年出版于法国的克洛迪·布鲁瓦耶勒(Claudie Broyelle)的《半边天》(*La Moitié du Ciel*)。这部畅销作品很快被翻译成德语、西班牙语和英语,影响遍及欧洲、中美洲和拉丁美洲。布鲁瓦耶勒强调共产主义妇女享有独立自主的权利,可以依据自己的情感言说和行动,她宣称这些方法是一种全球女权主义实践。[2]美国活动家卡罗尔·哈尼什(Carol Hanisch)深受影响,她将"说苦忆苦"

与黑人民权运动的"实话实说"概念相关联。1970年,她创造出女性主义口号"个人的即政治的",言简意赅地总结了这一观点。[3]

这些举措从来都不是放弃更广泛的政治批评而聚焦个体情感,相反,情感对阐明妇女压迫的结构性本质、对迫切地进行妇女解放极为重要。对"拍落的泡沫"组织来说,通过"加强意识",

> 我们本能地理解了我们过去常常只是口头说说的东西:在这个社会,做女人没办法,谁也解决不了这个问题。我们认识到,如果我们不去改变社会,最终我们会被这个社会毁掉。[4]

本章探讨那些构成女权运动基础的直觉感受和女性对新"感觉方式"的政治要求。研究女性主义的历史学家已经开始重新关注妇女运动中各种情感的极端重要性。女性主义始终被描述为"激情政治",与愤怒感——女权运动中核心的强烈情感——相关。愤怒会让人想到对妇女运动者的刻板形象,有时指涉的是极具破坏性的、痛苦的个人经历。但若仅仅突出愤怒,那就会忽视另一种同样重要的女性情感——爱。一些人认为,母爱是最卓越的爱与关怀,这是独一无二的女性情感,在女权运动中处于中心位置。其他人则认为,女性主义意味着女子间的温暖、友谊、信任、欲望,它们都是女性主义变革的重要载体。

女权主义者的愤怒

1883年10月12日,一位20岁的女子在日本大津登上公共讲台，表达她对妇女生活受限的愤怒。岸田俊子（Kishida Toshiko，1863—1901）拥有一定的社会地位，她的声音能够让公众听到。她生于京都，家族系出名门；她本人做过私人教师，与明治时期日本皇室的皇后关系密切。在明治时期（1868—1912）的政治动荡期间，岸田俊子开始进行公开演说，为争取妇女权利发声。政府早已不再奉行早期的闭关锁国政策，不再实行严格的社会等级制，这让许多"现代化"党派有了希望，认为日本正进入变革期。岸田俊子形象地描述妇女就像是生活在"各种盒子"里，必须完全顺从于父母的种种要求，活动范围局限于家中。她宣称，在这样的条件下养大女儿就像在盐中养花。这充满无望感的比喻表达了她对作为女儿、妻子、小妾的女子们的从属地位感到怒不可遏。

岸田俊子演说的内容令当局无法容忍。事实上，我们会获知她的演说内容还是因为警方的告密者对之进行的记录。岸田俊子因为未获准许进行演讲而遭到逮捕，在监狱里被关押了八天。明治政府严厉打击对政府的批评，尽管明治维新给了人们变革的希望，但1890年后的新立法禁止妇女参与任何政治活动。直到1922年，日本妇女才被允许出席政治会议。即便限制妇女参与政治活动的禁令已被废除，反对妇女干预公共事务的怒火却极为旺盛，出现了暴力形式的反对举动。伊藤野枝（Itō Noe，1895—1923）作为《青鞜》杂志的编辑，积极参与了1911年至1916年日本女性主义思想的出版工作。1923年被捕后，她被一名警察勒死。

"盐中的花朵"是震撼人心又令人痛苦的意象；后来的日本女性主义者继续使用具有浓厚象征意味的比喻来表达她们的愤怒。

田中美津（Tanaka Mitsu）是日本妇女解放运动的杰出参与者，她在1970年8月散发了一份早期的宣言，题为《从厕所中解放》（"Liberation from the Toilet"）。这份手写的宣言在东京举办的亚洲妇女反歧视大会上发表。它坚定地宣告，妇女不会再满足男人的性需求，好像她们退化为了如厕所般的容器一样。美津受到了黑人民权运动作家如安吉拉·戴维斯（Angela Davis）的影响。她们的运动打出了"黑肤色就是美"的口号，美津也试图使用相似的口号，重新挪用卑贱女（onna，性事上活跃或放荡的女性）形象，宣称"女人就是美"。她的写作也吸收了威廉·赖希阐述的关于性解放的流行观点，强调女人的身体是压迫和解放的阵地。美津提出，女性主义应以"自阴道言说的真相"为基础，她还认为妇女的子宫"孕育着怨恨"。妇女和女孩在日常生活中被视为男性欲望的对象，美津对此感到愤怒，但她表达愤怒的方式并非塑造爱好和平的妇女形象。相反，作为性虐待的幸存者，美津为妇女开辟了一个空间，让她们发泄"独立思考的子宫，在其孕育的子女血液中叫嚣着复仇、打下复仇印记的子宫"所隐忍的暴力与激愤。[5]

愤怒感是世界范围内的妇女解放运动者唤起的一种强大动力。它也引发了人们的争论，即暴力是否可以成为妇女抗议活动的合法形式，是否可以成为表达愤怒的具体形式。二十世纪七十年代初，小型恐怖组织"联合赤军"的行动丑闻震撼了整个日本。组织领导人永田洋子（Hiroko Nagata）1972年2月参与了一场成员暴力清洗，导致12人丧生。永田洋子被捕，成了媒体报道中的妖魔，被判谋杀罪。她的行为让人们思考妇女解放运动中政治暴力的限度。田中美津尽管厌恶永田洋子的行为，还是对她表示了支持。对洋子的新闻报道让美津愤怒，因为报道中的洋子被普遍描述为怪物,而联合赤军组织的男性领导人则得到了读者更多的同情,认为他们的行动受意识形态驱使。美津理论道,洋子是个女人,一个卑贱的女人,应该得到全体妇女的支持,因为妇女都有施暴的能力。

这个论点导致妇女解放运动为那些引起争议又极具悲剧性的妇女案件发声,这些案件中的妇女杀死了她们自己的孩子,二十世纪七十年代的日本对此有大量报道。她们发现,如果杀了孩子的是父亲,报道对他们的描写并不如对杀子女的母亲的描写那么负面。她们解释道,母亲的暴力源于陷妇女于依赖性中的社会体制。[6]像妇女运动中的许多妇女一样,日本妇女本身并不愿意使用暴力。与我们第七章会谈到的女性主义恐怖分子不同,她们的行为只是象征性的暴力。譬如1974年,《蒙娜丽莎》画作在东京国家博物馆展出时,女性主义者向(外有玻璃罩的)画像喷洒红漆,以抗议禁止残疾人和怀抱婴童的人参观画展的规定。

愤怒不仅仅如美津所描述的,是妇女挑战男性和父权制的力量,它也是女性主义者之间会爆发的情感。引发愤怒的动因很多,但二十世纪后期一种始终存在的愤怒来自被边缘化的同性恋妇女,她们所面临的是主要由异性恋主导的运动。美国的妇女解放运动者早已发现妇女间的分歧与冲突,她们在1969年举行了"联合妇女大会",希冀能弥合差异。她们希望妇女间能实现和解,但这些希望或许太过天真。同性恋妇女对美国全国妇女组织的创始人贝蒂·弗里丹(Betty Friedan, 1921—2006)所表现出的对同性恋的恐惧与厌恶极为愤怒。弗里丹此前描述同性恋妇女是"紫色威胁",认为她们威胁到了妇女运动的团结,影响公众对妇女运动的接受。她用了具有煽动性的修辞,称她们是卧底,"挑起混乱,煽动极端,拨动性政治中的分裂音符——'打倒男人,不养孩子,不做母亲!'"弗里丹认为女同性恋者"试图在性取向中构建出一套政治意识形态",是在分散"政治主流的力量"。[7]

女同性恋者不愿意为了团结而接受妇女模式化的形象,也不愿意为了不造成主流媒体的惊愕而保持低调。1970年的第二届联合妇女大会成了女同性恋反对运动攻击的目标,这绝不是偶然。"激进女同性恋"组织成员穿着紫色T恤,上面绘制着醒目的"紫色威胁"字样,她们占领了会议厅,让大厅陷入一片黑暗。她们上演了一场戏剧性的舞台强制接管行动,重新打开大厅内的灯后,她们号召妇女代表加入她们。她们还散发了她们的宣言《身份认同为女人的女人》("The Woman-Identified Woman")。这份宣言表达了她们的情感,表明了愤怒是她们行为的核心:

> 什么是女同性恋?女同性恋是将所有妇女的愤怒浓缩至爆炸点。她是一个女人,往往从很小的年纪开始就依照她内心的冲动行事,想要成为更完整、更自由的人,而不是成为社会想要她成为的人。在许多年里,这些需要和行为让她陷入与周围的人、环境,以及人们所接受的思考方式、感知方式和行为方式的痛苦冲突。这令她痛苦万分,最终她与周围的一切,通常与自己,处于无休止的战争状态。[8]

尽管她们是因为弗里丹的描述和评论才会公然表达她们对弗里丹及其追随者的愤怒,但这里要强调的是自我憎恶在妇女内心发挥作用的阴暗方式,"在她意识的边缘之下,毒害她,使其疏离于自我,疏离于自身的需求,使她成为其他妇女眼中的陌生人"。

图 6.1 1970 年,第二届联合妇女大会上"紫色威胁"运动的三名参与者。

社会化长久以来始终遏制妇女，不让她们表达愤怒，令愤怒难以为一些女性所用。正是使愤怒正常化的努力促使一群女同性恋者——她们中的一些人参加了1970年的"紫色强制接管运动"——于1971年在首都华盛顿组成了一个名曰"复仇女神"（The Furies，源自希腊复仇女神）的团体。她们创办了一家期刊，1973年前一直刊印文章探讨分离主义思想，将分离主义视为解决女人与男人、女人与其他女人之间争端的方式，由此限制愤怒可能带来的伤害。"复仇女神"宣称：

> 就个体而言，憎恶男性具有破坏性，因为女子将她的经历浪费在了憎恨男人上……谁会想要将生命浪费在愤怒、痛苦、复仇上？[9]

一些女性主义者希望分离主义能更大范围地融入妇女运动，她们提出了"政治女同性恋主义"的概念，认为这是所有女性都必须持有的立场。"国际女同性恋集体恐怖"组织（CLIT）由纽约的一群女性组成，她们1974年在女性主义期刊《挣脱》（*off our backs*）①上发表了一篇爆炸性的文章，挑战"直"女（女异性恋者）：

> 直女的危险在于她们的伪装。她们看上去像女人。有时候她们身上残存的女婴气息可以短暂散逸而出。但是当那一瞬结束，她们很快就又变回可恶的爸爸为她们设定好的模式，或许到了此时，经过千年来男人对弱小又愚蠢的女人

---

① 期刊全称为 *off our backs: A Women's News Journal*，也直译为《从我们的背上下去：女性新闻刊物》。

第六章 情感

的挑选,从遗传学上看,她们已然是男人的镜子……她们是伪装成女人的男人。[10]

对于一些激进的或革命性的女性主义者来说,异性恋是父权制界定的一项"选择"。尽管当然不是所有女人都会对其他女人产生性欲望,但所有女性都可以拒绝"操男人"。[11]由此所引发的女性主义者的各种争论令人担忧;许多女性在情感和性方面都无法脱离男性。《挣脱》的编辑们在读了"国际女同性恋集体恐怖"的组织声明后,集体写下了她们"内心的苦恼",她们担心"(该组织声明)中蕴含的怒焰会让读者筑起一道防火墙,不愿努力去听她们的信息"。[12]另有一部分人发现,女性主义思想中女同性恋文化的发展具有解放性,她们乐于借此机会带着新的自信探索她们的性取向。伦敦女性主义书店"姐妹创作"的创始人琳·奥尔德森(Lynn Alderson)回忆说:

> 这与你的一生相关,你所做的每一个选择都是政治性的。这不是个智力问题,它关乎情感与性欲,就好像岌岌可危的是你的整个人生,你必须改变一切。[13]

但在欧洲和北美之外,"国际女同性恋集体恐怖"的组织声明和她们的政治女同性恋主义思想有时并没有激起什么回响。在具有里程碑意义的1975年墨西哥城世界妇女大会上,女同性恋主义是造成分裂的主要因素;许多南半球的参会者并没有优先讨论性取向问题。如奈萨基·戴夫(Naisargi Dave)所记载,在印度,人们不愿意接受女同性恋主义,它被普遍认为是西方的舶来之物。这一认知直到二十世纪九十年代印度出现了更为开放的同性运动,才有所改变。[14]处于同性关系中的印度妇女起初更倾向于沉默不言,或顶着"单身女子"(ekal aurat)的标签。1991年,支持女同性恋的网络"撒基"(Sakhi)在德里设立,1995年,"女人对女人"(Woman to Woman)组织在孟买成立,此后,"女同性恋"标签才开始在印度被更多人接受。这是因为印度妇女参加了1985年在肯尼亚内罗毕和1995年在北京举行的联合国妇女大会,在这两次会议上,与会者在讨论女同性恋主义时表现出了更高的接受度。但二十世纪九十年代并非出现重大转折的时期,即便2018年后同性恋关系在印度实现合法化,人们在描述妇女同性关系时通常还是极为谨慎,且多用委婉的说法。认识到这个复杂环境后,"女人对女人"将组织名称改成了"女子融合"(Stree Sangam),凸显其是印度本土产物而非西方舶来品。不论是dyke("女同性恋",常有冒犯之意)一词还是lesbian一词都不适用于印度的实际情况。

黑人女性主义者是另一批分离主义的支持者,她们是(白人)敌意的领受者,也表达了她们自身对妇女运动中普遍存在的种族主义的愤怒。黑人、亚裔、拉丁裔妇女持续不断地抗争,努力让她们关心的问题得到重视。她们的女权主义之怒与白人妇女因权利问题而起的愤怒往往指向不同的对象。她们不为堕胎权而抗争,而是想要获得保护,不受医护人员、社会福利工作者的侵扰,因为他们强制要求黑人妇女堕胎、绝育,要剥夺她们对孩子的抚养权。有色人种妇女寻求保护,希望免受警察暴力,希望工作中能得到公正待遇。有些女性主义者渴望代表所有妇女说话,但实践证明,她们往往傲慢,会伤害到其他妇女,其结果就是她们之间的交往充满了愤怒。奥德丽·罗德1981年受邀为全国妇女研究协会做演讲时,选择了愤怒作为她演讲的主题。她之所以愤怒,主要是因为白人妇女运动内部未能注意到种族主义问题,以及女性主义者随意谈论共同压迫问题。罗德赤裸裸地挑战她的听众:"是什么样的女人会如此迷恋她自身遭受的压迫,以致她都看不到她的鞋跟正踏在另一个女人的脸上?"愤怒会成为毁灭性的情感,但罗德想要利用愤怒,让它成为力量之源。在她看来,有色人种妇女学会了"管理那些怒火,以免被怒火撕裂"。愤怒是妇女恐惧的情感,但愤怒能带来改变:"精准地专注于愤怒,它会变成推动进步与变革的强大的力量源泉……愤怒中充满信息与能量。"[15]

利用愤怒很难不伤害到个体。罗德提醒她的听众,她"作为有色人种女性言说,不是要毁灭,而是要生存"。她很懊恼,因为白人妇女并不想听到她的愤怒。有一位妇女要求罗德:"告诉我你的感受,但别厉声说,要不然我不知道你说的是什么。"但罗德仍然相信,愤怒是一个有成效的阐释过程,可以同仇恨区别开来,仇恨是标志着父权制、战争和种族主义的"死亡与毁灭"的情感:"女性间的愤怒中孕育着变革。"

随着让所有人都有幸福感的新自由主义指令变得越来越流行,罗德的愤怒理论在最近几十年来再度兴起。评论家们一直在谈论二十世纪后期"顺道"欢乐的伦理,描述了以消费竞争、以女性顺从中根深蒂固的社会化形式为导向的世界的肤浅情感。[16] 舒拉米斯·费尔斯通在其1970年的《性别辩证法》中写道,她已经训练自己不露出虚假微笑,"那就像是每个十多岁的少女都会有的神经抽搐。这意味着我笑得很少,因为实际上,说到真正的微笑,其实没什么可让我舒心笑的事情"。其他女性主义者梦想着

性别平等或妇女团结的新世界时,费尔斯通的女性主义梦想相当简单:

> 对于妇女解放运动,我所"梦想的"行动就是抵制微笑。一旦宣布要进行这样的抵制活动,所有女性应当瞬时抛弃她们"讨好的"微笑,从此只在真正高兴的时候才微笑。[17]

如今女性欣然接受的"天生臭脸"与费尔斯通的梦想形成了共鸣。

近期,萨拉·艾哈迈德(Sara Ahmed)和芭芭拉·埃伦赖希(Barbara Ehrenreich)合著的作品批判性地探讨了在全球资本主义时代,幸福如何成为个体和机构的根本渴望。她们提出,这是一种经济体制,大多数人的幸福总是会为了特权者的利益而被牺牲。艾哈迈德"大煞风景的女性主义者"(feminist killjoy)宣言则提供了"作为一种不幸福形式的女性主义意识"。她强调了情感的具象形式:"我们的身体成了我们的工具;暴怒成了一种病。我们呕吐,我们吐出我们一直被要求咽下的东西。"在大煞风景的女性主义者眼中,必须拒绝什么东西的本能是一种发自内心的感觉,这让人想起了"拍落的泡沫"组织所说的"直觉":"我们越是病得不轻,我们的五脏六腑越会成为我们这些女性主义者的朋友。"这些直觉性的情感构成了艾哈迈德"女性主义暴走"(feminist snap)——乐于"带来不快乐,乐于支持那些带来不快的人,如果暴力与伤害仍然深深扎根于体制中,那她们乐于拒绝和解与弥合"——的基础。[18]

这些有力的声明表达了女性主义情感应有的样子和应有的感觉。但二十一世纪初期,女性主义情感理论的清晰表述不应让我们忽视情感政治审查始终存在的本质,不应忽视情感会被用来进行和反驳女权运动。譬如西班牙作家康塞普西翁·阿雷纳尔描述过妇女在十九世纪的西班牙如何被"肆无忌惮地"轻视。1841年,她在马德里大学攻读法律学位,是获得西班牙高等教育的第一位女性。为了避免遭人反对,她起初都穿男装,打扮成男人;她一生都被迫使用诡计才能将作品出版。阿雷纳尔坚决主张使用理性方式描述妇女状况并努力提高妇女地位。她描述妇女遭到了"唾弃她、践踏她"的西班牙公众舆论的"抹杀和毁灭"。这样的描述印证了阿雷纳尔的"女性主义暴走",证明她愿意讲出"真相,尽管真相令人不喜"。[19]情感启发并推动了她的创作,给她的人生计划注入了力量,帮助她对抗社会对她的鄙视。

爱

尽管女性主义者时常强调愤怒内含的重要力量,但她们并不孤立地强调愤怒,她们也坚定地致力于强调爱与团结的力量。康塞普西翁·阿雷纳尔的后辈安娜·茱莉亚·库珀坚决主张爱是女性主义的行为准则,她的主张源于她作为非裔美国妇女的经历。库珀的母亲曾是奴隶,1924年,她本人从巴黎久负盛名的学府索邦大学毕业,获得博士学位,成为第四位获得博士学位的非裔美国女性。库珀提出,爱作为存在于异性婚姻中的常规情感,是限制妇女的镣铐。她们的教育被压制、被简化,社会对她们的期待仅为她们只需会用字母表"拼写一个动词——amo,去爱"。[20]夫妻之爱让妇女成为玩物,成为一件所有物——这种限制对非裔美国妇女而言是尤为残酷的经历,她们贫困的现状让女性受到珍爱这样的想法成为笑话,她们经受了"这个世界上从未有过的最痛苦、最强烈、最无休无止的歧视"。真正的爱当以可享有受教育的权利为基础。库珀的一生都奉献给了促进非裔美国人接受教育的事业当中,旨在让他们"饥饿的灵魂获得交流与爱"。

爱是黑人女性主义思想的重要组成部分,也是美国的一些学者如艾丽丝·沃克和一些团体如黑人女同性恋组织卡姆比河团体(Combahee River Collective)持续探讨的主题。她们坚持的政治主张源于"对我们自己、我们的姐妹、我们的群体的有益之爱"。[21] 牙买加诗人、女性主义者琼·乔丹将"爱在何处?"当成她政治运动的"决定性问题":

> 我是个女性主义者,这对我的意义与我是黑人对我而言的意义是一样的:它意味着我必须爱我自己,尊重我自己,就好像我的生命就依赖于自爱与自尊;它意味着我必须持久地净化我自己,不受我们所生存的这个世界里的厌憎与蔑视的侵扰。这些厌憎与蔑视围着我,渗透进我作为女性、黑人的身份中。

1978年,霍华德大学举办了全国黑人作家大会。乔丹在一场气氛紧张的研讨会上发言,她所提出的富有原则性的黑人女性主义之爱意在包含更多不同于她本人、不同于男性的女性;所有人都可以被包容,"每个人都应获得稳定的状态、深切的关爱与尊重"。[22]

这样的爱如何产生,又如何表达?对许多妇女来说,正是各种国内的、国与国之间的组织网催生了她们的情感。1888年华盛顿特区举办的第一届国际妇女理事会(ICW)大会上,两位芬兰代表全身心地投入了国际女性主义大会可能促生的各种情感。阿利·特吕格-赫勒纽斯(Alli Trygg-Helenius, 1852—1926)谈到了延伸至大西洋彼岸的"志同道合的金索"。她告诉代表们,1888年的大会代表了"我生命中的重要梦想",她还概述了她"对永不令人失望的妇女之爱、妇女权力、妇女能力、妇女精力的真挚信念"。[23]特吕格-赫勒纽斯本人的各项精力都投入了芬兰的禁酒工作中,她组织了白丝带协会和基督教青年女子协会。她的合作者——作家兼芬兰妇女联合会的创办人亚历山德拉·格里彭贝格更注重爱的个体源泉,认为这会在妇女运动中更多涌现。在英国和美国广泛游历之后,她于1888年给美国的一位朋友写信谈及了妇女参政论者之间的强烈情感:"你是不是爱上了露西·斯通(Lucy Stone)?我非常喜欢她的文字和演讲,我在英国遇见了她的女儿,她非常讨喜。"十九世纪九十年代,格里彭贝格是国际妇女理事会的财务主管,她游历过许多地方,支持其他国家妇女理事会的工作。1906年,芬兰妇女赢得选举权后,她当选芬兰议会议员。不过,她保守的政治主张使她疏远了更为激进的女性主义"自由之爱"。这种"自由之爱"在包括乔治·桑和玛格丽特·富勒(Margaret Fuller)等在内的十九世纪文学与政治激进主义者中很盛行。在格里彭贝格等人的眼中,婚姻关系之外的性爱或女子间的性爱都极具破坏性。保守的女性主义者喜欢同心同德的"活动情感"和私人友谊,她们总是竭尽全力地远离其他情感会带来的危险。

尽管她们做出了巨大努力,但爱仍是可以充满女性情欲的情感。奥德丽·罗德对愤怒极有洞见,她也同样思考了情欲:

> 情欲不只是我们做什么的问题,它关乎我们在做的过程中有多么强烈又完满的感受。一旦我们了解到我们能在多大程度上感受到满足感和圆满感,我们就能观察到我们各种生活尝试中的哪一种会让我们更接近那种完满。

罗德在1978年的一次演讲中试图区分情欲与色情,主张让情欲远离卧室,进入更深层意义的毕生事业中。在罗德看来,在资本主义与父权制社会中,工作成了一种责任,是湮灭之源,而不是从"我们知道自己可以拥有的欢乐"中获得的深深的满足感。[24]罗德使用了具有强烈触感的人造黄油做隐喻,回忆了她童年时代需要将那种黄黄的液体搅入"柔软苍白的一堆"无色脂肪中。她将情欲视觉化,将之当成一种果仁,与黄油染色一样,"带着一种力量流进我的生活,让我的生活绚丽多彩,强化了我的存在,让我感知到我所有的生命存在"。

罗德的自传《赞比:我名字的新拼法》记述了她自己的同性恋欲望。在经历了短暂的试验,遭遇种种阻碍后,她如此界定她的情感世界:"情欲是深藏于我们每个女性精神境界中的源泉,牢牢地扎根在我们未曾表达、未曾意识到的情感力中。"[25]另一位激进女性主义者安德烈娅·德沃金对自己的情感进行了详细描述。她将自身的情欲与她重新和母亲确立的深层又具体的纽带相联系:

> 对我来说,作为一个女同性恋意味着对母亲的记忆,我将对她的记忆放在我的身体里,我寻找她,渴望她,发现她,

真诚地敬重她。那意味着对子宫的记忆,我们曾住在子宫里,与母亲一体,直到出生将我们与母体撕离。那意味着回归那个身体内的地方,回归她的体内、我们自己的体内,回归组织与细胞膜,回归水与血。[26]

母亲身份

从德沃金对她与母亲身体的关系发自肺腑的描述中,我们大体了解了母性是女性主义"内在情感"的发生地。实际上,从十九世纪后期美国、法国、瑞士的共和党,到后殖民时期南亚与东亚的共产主义者和民族主义者,对她们来说,母亲身份,无论是已经做了母亲,还是会成为母亲,都是不同历史时期妇女运动的中心。对女性主义者来说,要欣然接受要求高、情感强烈有时还带有压迫性的母亲身份,并不总是那么容易。母亲身份中存在着阶级与种族不平等,它还会遭到医护人员和政客的强制性干涉。将母亲身份社会化是中国五六十年代打破私有家庭、实现公社化进程的一部分,这让克洛迪·布鲁瓦耶勒深受启发,认为中国成了"新概念的爱"的开拓者。尽管母爱居于情感的中心,但母亲身份也会激起深切的约束性情感和暴力性情感,很难让激进的妇女运动者集结于此。事实上,有些妇女运动者拒绝任何将母亲身份纳入女性主义并将之当成本质主义、独一无二特征的做法,而另一些妇女运动者则认为母亲身份是女性主义思想的基石。那种憎恶孩童、逃避母亲身份的女性主义者形象是妇女运动中反复出现的反女性主义的陈腐形象。而母亲身份能让妇女之间产生强烈的共情,是妇女争取资源与公民身份的有利条件。

十九世纪晚期,在人们对人口的极度焦虑中,德国和瑞典出现了极为明确的各种"母性女权主义"(motherly feminism)形式。尽管没有证据,但人们普遍相信人口中存在着巨大的性别不均衡现象,该现象严重到许多女子将永远都结不了婚。这一在德国被称作"妇女过剩"(Frauenüberschuss)的现象导致了"单身女性"(alleinstehende Frauen)概念的产生。在妻子、母亲的身份界定妇女法律存在的社会环境中,单身女性让人不安,有碍稳定。单身女性没有男性可依赖,这让女权主义者有机会坚决要求维护妇女的就业权、选举权以及作为个体存在的权利。

"单身女性"往往是具有阶级属性的概念。很少有人会为工人阶级的未婚女子感到难过,因为她们被想当然地认为能够令人安心地融入劳动力市场。但许多有焦虑感的评论者担心中产阶级妇女保持单身、不养育孩子,会变成"寄生虫",从而危害社会稳定。德国并不是唯一探讨"过剩"妇女概念的国家。英国、法国和美国也出现了相似的争论与担忧,人们担心如果婚姻无法继续让妇女依赖、无法继续压制妇女,那么"性别无政府状态"会随之产生。当然,不结婚的妇女并不是没存在过,而且十九世纪后期人们的恐慌也只是与当时的人口现状有着些微联系。但这些忧虑形成了一个特定的历史时刻,其影响遍及几个大洲,在这些地方,母亲身份成了焦虑的中心,这种焦虑极具意识形态性,催生了一种特殊的女性主义形式。

在瑞典女权主义者埃伦·凯(Ellen Key,1849—1926)看来,正是妇女所具有的母性特性决定了她们的社会与政治存在。凯出生于积极参与政治活动的上层阶级家庭,她在瑞典一直做教师,但变得举世闻名却是因为她关于二十世纪初"妇女问题"、妇女运动、童年等的创作。实际上,有些夸张的是,她受到许多国家的欢迎,被当成了女权主义的"新女先知"。令人困惑的是,因为她支持激励妇女成为母亲,评论家们认为凯后来的作品属于反女权主义作品。尽管如此,她还是支持女权主义的核心诉求,包括保障妇女离婚的权利、选举的权利,承认非婚生子的合法地位,废除妇女无法律行为能力的规定。凯对社会主义越来越感兴趣,她谋求婚姻关系中的收入独立分离,主张妇女养育孩子而付出的劳动应获得(国家)支付的劳务费用,做家务应获得(丈夫)支付的劳动费用。她在1911年宣称,所有妇女都应该获得"与相应情况下,一个陌生人会得到的工资及生活费同等的金额"。[27]

埃伦·凯在全世界具有广泛的影响力。她的瑞典语作品1913年被翻译成了日语,1923年被翻译成了中文。1911年,英国性激进分子兼科学家哈夫洛克·霭理士(Havelock Ellis)引进了她的著作的英文版,并特别提到她在德国尤为著名:"她正是在德国声名鹊起。此时德国的妇女正从年深月久的沉默中苏醒,即将进入妇女运动的新阶段。"在英国和美国,过剩女性的概念被用来争取一系列针对妇女的政策干预,包括殖民地移民问题,增加教育与就业机会问题。霭理士担心,这会"使妇女男性化"并"忽视了种族的需求"。[28]凯本人就有一份教师的工作,她描述"极端"的女权主义者教条又狂热,非常乐意为了实现她们合理的终极目标而舍弃和谐与种族进步,"为了其个人权力的独立、自由发展而牺牲妇女权利"。她提出了另一种被称作"孕妇与产妇保护"(mutterschutz)的独特选择。这个概念可被翻译成"保护母亲身份",它呈现出女性主义特征,坚持所有妇女的生育选择都应得到支持,是否生养孩子应由她们自己选择。凯认为,即便未婚,做了母亲的人都应当得到物质保障,而不会受到社会歧视。

这一派女性主义的支持者从凯所谈论的妇女精神力量和心理力量中获得了灵感。凯曾提出,妇女的甜美与温柔极好地在母亲身上得到了诠释,人们应当歌颂这样的温柔与甜美,也当尽可能普遍地让所有妇女都能展现这样的温柔与甜美。她确实认可有些妇女没有亲生的儿女,或许可以成为"集体的"或"社会的"母亲。她们可以参与慈善或社会政策倡议,如此便仍可实现做母亲的"伟大的天性法则"。凯本人从未生育过孩子并始终未婚,但她将教育当成了一种做母亲的形式。这是尊重性别"差异"的女性主义:"每一种性别都有其存在所遵循的方向……作为平等的众生,每种性别都应帮助另一种性别完成其不同的责任。"[29]

在德国,最著名的"保护母亲身份"的拥护者是海伦妮·施特克尔(Helene Stöcker,1869—1943)。她与埃伦·凯一样,也强调母亲身份,但不赞同凯所持有的保守态度,她还提醒我们女性主义意识形态具有可塑性,依赖于社会环境。施特克尔帮助成立了保护母亲和性改革联盟(Bund für Mutterschutzund Sexualreform),编辑其刊物,倡导所有儿童,无论婚生子女还是非婚生子女,都应享有平等权利,得到政府资助。施特克尔还支持加强性教育,不知疲倦地致力于和平运动。她的信念令她在德国魏玛时期支持性少数派的自由;"一战"后的数年里,她游说德国国会,防止女同性恋被当成罪犯对待。她的联盟还资助了未婚母亲收容所,以及提供节育指导,有时也提供堕胎服务的医疗诊所。施特克尔坚决主张,母亲身份不应妨碍她们拥有职业生涯。在一篇题为《教师的性生活》("The Sex Life of Teachers")的文章中,她驳斥以结婚为由解雇女教师的做法。二十世纪三十年代,她遭到纳粹迫害,被迫流亡,最后在纽约市亡故。正如安·泰勒·阿兰(Ann Taylor Allen)所认为的,尽管主张母亲身份的女性主义存在着保守性,但它依然是极富影响力的颠覆性力量。[30]

虽然凯和施特克尔的方式不同,但她们都是打破旧习的激进分子,梦想着一个完全不同的社会,那里的两性有着不一样的权利和关系。不过,凯和施特克尔的女性主义要求优先考虑母亲身份,呼吁国家保护母亲,这是其女性主义主张的核心,但这样的主张并不那么容易能跨越时间与空间传播开来。譬如在澳大利亚和加拿大,只有白人妇女能够指望国家会提供有利的干预。美国和澳大利亚的原住民以及最早生活于加拿大的原住民群体的母亲们发现她们遭到了国家暴力与胁迫,孩子被人从身边带走,放在各类机构中养大。在美国,奴隶制及剥夺黑人奴隶子女的做法的影响依然存在,非裔美国妇女和美洲原住民妇女往往被看成工人而非母亲。[31]在西非,"其他母亲照顾"(othermothering)的传统导致了孩童护理员的大量出现,使生母的照料不再成为孩童护理的中心。探讨母亲身份却不承认这些动态与不公正现象的女性主义路径,在黑人妇女和原住民妇女中助长了这样一种情绪:源于白人妇女的女性主义思想无法表达她们的需求。

在拉美,从二十世纪早年开始,妇女运动就着重强调儿童福利与母亲身份。拉美地区极为重要,因为它的基督教传统既传统又激进,出现了许多本土的女性主义,具有公民活动与抗议的传统,还是南北美洲各女性主义冲突与竞争的中心地带。拉丁美洲的母亲身份可以被视为代表了一种乌托邦式的精神理想。我们在第一章中提到的罗凯亚·萨哈瓦·侯赛因的《苏丹娜的梦》与夏洛特·珀金斯·吉尔曼的《她的国》中的母系社会梦想，可以在秘鲁和玻利维亚原住民中找到它们的不同形式。在拉美的这些原住民群体中，女性主义者可以利用民间记忆中的安第斯大地母神帕查玛玛（Pachamama）。这一原住民敬奉的母系女神是特有的历史杂糅之物，而不只是源于安第斯传统。帕查玛玛的形象与西班牙殖民侵略者带来的圣母玛利亚的信仰融合在了一起，也同样是西班牙殖民侵略者强行实施了以女性依赖男性亲属为前提的税收和继承体制。尽管如此，大地母神的观念仍然有力表达了母亲身份与环境达成平衡的印加宇宙观。[32]

不过，在二十世纪初期的拉美，更常见的做法是从医学或民族主义角度谈论母亲身份。女权主义活动家及社会工作者强调只有赋予妇女更多权利才能更好地照料好她们的孩子。医生胡列塔·兰特里·伦肖（Julieta Lanteri Renshaw，1873—1932）博士在二十世纪最初的十年间在阿根廷组织了一系列关于女权主张的集会，并在 1911 年成立了妇女儿童权利联合会（Ligapara los Derechos de la Mujer y del Niño）。对妇女权利的强调也得到了智利女权活动家玛尔塔·贝尔加拉（Marta Vergara，1898—1995）的呼应，她深入参与 1935 年创立的智利妇女解放运动（Movimientopro Emancipación de la Mujer Chilena），也积极投入二十世纪二三十年代出现的为女工争取母亲权利的泛美组织。[33] 强调母亲权利使她们的运动不同于那些支持更加专制的"家庭福利"的男性专业人士的运动。男性的运动中不具有女权主义的内容，有时候甚至还包括一些残忍的措施，譬如将孩子从生母那里夺走。[34] 但以权利为基础的运动很容易被抛到一边，让位于更迫切的服务于国家的花言巧语。巴西著名的妇女参政论者韦塔·卢茨(Berha Lutz,1894—1976)在1918年将妇女解放界定为母亲们先前逃避的国家责任：

> 女人不应该因为她的性别就过上寄生虫式的生活,不应该利用男人的动物本能。她(应当)成为有用之人,进行自学并教育她的儿女……(女人)不应再充当将我们国家束缚于过去的锁链,而应变成巴西进步过程中的重要工具。[35]

这样的花言巧语让拉美母性女权主义者很难批评那些不想成为母亲的人。天主教会在该地区根深蒂固的地位,以及二十世纪统治该地、主张多生育主义的军事政府,导致整个二十世纪都没能令堕胎权发展成妇女权益。[36]非法堕胎是二十世纪后期拉丁美洲年轻女子死亡的最主要因素。不算古巴,即便是最激进的左派政权都不愿使堕胎合法化。2017年,智利颁布法律,规定堕胎合法,但在尼加拉瓜和萨尔瓦多,堕胎在任何情况下都仍被视为非法。

尽管二十世纪中期拉丁美洲的女性主义者不愿公开支持堕胎,但她们愿意用类似海伦妮·施特克尔提出的"保护母亲身份"的观点争取扩大性教育范围。二十世纪中期母性女权主义者还支持贫穷妇女继续养育她们的孩子,而不是将孩子交给某些机构照料,她们逐渐将该主张定名为"儿童权利"。早期模式以国家"资助"母亲、提供福利为主导,而"儿童的权利"则使对母亲的支持变得更贴心,她们不再动辄被品头论足。母亲身份仍可以被用于保守派的动员策略,譬如,1971年,妇女举行"空锅碗瓢盆"游行,反对智利萨尔瓦多·阿连德(Salvador Allende)的左派政府。但二十世纪七十年代后期,"五月广场上的阿根廷母亲们"

这一人权协会组织了夜间静默与作证等抗议活动,这清楚表明母亲们有潜力创造更大的影响。她们给予家人的爱与照料使母性情感成了强大的战斗力,能够对抗阿根廷人在军事统治下面临的绑架与暴力。[37]

全球女性主义关系网

母性女权主义得到了各泛美委员会和代表大会的国际性支持,这些委员会和代表大会将美国与中美洲和拉丁美洲各国的运动者联结起来。譬如1927年哈瓦那泛美儿童大会受美国儿童局凯瑟琳·伦鲁特(Katherine Lenroot,1891—1982)的影响,突出了母性女权主义。美国儿童局是一家致力于儿童福利的联邦机构,其工作人员几乎无一例外均是女性。伦鲁特为大会提供了各种西班牙语版的美国儿童局手册,确保拉丁美洲事关女性权益的社会工作能够与北美的进展进行密切对话。对于较早数代从事跨国运动的妇女来说,连接跨越国界的各种斗争的"志同道合的金索"可以提升她们在当地的影响力。

但如果认为这些跨国性的联系只会提供支持性的力量,那就太天真了。这些联系也会引起极为负面的情绪,因为它们会与地缘政治紧张局势和意识形态差异纠缠在一起。北美、中美及拉美地区长久以来一直关系紧张,尽管人们呼声很高,认为美国是妇女解放的灯塔,会以家长似的领导作风向其南部各邻国伸出援助之手,但这并没有使美洲各国间的紧张关系有所缓解。巴西首位女医生玛丽亚·埃斯特雷拉(Maria Estrela,1860—1946)曾于十九世纪八十年代在美国接受职业训练,她说美国是"上帝青睐的国家,是妇女解放的摇篮"。[38]这样的说法助长了人们对拉丁美洲落后现状的不安感,也推动了巨大阻力矩的形成——抵制北美妇女成为美洲妇女运动的领导者,抵制她们设定女权运动行动日程的意图。

对北美妇女领导者身份的抵制在1975年于墨西哥城举行的首届由联合国主办的世界妇女大会上表现得尤为明显。这场具有里程碑意义的会议经由国际妇女民主联合会游说而举办,最初,会议拟定的举办地是隶属社会主义集团的东柏林。因为美国施加压力,会议举办地又移至墨西哥城,但这并不代表围绕会议的组织安排和各项目标而出现的种种矛盾与对立便不存在了。大会分设了精英大会,会上云集了各国总统的夫人,包括菲律宾的第一夫人伊梅尔达·马科斯(Imelda Marcos,因收藏大量鞋子而出名)。这样一群人的会议很难取得有成效的结果,不会制定出能为妇女带来改变的计划。幸运的是,墨西哥城还主办了一场充满活力、汇聚草根阶级的"公开讲坛",各非政府组织及妇女团体在此聚集。公开讲坛设在距世界妇女大会主会场五公里外的安全地带,其系列活动与政府官方代表们的活动相比,具有更为重要的历史意义。事实上,它为墨西哥城的大会留下了主要遗产,表明女权运动在过去五十年间发生了重大变化,非政府组织与联合国、国际劳工组织等超国家机构变得尤为突出。

1975年公开讲坛的许多参与者都来自美洲,论坛上进行的讨论极其多样化又极具争论性,这表明在冷战局势紧张、后殖民民主主义在美洲蓬勃发展的政治时刻,美洲的妇女运动缺乏共识。1945年,国际妇女民主联合会成立,它代表了拥有左翼、共产主义及反法西斯主义意识形态的妇女活动家群体,资助了一系列的拉丁美洲妇女大会。国际妇女民主联合会否认与"女性主义"有关,认为女性主义具有"资产阶级"属性。但她们致力于和平、儿童保育及同工同酬等方面的工作激励了妇女赋权运动的发展,因而近来被重新解读为"左翼女性主义"。[39] 1974 年在利马举办的第三届拉丁美洲妇女大会上,她们与秘鲁共产党保持密切合作,着力为墨西哥城准备意见书。历史学家弗朗西丝卡·米勒(Francesca Miller)提出,利马大会受到了秘鲁当权的左翼军事政府的欢迎,因为它表明"第三世界国家"与"第一世界"的美国不结盟。但秘鲁的女性主义者们也没有仅仅因为都是生活在这个南半球国家就共享目标与利益。1974 年的大会揭示,通常接受过良好教育的白人西班牙裔秘鲁妇女与贫穷、本土的秘鲁妇女之间存在着冲突,后者优先考虑的是土地权和物质保障,而不是性别压迫的具体形式。[40]

同样的冲突也成为 1975 年墨西哥城公开讲坛中的主要冲突,具体表现为玻利维亚锡矿工的妻子多米蒂拉·巴里奥斯·德春加拉(Domitila Barrios de Chungara,1937—2012)与美国女性主义者贝蒂·弗里丹的各项活动之间的对抗。弗里丹与美国全国妇女组织的其他成员一起出席了本次会议,一心要为妇女提供行为榜样。会议期间,弗里丹的"女权主义决策委员会"换了个新名字,更名为"讲坛妇女联合会",并且未经授权就试图代表公开讲坛影响政府官方的大会。[41] 巴里奥斯·德春加拉有部分原住民血统,她是七个孩子的母亲,代表的是"二十世纪"(Siglo XX,玻利维亚一家公司经营的采矿营地)家庭主妇委员会。她反对弗里丹试图代表其他妇女发声,反对其试图将她们的需求纳入北美"女

图 6.2　1975 年墨西哥城的"公开讲坛",距官方的联合国世界妇女大会会场五公里。

性主义"的概念之中。巴里奥斯·德春加拉反对控制生育,倾向于强调不断增长的人口数量在对抗跨国公司和"第一世界"统治的斗争中的重要性。作为富有经验的联盟活动家,她誓要反对美国妇女在讲坛中"对扩音器的控制",并决心让女性主义成为与男性伙伴的同盟。她认为外国女人(白人)的女性主义由女同性恋主导,是"反对男人的战争"。在她看来,白人女性主义意味着"如果一个男人有十个情妇,那么,女人也该有十个情人。如果一个男人将所有的钱都挥霍在了酒吧里,用来寻欢作乐,那女人也必须做同样的事。"[42]这当然是对女性主义主张的不实陈述,忽视了如性工作者的态度——她们的观点与巴里奥斯·德春加拉本人反帝国主义、反种族主义的政治观点一致。[43]不过,她的种种干预让关涉穷妇女的一些根本问题——水、土地权、新殖民主义、种族歧视——成了大会制定的联合国世界行动计划的焦点。据说弗里丹称这一做法是"如同战争般的行为","忽视了妇女问题"。巴里奥斯·德春加拉"受愤怒驱使",公然抨击像弗里丹这样的女性,说她们"化妆打扮出现在众人面前,就像有闲有钱上美容院的人"。发现自己脱离了她的锡矿群体后,她感到羞耻、不安:

> 我感觉到的不是幸福,我想到的是矿井里的人不得不弯腰行走,妇女即便怀孕都不得不背负那么重的货物跋涉那么长的路……这一切都让我焦虑。[44]

或许最令妇女解放运动者吃惊的是世界妇女大会投票反对将"性别歧视"列入妇女所面临的种种困难当中。世界妇女大会行动计划谈论的是"不同民族"而非"妇女"的尊严与价值。这些决定反映了苏联、东欧、拉美、非洲和亚洲各国与会者的主导地位,她们往往都与国际妇女民主联合会相关,而她们反资本主义、反帝国主义的观点同注重"第一世界"特权阶级妇女权利的女性主义思想针锋相对。[45]

尽管对一些形式的女性主义表现出了敌意,但大会和世界行动计划还是促成了左翼和反殖民政治主张与各女性主义之间的逐步和解,也让女性主义者有了重要的认识,即不能相信反殖民的左翼会保障妇女获得各类资源、进行决策的权利。譬如在秘鲁,1978年许多带有"女性主义意向"的团体聚集在一起,她们有的持有社会主义立场,有的主张妇女解放,还有的持有维护原住民利益的立场。[46]联合国迫于与共产主义联盟的国家的压力,在1945年的《宪章》中加入了性别平等的条款。1979年联合国大会通过的《消除对妇女一切形式歧视公约》(CEDAW)有助于鼓励这方面的倡议。这份公约保障妇女享有政治、经济、社会与法律权利,二十世纪八十年代在世界范围内生效,有助于在政策讨论与立法中确立女性主义主张。[47]

1998年后,拉丁美洲和加勒比地区的女性主义团体组织了一系列"女性主义遭遇战"(Encuentros Feministas Latinoamericanas y del Caribe),这些碰撞促进了整个地区妇女团体间的交流,也催生了这样的论断:妇女权利是该地区女性主义团体争取土地、安全、人权及公正的斗争的一部分,而并非与之对立。[48]尽管人们公开承认自己是"女性主义者",但这个称谓仍带有污名。一位早期参会者注意到,原住民妇女群体中依然存在"对女性主义的巨大偏见",认为那是白人、中产阶级或"舶来的"政治运动。譬如基切族原住民活动家玛丽娅·伊莎贝尔·乔克索姆·洛佩斯(María Isabel Choxóm López)描述,危地马拉的寡妇们集中在一起组成了许多团结小组,她们与女性主义思想之间保持着微妙关系:"我们并不赞同两性之间的斗争。女人必须与男人一道共建一个全新的社会,在这样的新社会中,我们每个人都需要为自己争得一席之地。"但她清楚,在危地马拉漫长的内战中,

> 受到最直接伤害的是妇女和儿童。如果你去看我们的游行示威,就会注意到我们当中大部分都是妇女。作为女人,我们发现了自己战斗的能力、抵抗的能力。我们孤儿寡母,有的有四个孩子,有的有五个,还有带着六个孩子的。我们必须运动下去,这给了我很大的希望。[49]

这些充满矛盾的情绪——希望、愤怒、爱、耻——概括了多种女性主义在各个不同历史时刻,通过各种政治话语——民族主义、国际主义、性、种族、母亲身份——来发展自身而产生的悖论。希望是第一章所详述的乌托邦梦想的基础。因为妇女遭遇极度不平等与暴力而产生的愤怒为各种女性主义赋能,但各女性主义思想也因其会导致妇女之间的愤怒与怨恨而被削弱。女性主义者常试图为所有妇女代言,却忽视了她们之间的差异,这导致了她们痛苦的被排斥感及失望感。女性主义会为女人——有时也为男人——提供表达观点的机会,从政治上激活她们爱的情感——爱其他女性,爱孩子,爱她们的民族。或许更具变革性的是,女性主义提供了表达自爱的机会。正如奥德丽·罗德极富洞察力地说过:

第六章 情感

> 我们开始认识到我们内心深处的情感的时候，便必然开始不再心甘情愿地承受痛苦和自我否定，不再心甘情愿地接受我们被剥夺了一切情感后社会留给我们的唯一选择——麻木。我们反抗压迫的行动与自我融为一体，我们反抗的动力与力量便源于自我。[50]

我们并不总能读懂历史舞台上形形色色的人物的情感，尤其考虑到我们读的是跨越数百年的历史人物或世界其他地区与我们有着明显文化差异的情感。我们或许可以想象她们的各种情感，甚或会有不少个体告诉我们她们的情感，但我们不可能想当然地就认为她们称作爱、骄傲等的情感就与我们的一样。情感由文化环境塑形，也在文化环境中得到表达。岸田俊子的愤怒不可能与田中美津或舒拉米斯·费尔斯通的愤怒一致，她们的愤怒也不可能有相同的含义。有些情感不会在历史记录中留下任何痕迹，我们只能猜测它们曾存在过。这在限制情感表达的文化和思想文稿中尤为如此。像何塞法·阿马尔这样的作家强调妇女具有理性，由此断言妇女可以进入公共生活，但她们不可能公开说出自己的情感，不管她们的情感多么强烈。

其他情感根本无法用足够详尽的经验形式向外人传递——说爱是女权运动的一部分，这并不能表达爱的特征与深度。如果忽略这样的事实，即情感可以是为实现政治目的而进行的表演，就像墨西哥城世界妇女大会上多米蒂拉·巴里奥斯·德春加拉和贝蒂·弗里丹之间的争吵，那就太天真了。她们所采用的修辞技巧和她们所表达的情感植根于历史学家乔斯琳·奥尔科特

(Jocelyn Olcott)所称的"廉价喜剧表演",是为大会或为冷战时期的全国观众进行的表演。[51]克洛迪·布鲁瓦耶勒论述过中国妇女的"说悲苦"行为,1980年,她也开始质疑,提出了较为批判性的言论。她称自己1973年的作品是"白日梦","描述了一幅没有冲突的中国图景,或者更确切地说,那幅画面里,就连一次短途旅行会带来的矛盾情感都没有"。[52]

尽管女性主义总被说成"富有激情的政治",但情感的力量有限,难以改变激起女性主义之怒的结构与日常经历。芭芭拉·梅尔霍夫(Barbara Mehrhof)是二十世纪七十年代早期活跃在纽约组织"女性主义者"中的激进女性主义者。她在一场关于强奸的争论中提出,在父权制社会中,妇女的主要情感是恐惧。这既是强加给妇女的情感,也是男人有效利用的策略。[53]她对提高觉悟的"情感工作"不屑一顾,认为"情感工作""有将大量妇女组织起来的能力,但将她们组织起来一点用都没有"。[54]相反,与艾哈迈德的"女性主义暴走"异曲同工的是,梅尔霍夫想要的是集体行动,是妇女自身的威慑策略,那可以反击盛行的强奸文化。梅尔霍夫轻视提高觉悟的言论与情感,认为这些毫无助益,这其实低估了情感的力量;探究情感方使"女性主义暴走"成为可能,也为下一章的主题——女权运动提供了基础。

第七章
运　动

本书所探讨的女性主义即愤怒、富有创造力、强有力地为妇女争取权利、空间与团结。但我们同时也看到了不同形式的女性主义，它们虽为妇女权利与妇女赋权提供了哲学思考与乌托邦想象，却并未提供任何实现思考与想象中的目标的指导方针。有人认为女性主义改革是被动的历史过程，错误地认定一切会随时间推移而变化，妇女地位也将不可避免地改变。譬如早期埃及女性主义作家卡西姆·阿明（Qasim Amin，1863—1908）在他 1899 年的著作《妇女解放》（*The Liberation of Women*）中特别提道，就埃及的性别规范而言，妇女地位所发生的改变已然显而易见：

> 我们目睹了男性权力的衰弱……许多家庭的妇女走出家门，去实现她们的商业抱负；她们在许多重要的事情上与男人合作；在空气宜人的舒适环境中休闲；陪伴她们的丈夫一起旅行。这一切难道还不明显吗？

阿明显然想象的是精英家庭的现状，这些家庭的妇女享有闲暇与旅行的资源。尽管其想象的范围稍显狭窄，但他的作品生动表达了他对埃及父权制终结的预言。他将男权描述为"必会毁灭并荒芜的大厦,其基石塌陷,建筑各部件分崩离析,其内外日渐腐化,年年皆有不同部位自行坍塌"。他并不认为这坍塌的原因在于妇女的抵抗,而认定是"男人智力不断发展及统治者克制的结果"。

卡西姆·阿明在法国接受了教育,后全身心投入实现埃及民族主义的事业中,坚决抵制殖民统治。他认为妇女地位是民族现代化的重要领域,或许正是因此,他才坚信妇女地位的改变必然发生。在他看来,如同专制统治被开明的自治所取代一样,"文明的进程"必会引起男性统治这腐朽的大厦坍塌。譬如妇女遮面现象的消失是"与文明的变革和进步相伴而生的社会变革所带来的结果"。他断言改变必将发生,对此他总结道:

> 为了改善这个国家的现状,我们必须提高妇女生活状况。如果读者持续思考这一主要问题的方方面面,他最终会发掘到真相,并看清真相中的种种隐秘。[1]

埃及妇女运动中的许多人并不那么乐观地认为,仅透彻思考这个问题不太可能有什么结果。卡西姆·阿明本人后来也在其1900年的著作《新女性》(*The New Woman*)中承认,自上而下的改变具有局限性。他在对其批评者所做的回应中赞同道,"要带来任何形式的变革,只认识到变革的迫切性,只通过政府律令规定变革措施的具体执行,只进行关于变革的宣讲……这些都还不够"。相反,"如果没有妇女的参与,任何社会变革都不可能实现"。[2] 但即便阿明对自己的立场做了修正,他的观点仍没有紧迫性——阿明设想,养育孩子的妇女会有不同的思考方式,如此便可实现妇女地位的改变,那是一个"自然、长期的过程",他不主张任何妇女为自己发起运动。

他主张静待变化而不进行任何变革运动的建议属于十九世纪后期广泛流行的观点,即人们相信不需要斗争,妇女享有权利与平等地位就将成为二十世纪的典型特征。十九世纪人们崇拜的对象是满脸络腮胡子的男性形象,二十世纪的崇拜对象则有了女性面孔。1913年,加拿大全国妇女理事会自信地将她们的会刊定名为《女性世纪:促进加拿大妇女教育与进步期刊》(*Woman's Century: A Journal of Education and Progress for Canadian Women*)。与之类似,黑人女性主义者乌娜·马森(Una Marson)主编了一份牙买加期刊《国际化》(*The Cosmopolitan*),并在1928年时称其时代为"妇女时代"。然而二十世纪全世界的妇女经历的是令她们痛苦的缓慢改革,是在战争、政变与独裁中被剥夺权利,是日常生活中的暴力,以及对女性声音的嘲弄或对女性发声权的剥夺。阿明所说的父权制大厦的坍塌只是一场美梦,它就像罗凯亚·萨哈瓦·侯赛因所幻想的淑女之国一样遥远。

我在本章探讨了想要实现其女权政治主张的女性主义者的策略及经历,她们并没有简单地等待,将一切交给时间。我们将探究女权运动的丰富历史,既考查选举权运动寻求公共关注的出色表现,也探讨那些私密的、个体的拒绝行为——拒绝承担家里的洗刷工作或是拒绝满足男性的情感与性需求。有些行动颠覆了其他的习惯做法,使它们重新具有了女性主义内涵。土耳其女性主义者居尔·厄兹耶因发现,在二十世纪八十年代早期土耳其军事独裁统治背景下,在母亲节送花这种看似传统又无害的女性行为可以被颠覆性地改造为女性主义抗议活动。事实上,只有妇女能进行公开抗议：

> 军事独裁政府批准了我们的运动，但禁止其他政治团体运动。我们没有因为聚集或示威游行而遭逮捕是因为我们的性别，因为我们是女子，因为我们在母亲节当天示威游行，手拿气球，并向人们分发鲜花。[3]

事实证明，女性主义者擅于利用象征性的抗议行为；大多数女性主义者拒绝任何会伤害他人性命的行为，尽管有些女性主义者让自己的身体陷入了险境。女性主义具有人文主义特征，也被寄望能带来改变。激进女性主义者安德烈娅·德沃金对男性统治提出了强烈谴责，但即便是这样，她还是在1983年责问男性：

> 你们有没有想过我们为什么不干脆使用武装斗争反抗你们？这不是因为这个国家的菜刀不够用，而是因为我们罔顾所有证据去相信你们的人性。[4]

无论是涂鸦物化女性身体的性别歧视广告，还是1909年将自己变成"人体信件"邮寄给唐宁街上的英国首相，女权运动始终都极富创造性且花样繁多。

用石头说话

争取妇女选举权的运动中出现了一些尤为声名狼藉、标志性的女权运动。这当中既有拒绝合作、抵制国家人口普查的行为，也有剪断电话线、投掷石块、纵火等行为。1903年在曼彻斯特成立的妇女社会政治联盟是具有高度创新性与创造力的政治团体，它将英国妇女选举权斗争转变成了一场融合媒体、法庭与街头的景观。妇女社会政治联盟的成员持之以恒地干扰各项会议，向邮箱内倾倒酸性物质，砸破商店橱窗，损毁艺术作品，还有更极端的——在空置的建筑内安装炸弹，这些行为加剧了始于十九世纪六十年代始终以游说与民众请愿为形式的英国妇女选举权运动的紧迫性。

妇女社会政治联盟与爱尔兰妇女选举权联盟的成员于1908年最先倡导投石策略——砸碎商店、汽车、政府大楼及教堂的窗玻璃。一些人戏谑地采用了这种"用石头说话"的做法。1909年，一位身材矮小的曼彻斯特学校教师多拉·马斯登用纸包裹一枚沉重的铁球，上面贴了张标签，写着"炸弹"。之后，她将铁球扔进一栋大楼的窗户里，此时，自由党的从政者们正在楼内举行会议。女性闯入男性公共领域并对之表示抗议的颠覆性做法也具有戏谑性，譬如1909年，黛西·所罗门（Daisy Solomon）和伊丽莎白·麦克莱伦（Elspeth McClellan）用三便士的邮票，将自己变成"人体信件"邮寄到唐宁街上时任首相赫伯特·亨利·阿斯奎斯的住所。英国邮政法规并没有明确规定活人不是"可邮递物品"，活动者发现这一疏忽可以让首相无法拒绝接受她们的请愿及接见代表成员。负责邮递她们的邮递小哥惴惴不安地在正式的"非正常物件"表格中详细写道：

我将两位女士带到了阿斯奎斯先生的住所，但警察不让她们进去。我进入了屋内,但管家不愿在签收单上签字,因为他根本就没有可签名的纸状信件,因为两位女士说她们自己就是信件。阿斯奎斯先生拒绝接见她们。

妇女社会政治联盟的创办者埃米琳·潘克赫斯特宣称自己是一名战士,正以"革命性的方式"参与"一场妇女发动的内战"。打砸窗户是"我们认为没有选举权的人唯一可以使政治形式发生变化的方式,要改变当下妇女的砸窗行为,只有赋予妇女以选举权"。她在美国进行演讲,以争取资金资助与对她们运动的支持。她在演讲中将妇女社会政治联盟的运动与美国独立战争相对应:美国因为不被赋予独立国家的身份而拒绝支付税收,英国妇女的运动则是因为没有选举权。潘克赫斯特发现,妇女"砸的窗户都是那些商店的窗户,她们在这些商店里花钱购买过帽子和衣物"。她在评论购买帽子这一行为时假定存在阶级特权,却没有对之进行细查,这在这一时期的女性主义修辞中很常见。[5]

妇女社会政治联盟及其他激进分子团体发现很难将她们的政治诉求植根于工人阶级群体。不过,直接参与运动的妇女也并没有局限为中产阶级。譬如都柏林一家纺织品商店售货员茜茜·卡哈兰(Cissie Cahalan,1876—1948)就积极参与了爱尔兰妇女选举权联盟的打砸玻璃运动,她在爱尔兰工会运动中也表现积极。埃米琳·潘克赫斯特的女儿西尔维娅(Sylvia Pankhurst,1882—1960)在伦敦东区与工人阶级妇女密切合作,其中包括内莉·克雷索尔(Nellie Cressall,1882—1973)。内莉·克雷索尔有六个孩子,她后来成了伦敦波普拉区首位女性区长。在克雷索尔看来,她的女性主义主张既体现为游行、投石等戏剧性事件,也

图7.1 1909年2月,黛西·所罗门、伊丽莎白·麦克莱伦正与警察、邮递小哥及一位唐宁街官员协商,想要将她们自己邮到首相手中。

表现在她对工作、育儿的诉求上。

全国妇女选举权协会联合会在西北部以纺织业为生的群体中稳住了根基。女性棉纺织工与卷线工认为她们的斗争是与工人阶级男性联合进行的。她们渴望在英国实现普选权,而不是简单的性别平等。性别平等问题中始终存在着财产资格问题,这就剥夺了男女贫困者的权利;但如果运动围绕"承认选举权"进行组织,那么工人阶级运动者会乐意在工厂大门处进行讲演,加入代表团,采集签名,筹集资金,运用从工会运动和宪章运动中流传下来的人们所熟悉的运动策略。

妇女参政论者的掷石头行为随着运动的进行,在协调合作与规模方面都有了提升,发展到数十名妇女同时攻击那些备受瞩目的目标。这些行为导致她们被判刑监禁,她们的运动策略也进一步升级,有妇女用链条将自己与议会和首相官邸外的雕像和围栏锁在一起,在警察费力解开链条驱赶她们的时候,为她们自己赢得演说的时间。1908年,妇女自由联盟的两名成员海伦·福克斯(Helen Fox)和澳大利亚出生的缪丽尔·马特斯(Muriel Matters)将自己绑在华丽的铁栅栏上。正是这道铁栅栏将妇女围观者隔在女士旁听席内,进不了只容男性进入的英国下议院。要将两位女士从束缚中解开,就需要拆掉整个铁栅栏,拆除这个象征着妇女被排除在政治之外的令人深恶痛绝的阻隔物。

运动过程中,简单又容易进行的投石行动被更为复杂、暴力的行为取代,有妇女焚烧、破坏艺术作品,但这样的行为只局限于少部分狂热分子。1913年,一个大型炸弹被发现放置在了主教王座下面,炸毁伦敦地标圣保罗大教堂行动由此被挫败,但在爱尔兰、苏格兰、威尔士和英格兰,其他那些安置在内阁大臣家、教堂和公共建筑里的炸弹的确都爆炸了。1914年,伦敦国家美术馆陈列的著名油画《镜前的维纳斯》①——画中是一位裸体女子——被划破。毁画者是一位来自加拿大的妇女社会政治联盟成员玛丽·理查森(Mary Richardson,1883—1961),她随身带了把切肉刀。不久前,在公众的呼吁下,英国政府买下了这幅画,画上是一个女人的裸背和裸臀,她的面孔被遮住了。理查森的行为是对前一天政府逮捕妇女社会政治联盟领袖埃米琳·潘克赫斯特表达抗议。理查森声称,潘克赫斯特比绘制出的维纳斯更美貌,可她却经受着政府暴力。不过,她后期又补充说,她不喜欢"美术馆里的男性参观者目瞪口呆凝视"女性裸体的样子。画作上的切割处和刀伤很像,仿佛画中女子经历了暴力袭击,十分令人不安。媒体参考十九世纪末期臭名昭著的伦敦妇女连环杀人犯的称呼,给理查森贴上了"开膛手"的标签。

妇女社会政治联盟的战斗性常常会激起对抗议者肉体的暴力与伤害。艾米莉·怀尔丁·戴维森(Emily Wilding Davison,1872—1913)的死亡就是个典型的例子。1913年德比一年一度的马赛中,她高举"投票给妇女"的旗帜滚到了国王的马蹄之下。监狱里的强行喂食是另一种形式的暴力。争取妇女选举权的抗议者因为政治运动被捕入狱后,她们在狱中继续采取绝食抗议,结果遭到了暴力喂食。妇女选举权激进分子多数认为,妇女的抗议活动都经过精心设计,以避免危及人的生命。许多人相信,妇女的母亲身份意味着她们深刻明白生命的价值,永远不会夺走别人的性命。但实际情况是,她们所采取的行动有时候确实

---

① 西班牙画家委拉斯凯兹于1647—1651年创作的画作。

会带来相当大的危险。纵火和投放炸弹的后果难以控制；用酸性物质攻击国有邮局，结果造成不少人受伤。暴力是重要的手段，但暴力会引起不可预知的结果，造成许多问题，让公众主流不再支持妇女事业，刺激政府采用更严厉的压制形式，形成恶性循环。尽管如此，暴力策略还是被其他国家吸收。英、美两国之间各项运动直接交流的结果是美国学会了激进好斗的战术，包括打砸窗户、绝食抗议等行动。

而在中国，正是与无政府主义运动的接触导致二十世纪初期的妇女参政论者选择了武力干扰与对抗。中国的民族主义者和激进分子与卡西姆·阿明一样，始终呼吁妇女为实现中国的民族发展而"实现现代化"。她们的目标包括获得受教育的权利，不再裹脚，以及对一些人来说，赢得选举权。这些目标对应了启蒙思想中的现代性与天赋权利。但显然，中国文化传统，如儒家思想中"知书达理的妻子"能够成为丈夫从政或经商的有力后盾，也是中国妇女参政论者的重要思想来源。[6]

中国妇女改革运动显然也得到了孙中山领导的中国同盟会的支持，同盟会当时正进行着推翻清政府的运动。清朝统治在中国结束后，一些省的立法机构似乎要认真着手为妇女赋权。但这项改革受到了阻挠，性别平等问题被排除在了新政府的核心议题之外。神州女界共和协济社的妇女活动家进行集会、请愿，呼吁实现权利平等，以此回应新政府对妇女权利的忽视。南京临时政府对此做出的反应是加强临时政府会议的安保，而妇女无视她们本该使用的"观众席"，穿着代表的衣服，坐到了代表们中间，在他们当中大喊，阻止会议的进行。新闻报刊披露，唐群英（1871—

1937)领导的妇女抗议者徒手砸窗户,割伤了她们自己。自 1904 年起,唐群英流亡日本,她积极参与激进无政府主义者圈子的活动,受他们启发,她领导了这场赤手空拳的砸窗运动。[7] 中华民国的报刊报道称,她直接对抗男性从政者,这当中包括国民党创始人宋教仁。1912 年 8 月,她进入国民党大会会场时,

> 径直走向宋教仁的座席,迅速举起双手,抓伤他的额头,一把抓起他的胡须,用她细嫩的双手掌掴宋教仁。巴掌声很响,会场每个人都能听到。[8]

中国妇女继续坚决要求获得选举权,她们举行了抗议活动,四处进行游说,尤其是在二十世纪二十年代的"新文化运动"时期,当时湖南、广东、四川及浙江等省都赋予了妇女平等公民权。国民党与中国共产党都表示支持妇女享有平等权利,但时局的动荡阻碍了妇女获得选举权的进程,直到 1936 年《中华民国宪法草案》颁布,赋予妇女选举权的法律条文才出现。妇女的平等公民权因为妇女参与抗日战争时期的国民参政会而得到了强化;1949 年,中华人民共和国成立后,妇女的平等公民权得到进一步强化。

英国妇女和中国妇女使用暴力是有目的地要引起新闻界的兴趣,也是要迫使政府做出回应。尽管其他妇女运动者多半不接受她们的行为,但这些行为还是在世界范围内被报道、传播。譬如巴西妇女参政论者-女性主义者韦塔·卢茨 1918 年介绍第一个巴西妇女选举权协会时称:

> 这不是打砸沿街窗户的"妇女参政论者"的协会,而是巴西人的协会,他们明白女子不该因为自己的性别便如寄生虫般生活,(而应该成为)有用的人,既能进行自我教育,又能教导子女,能够承担未来必会分派给她的那些政治责任。[9]

这样的告诫及远离好战性的态度在世界上许多女权主义运动与妇女运动团体中都很普遍。那些好战的妇女参政论者大胆甚至有时暴力的运动为其他人提供了赢得适度政治资本的简单方式,那些不好战的团体则强调她们要求的仅仅是公正与务实。这并不意味着她们缺乏创造力和激进意图。主张女权思想的医生胡列塔·兰泰里·伦肖博士就是其中典范,她尽管遭遇了数十年的挫折,仍坚定地坚持自己的主张。兰泰里生于意大利,移民到了阿根廷,被认为是拉丁美洲第一位参与选举的女性。她利用阿根廷法律条文中存在的表述不清问题,劝服负责选举的机关让她在1911年的布宜诺斯艾利斯的市议会选举中进行投票。同年,当局立下规定,服过兵役才能投票,这项法律修正条文明确且蓄意地将妇女排除在外。兰泰里在1918年至1930年又不屈不挠地竞选公职,还在1929年申请服兵役,但未能成功。1930年,具有法西斯倾向的军政府架空了所有政党,暂停了各项选举,中止了宪法的执行,阿根廷妇女直到1947年才获得全国性的选举权。兰泰里本人于1932年在一场离奇的道路交通事故中丧生,当时一位极右翼准军事组织成员在布宜诺斯艾利斯的一条大路上撞死了她。她坚持采用非暴力的形式进行斗争,结果却导致自己被谋杀。

图7.2 1911年,胡列塔·兰泰里在布宜诺斯艾利斯投票,她是拉丁美洲第一位进行选举投票的女子。

好战与对暴力的改造

用粉笔书写口号、用锁链束缚自己的妇女选举权运动一直激励着后来的数代运动者。譬如 1965 年,澳大利亚的抗议者默尔·桑顿(Merle Thornton)和罗莎莉·博格诺(Rosalie Bognor)用链条将自己锁在一家公共酒吧里,以抗议澳大利亚的酒吧和旅馆采取隔离措施,划分出混合性别区域与男士专用区域。她们进行游说,要求改变这一做法的努力最终无果,因而便诉诸更加激进的抗议方式。泽尔达·达普拉诺(Zelda D'Aprano)传承了这一做法。她用锁链将自己锁在了墨尔本联邦事务部内,以抗议政府公务人员收入存在巨大性别差异。达普拉诺受英国妇女参政论者启发,但她也通过"自由意大利"这一意大利-澳大利亚联合运动,积极参与了跨国性的反法西斯运动。[10]

澳大利亚的运动者持续创造性地对抗性别歧视。活跃在二十世纪七十年代末期和八十年代的广告涂鸦组织 BUGA–UP("利用广告牌抗议不健康促销的涂鸦艺术家组织")是一群由匿名男女运动者混合而成的组织,他们的运动目标是反对广告业的性别歧视。他们冒着被逮捕、定罪的风险,将那些使用女性身体促销(不相关的)商品的广告作为攻击对象,这些商品包括汽车、牛仔裤及电子产品。这些广告往往吸引的是潜在的男性客户,这一点清楚地表现在那些经过机智修改的图画上———条威格牛仔裤的广告画面展示了一个男人的裆部和一句广告语——"给拥有一切的男人",上面还印着"蛋蛋被困住",外加妇女解放的符

图 7.3 罗莎莉·博格诺和默尔·桑顿用链条将自己锁在酒吧栏杆上,抗议妇女被规定不得进入澳大利亚公共酒吧,1965 年。

号。一则以少女为消费主体的卫生棉条广告的宣传语是"要是你不必触碰自己的体内,生活会简单很多",这则广告被评为"年度最糟糕广告",获得了"大妖怪"奖——一个金色喷漆罐。BUGA-UP直接激励了其他国家反性别歧视的男性和女性主义妇女,他们也去污损、暗中破坏那些贬低妇女的广告。

同一时期的西德也存在对暴力手段的广泛讨论(源于1968年的学生思潮与民权抗议运动),二十世纪七十年代出现了左翼恐怖主义,妇女运动的影响力也与日俱增。萌生于二十世纪五六十年代的"说苦忆苦"策略往往也描绘着中国妇女集体采用的针对个体男性施暴者的暴力惩罚。德国女性主义者对报道中所称的中国妇女捆绑并殴打男人的行为并非一致赞同,也有人提出相反的观点。一位德国女性主义者回忆说:

> 起初,看到报道上说那些糟糕的、压制妻子的丈夫被殴打、被吐口水,我们感到很震惊。这震惊让我们产生了一种罪恶感,因为我们也自然而然地在自己反抗男权的斗争中使用暴力……[11]

但中国四五十年代所说的"翻身"概念——可能包含语言暴力与身体暴力的集体干预——成为二十世纪七十年代后期德国女权运动圈中最具影响力的策略。一些女性主义团体称之为"反暴力"——抗议中或许会使用暴力,但那也是因为父权制和资本主义结构对妇女施加了体制性暴力。她们拒绝接受女权运动与和平运动之间的联合,采取了不同的策略:

> 我们受够了被简化为那些妇女的"天然属性",具体说来,就是为世人送去和平,她们该是不朽的母亲与社会工作者,化解不可调和的差异;我们不是什么"和平妇女",因为我们在这个世界上从来没看到过和平出现在任何地方,相反,我们只能战斗,毁灭战争的根源。[12]

西德"新妇女运动"(Neue Frauenbewegung)中支持使用暴力的学生和女性主义者,谨慎地拒绝接受针对民众的暴力,这是对早期妇女选举权运动者的直接回应。她们转而选择对不动产使用暴力,这其中包括1975年3月炸毁卡尔斯鲁厄的联邦法院,以抗议法院不愿赋予妇女堕胎权。"红色卓拉"(Rote Zora)组织1977年成立并开始运作,在西德领导了一系列纵火袭击案。该组织的妇女隶属于左翼极端组织"革命细胞"(Revolutioanry Cells),不过她们发现与左翼男性的合作令人沮丧。"红色卓拉"的妇女认识到,无论男人持有怎样的政治主张,他们都很难改变日常对待妇女的态度——只是将她们看成性伙伴。自1984年起,"红色卓拉"成为独立的游击组织,享有了表达她们政治观点的机会,而她们表达的方式通常不是普通妇女会使用的:

> 我个人认为,我们感受到了极大的自由,不必再囿于强加在我们身上的女性的平和属性,可以在我们的政治活动中做出采取暴力行动的决定。[13]

"红色卓拉"早期的袭击行动主要针对性用品商店,但在二十世纪八十年代,她们有了国际视野,其结果是炸毁菲律宾领事馆,以抗议其与色情观光业合谋。备受瞩目的联合国"妇女十年"（1976—1986）的各项活动以及在墨西哥城、哥本哈根和内罗毕先后举行的世界妇女大会，提高了南半球妇女的生活状况，改善了她们所经历的歧视现状。

"红色卓拉"最持久的行动由一封来自一家韩国服装厂的信件引发。这家韩国服装厂的工人为德国时尚公司爱迪拉（Adler）生产商品，她们给德国妇女运动的参与者写信是为了寻求"姐妹的帮助"，因为她们的工作条件极为糟糕。"红色卓拉"向这家公司提出了多次抗议，且抗议手段较为保守、和平，但都以失败告终。之后"红色卓拉"对爱迪拉的多家店铺投放炸弹。她们使用的是缓慢燃烧的装置，为的是启动店内自动灭火喷淋装置，毁掉店内货物，避免造成任何生命伤亡。其所造成的经济损失是促成这场运动最终胜利的重要原因，结果爱迪拉被迫改善韩国工厂的工作环境。

罢　工

"红色卓拉"的活动者或许想象求助的韩国工人是受剥削的"第三世界"姐妹，她们需要德国获得更大自由的妇女的干预。库马里·贾亚瓦德纳（Kumari Jayawardena）在其1986年的著作《第三世界女权主义与民族主义》（*Feminism and Nationalism in the Third World*）中提出，"第三世界主义"可以成为黑人、拉丁裔、亚裔妇女运动的重要政纲。但白人妇女运动者使用"第三世界主义"，也可以聚集起南半球贫穷国家的妇女，将她们表现为受害者。这既模糊了北半球妇女当中的种族问题,也助长了针对"第三世界妇女"的值得注意的家长作风。但发出请求的韩国妇女所处的是一个有着悠久的女工抗议传统的国家。1961年,韩国领导人朴正熙(Park Chung Hee)通过军事政变夺取了政权,大力促进出口工业,妇女也因此成为工业劳动力。女工面临着严重剥削,工作环境恶劣,她们在韩国工会的领导下组织了起来,二十世纪七十年代还因为秋吉钗(Chu Kilcha)和李珑淑(Yi Yŏngsuk)当选为女性工会领导而获得了更大益处。男性工人并不总能接受女性领导。譬如李珑淑的当选就导致一家工厂的男工将他们的女性工友锁在宿舍里,这样选举就可以在没有妇女选票的情况下重新进行。女工大怒,她们从宿舍中破门而出,上演了在工厂静坐示威的运动。防暴警察闯入她们所在的工厂时,女工们脱了工作服,她们相信自己这样半裸的样子能威慑到警察,警察感到尴尬,便不会对她们如何。但许多女工遭到了毒打,还被警察逮捕。尽管这次的静坐示威运动遭遇了挫折,但好斗女工的运动广泛存在,譬如YH贸易公司的女工不仅争取更好的工作环境,还在1979年引起了一场政治革命,导致总统朴正熙的独裁统治垮台。[14]

罢工被证明是女工的有力武器,她们常通过工人运动进行罢工。抵制、静坐与罢工等直接行动是多萝西·科布尔所谓"另一种妇女运动"的核心。她所指的是像多米蒂拉·巴里奥斯·德春加拉、梅达·斯普林格·肯普和宝琳·纽曼等劳工活动家开展的运动,对她们来说,罢工是常规策略。[15]这样的行动,有些是为了支持男工对工作场所的组织规划。矿工的妻子很重要,是罢工中醒目又常见的人物。1950年至1952年新墨西哥州抗议帝国锌矿公司的罢工中就有许多矿工妻子的身影。墨西哥裔美国矿工被禁止在工厂外围进行罢工,而他们罢工的场地被由矿工妻子组成的妇女辅助会利用了起来。1984年至1985年的英国大罢工期间,矿工们的妻子采取了同样的行动,她们在全国范围内占领矿坑,设置纠察队,筹集资金。男工对这些行动深感矛盾,而他们的妻子有时会发现意外的机会:获得更多的社会自信,可以就业,让丈夫参与更多家务劳动。但这些行动总体要做的还是与男性一起参与斗争,争取社会公正与群体生存权。

不过,罢工也可用在更为私密的问题上。内莉·鲁塞尔(Nelly Roussel,1878—1922)是位法国母亲,有三个孩子,她强烈反对因为军事和经济目的而不顾妇女意愿,要求她们生育"炮灰"的行为。她支持所有妇女节育。在法国,直到1967年,口服避孕药才合法化,妇女到此时才获得节育权。二十世纪初期,鲁塞尔就在写作中宣称,"女权主义最需宣称的当是'做母亲的自由',这是首要的、最神圣的自由,然而却是……最少讨论,也最不受重视的自由"。[16] 1904年,她提议进行一场生育大罢工,以抗议国家鼓励提高人口出生率的政策。鲁塞尔的激进主张结合了她策略性使用的她书中的献词以及她的照片和雕塑,那些文字与图像所呈现的主要是她作为母亲的形象。尽管她有大段时间无法陪伴她的子女,但她还是被普遍认为是一位尽心尽责的母亲,或许这也是她在法国没有像其他倡导节育的运动者那样遭到警察骚扰与逮捕的原因。[17] 鲁塞尔还争取妇女享受性愉悦的权利、分娩中获得镇痛的权利。不过,尽管她具有超凡的个人魅力,也常高调地出现在报刊上,但她并没有什么资源来组织集体抗议,进行生育大罢工的想法始终只是雄辩性的主张,而不是现实策略。

不过,有些运动者发现罢工进行起来并不难,哪怕罢工会牵涉整个公共领域。1975年10月24日,冰岛女性主义者迈出了不寻常的一步,她们选定这一天为全国妇女"休息日",以肯定妇女在家庭、工作单位所做的辛苦工作,并让国家认识到她们与男人相比获得的收入太低。格外多的人,据预测大约有多达90%的冰岛妇女接受了这次"罢工"邀请。她们拒绝教书、印刷报纸、做乘务工作、挖鱼内脏,结果导致冰岛几乎所有学校闭校,工业停产,商业无法运行。如果父亲们要工作,那他们就得带上孩子。第二年,冰岛国会通过平等权利法案,五年后,首次有女性被选为冰岛总统。这一抗议每十年就会进行一次,近年来,它启发了波兰运动者。2016年,波兰运动者抗议政府取消波兰本就极为受限的堕胎权,运动以胜利告终。

冰岛的抗议其实也受到了1970年8月26日举行的规模很小的一场罢工影响。这场小型罢工是美国妇女1920年获得选举权五十周年的纪念活动。罢工的倡议者是美国全国妇女组织第一任主席贝蒂·弗里丹,她呼吁妇女采取生活中一切合理的行动。一位组织者幻想:

> 办公室工作的女性将给印刷机多上点油墨……秘书们将把所有信件放进错误的信封;女服务员们要将盐放进糖碗里;妻子们要给丈夫吃斯旺森公司出品的墨西哥式冷冻晚餐,看着她们的老男人得到蒙特祖玛的复仇(Montezuma's Revenge)①。有些妻子甚至都不准备给丈夫准备任何餐食。[18]

---

① 这是一款难度系数很高的游戏,此处应具有双关之意,即看丈夫打这款游戏,也指对丈夫不干家务劳动的复仇。

她为这一天提出了一条箴言:"罢工正酣,不做熨烫!"(Don't Iron While the Strike is Hot!)

在首都华盛顿,许多团体配合了这一事件,这表明在此历史时刻,妇女运动中包含着各种利益的复杂组合。美国全国妇女组织吸纳了来自国家福利权利组织、青年社会主义联盟、华盛顿特区妇女解放运动、联邦聘任妇女组织及联邦妇女联盟中的成员。她们参与的运动多种多样,既有阻止越南战争的运动,也有反对工会运动中的性别歧视的活动,还包括解决黑人与工人阶级妇女贫困问题及结束父权制等的运动。她们当中有些人主张对宪法进行修正,要求政府通过《平等权利修正案》(ERA)。其他人,如华盛顿特区妇女解放运动的成员就拒绝支持《平等权利修正案》,认为它所要实现的是白人、中产阶级、改良主义的目标,对现状不会做出多少改变。她们的这一主张得到了主要由低收入非裔美国妇女组成的国家福利权利组织华盛顿特区成员的支持。她们关注的首要问题是贫困,她们进行游说并举行罢工,要求改善居住条件,降低交通费用,获得更好的卫生保健。这些"福利运动者"还质疑有偿工作是获得解放的一种形式的说法。经历过福利体制中的恶劣工作环境、低工资和被迫工作——根本没有提及子女对母亲的需要,像埃塔·霍恩(Etta Horn)这样的运动者往往会非常谨慎地将她们的运动与呼吁获得就业机会的妇女运动区分开。霍恩先前是名家庭佣工,她有七个孩子,本人还是一名活跃的教会成员。她参加过各种反对警察种族主义的抗议,也抵制过拒绝向接受福利救助的人提供积分的商场。国家福利权利组织并没有为她们的运动冠上女权运动之名,但正如历史学家安妮·瓦尔克(Anne Valk)所论证,她们提出了一种对母亲身份的阐释，认为在"男性至上"的各种社会形式之下，母亲是最受剥削却得不到报酬的人。接受福利救济的人中，妇女所占比例相当大，她们所谈论的"男权至上"也使她们的运动与女权运动极为相似。[19]

1970年的罢工启发了全美采用各种各样的策略进行运动。联邦聘任妇女组织受到法律限制，不得进行罢工，它呼吁成员们"用脑子而非砖块斗争"。芝加哥妇女解放联盟突击一家肉品加工厂，这家工厂的一名女工因为带着孩子上班而被解雇了，联盟的人劝服了经理们让她重返工作岗位。在华盛顿，全国妇女组织将消费者抵制购买活动作为她们运动的中心内容。对广告中的性别歧视进行抗议时，她们列举出《大都会》杂志、一个香烟品牌、一种洗洁精和一款"女性卫生"喷雾，作为抗议的目标。华盛顿特区妇女解放运动游行至当地的女子监狱，宣称"男性至上的原则监禁了所有女性"。她们向监狱的窗户投掷石块，向被关押在内的妇女大声喊话，之后还努力筹集保释金保释她们出狱。不过，她们与那些受监禁的妇女之间的接触相当表面化，她们其实极少赞助保释金或寻求与刑事司法制度中的女性建立进一步联系。建立联盟所需代价高昂，华盛顿特区妇女解放运动最终得出结论：与全国妇女组织合作意味着"将精力浪费在与那些有不同当务之急的组织合作"。其他的美国妇女组织不愿意接受男性加入罢工。芝加哥妇女解放联盟表示，在联盟集会上，"男人似乎占了大多数，具有超乎寻常的影响力。一个大事件就这样又一次不完全属于我们，我们在为男人表演"[20]。

罢工纠察队

工人罢工利用的另一个策略便是设置罢工纠察队，这种策略一直被用来加强工厂罢工的效果，但与工人罢工一样，会让妇女处于从属地位。譬如1971年，有一群大约四十人的抗议者在西雅图一家旅馆外担任纠察，禁止人们出入"热裤大赛"场地，她们认为这场比赛是在物化女性；同年，一群妇女不满爱尔兰议会上院不愿花时间讨论保障妇女节育权的议案，她们使用婴儿车在伦斯特议会大厦外进行纠察，禁止人们进出。她们还将民权赞歌中的歌词"我们矢志不渝"唱成了"我们绝不怀孕"。有些妇女爬窗户进入男卫生间，从而闯入大厦内部，她们之后就抢占了男卫生间。她们不满议会将节育法案置入僵局，结果导致了1971年5月22日爱尔兰妇女解放运动中的重要时刻：一群妇女邀请电视台跟拍她们前往贝尔法斯特，以破坏爱尔兰共和国对节育的禁令；她们购买了避孕套和杀精剂，但她们购买避孕药的计划受挫。尽管从1962年开始，在大不列颠购买避孕药合法，但避孕药只能凭处方购买。她们转而购买了数百包阿司匹林，因为她们怀疑海关官员根本看不出这是不是避孕药。乘火车回到都柏林时，抗议者公然向海关官员宣布了自己的行动，她们挥舞着避孕套，吞下了一些阿司匹林。支持者将她们围在中间，齐唱"让她们过去"，官员们不敢逮捕她们。她们的非暴力反抗获得了广泛宣传，但要使社会发生改变，还需要很长时间。尽管爱尔兰高等法院1973年裁决节育是一项"婚姻权利"，但政府仍不愿意给予支持，甚至还援引了天主教的反对意见。1980年,立法最终批准了有条件限制的节育,但只允许已婚夫妇节育。接下来的十五年间,政府慢慢提出了一些修正案,逐渐放宽了可以节育的人群。2018年,在一次具有重要历史意义的公民投票后,堕胎不再是爱尔兰共和国的非法行为。2019年,北爱尔兰也随之姗姗来迟地取消了堕胎非法的规定。

日本和朝鲜半岛的妇女用罢工纠察队抗议商业化性交易,尤其抗议以"观光业"遮掩性交易。日本及其前殖民区域朝鲜半岛都有长期存在的"红灯区"或称"寻欢区"。妓院可以获得合法许可证,契约劳动制度有时支配着性工作者的生活。譬如被称作"妓生"(kisaeng)的韩国妇女有着明确的角色——为精英男性提供性娱乐。十九世纪后期,随着大量日本殖民者移居朝鲜半岛,港口地区的卖淫业相当兴盛。日本于1905年宣布朝鲜半岛为其保护国之后,官方推行了一套更为正式、规范的性旅游业体制。这套体制为1937年至1945年日本侵略亚洲其他国家时,对许多朝鲜半岛和中国妇女进行性奴役,迫使她们进入"慰安站"铺平了道路。"慰安妇"被迫向日本军队提供性服务,被强制进入妓院,她们中有大约四分之三的人在这样的监禁中死亡或被杀害。日本战败和1948年朝鲜半岛分裂为两个独立的主权国家并没有阻止随后建立的从日本到韩国的性旅游产业。二十世纪八十年代,企业赞助和男士专享的包价旅游发展迅速。事实上,第二次世界大战设定"慰安妇"的行为直到二十世纪后期才被认定为战争中的主要暴行。韩国慰安妇委员会从1992年至1994年每周都组织妇女在首尔的日本大使馆门前抗议,最终迫使日本进入道歉与补偿程序。[21]

像许多来自美国和欧洲的男性一样,日本的性旅游者也在二十世纪七十年代来到韩国和菲律宾。韩国政府积极支持性旅游业,将之当成吸引外汇的一种方式。它们与日本多家公司合作,从妇女性工作中牟利。随着更为强硬的妇女运动出现,运动者开始对这一体制提出挑战。韩国人在首尔的金浦机场组织纠察,抗议日本男人进入韩国。1974年,日本妇女也在东京羽田机场组织起了纠察,阻止男人从该机场出发。[22]抗议者对有组织的日本性旅游团尤为愤怒。日本公司提供餐食与酒店,由此垄断了利润,导致韩国的性工作者收入极低。

当该行业受到更严格的监管,进而威胁到了行业利润,许多妇女被从韩国和其他国家转移到日本,她们在酒吧和按摩院工作,往往拿不到护照、拿不到钱,便无法离开这一剥削行业。因而,在机场的抗议活动之外,日本妇女还设立了收容所,为逃离了性剥削与劳动剥削的移民妇女提供住所。

二十世纪后期出现了越来越多的"性用品商店",售卖色情用品及性玩具,媒体更加普遍地宣传带有明显色情意味的文字与图片,这些都促使许多妇女解放运动组织进行纠察。1981年,旧金山妇女反色情和媒体暴力组织的简报向其读者提供了一份行动指南,名为《组织反色情纠察队》,设想其可以作为在电影院、演播室和性用品商店中使用的策略。她们强调有必要让媒体参与其中,有必要使用有创意的口号,还有必要使用吟唱与音乐以突出积极抵抗。民权运动的歌曲《我们要战胜一切》《奋力反抗》《我们绝不动摇》等都被列为适合的曲目。

在伦敦1978年的"夺回夜行权"大游行中,妇女先组织了纠察队,之后闯入一家性用品商店,在色情杂志上都糊上了抗议用的贴纸。这次事件中有十六人被捕。她们公然表示是受到了打砸窗户的妇女参政权论者的启发。[23] 之后的抗议手段还包括在性用品商店外涂鸦,向性用品商店投放燃烧弹。妇女运动者高喊"夺回夜行权"这一口号在城市里游行,抗议男性对女性的暴力,这些游行在二十世纪七十年代很出名。女性主义媒体记录的第一次这样的游行发生在 1976 年的布鲁塞尔,随后迅速传至罗马、柏林,接着变成了 1977 年 4 月 30 日整个西德同步进行的系列游行。这些游行的起因在于妇女在城市街道上,尤其是在红灯区内常会遭到强奸和骚扰。游行的典型特征是妇女高举燃烧的火把,演奏乐器和即兴打击乐器,用声音和光侵入那些给她们带来伤害的区域。后来,英国的利兹、伦敦和另外七座城市也在 1977 年举行了这样的游行。利兹的游行运动以"约克郡开膛手"为抗议对象;罪犯彼得·萨克利夫(Peter Sutcliffe)在 1975 年至 1980 年谋杀了多位女子。约克郡警方要求利兹的妇女为安全起见,夜晚应待在家里,这激起了女性的愤怒回应:男性犯下暴力,为什么要女性因此限制自己的出行?女性主义者反而提议,男人才应当遵守宵禁的规定。利兹革命女权组织未经正式许可张贴了许多虚假的警方海报,上面对"西约克郡的所有男士"要求道:

> 出于对女士安全的考虑,请务必每晚 8 点后待在家中。这样女士们便可做自己想做的事,不必担心你们的挑衅。

"夺回夜行权"游行如今仍很常见,她们反抗性地要求重新获得活动空间的游行启发了世界范围内的"荡妇游行"运动。该运动始于2011年,当时多伦多的警察建议妇女应尽量避免穿得像个"荡妇",这样就可避免遭到性侵犯。就性工作者而言,无论是"夺回夜行权"游行还是"荡妇游行"运动都颇具争议性,她们厌恶这些运动给她们的工作环境带来了噪声滋扰,运动者们挪用"荡妇"一词通常也让她们难以接受。在抗议男性暴力的斗争中其实可以找到运动者与性工作者之间的共同基础,但人们往往不会认真地那么去做。妇女解放运动中的许多人都认为性工作者要么是受害者,要么是合谋者。十九世纪就已盛行的"拯救"导向的评判模式在二十世纪后期仍清晰可见。这是妇女运动内部出现巨大分歧的根源,因为她们不愿聆听那些从事卖淫活动的妇女和非男非女之人的看法。任何"夺回"空间的努力或"重申"一些如"荡妇"这样具有冒犯之意的字眼的行为,都有制造出新的准入界限和归属界限的危险。

身体与裸体

受1968年抗议亚特兰大市美国小姐竞选活动的启发,"胸罩焚烧者"成了女性主义者的代名词。不过,尽管"胸罩焚烧者"在历史上留下了恶名,但那次抗议运动中并没有烧掉一只胸罩。尽管二十世纪七十年代的女性主义者的确鼓励妇女不穿胸罩,但焚烧胸罩的形象其实主要被反女性主义者们利用来暗指,不受衣物束缚、不受男人控制、不受国家管控的女性身体,具有危险性、颠覆性。即便有这样的刻板印象存在,双乳及女性身体一般说来都是女性主义抗议运动的高地。

2008年,一群自称"妇男"(FEMAN/ФЕМЕН)①的乌克兰女性主义者决定开展反对欧洲与乌克兰和摩尔多瓦等前苏联阵营国家的妇女卖淫活动。她们先前争取公众关注的努力并没有多少成效。但她们脱了上装,在赤裸的身体上绘出她们的口号,这成功吸引了全球多家媒体的报道。她们自发的挑衅行动旨在暗中破坏媒体对女性双乳的迷恋,重新确立女性主义与普通大众之间的联系。在抗议乌克兰政府限制堕胎权的运动中,运动者的胸脯上用颜料写着口号"我的身体我做主"。"妇男"颠覆性地要求获得生育自主权,并嘲弄地承认妇女对自己的身体的商业开发。对于那些参与"妇男"抗议运动的个体成员来说,她们付出了巨大代价——运动者们因为受到死亡威胁而被迫在2013年离开乌克兰,申请法国庇护。

"妇男"运动者认为她们的女性主义与她们所认为的"历史上的"女性主义和"美国"女性主义都不一样,因为这两种女性主义更注重平等权利。与之不同,她们使用"过激女性主义"(ultra feminism)或"新女性主义者"等术语表达她们的女性独特性。她们中的成员安娜·哈索尔(Anna Hutsol)表示:

> 女性主义不应该始终处于边缘,它得普及,它得又酷又有趣,这就是为什么我是"妇男"中的一员。我希望女性主义盛行又让人轻松,从未有过地轻松。[24]

---

① 据《城市词典》(Urbandictionary)所列词条的解释,FEMAN 至少具有以下三种含义:男变女的女性(shemale)的另一种说法;具有女性气质的男性;脸部或身体具有男性特征的女性。此处借用中文中的"妇男"一词,并非贬义,主要用来指涉争取男女平等、维护女性身体权利的一群特殊乌克兰女性。

这样的立场吸收了历史悠久的传统看法,即女性主义是源于美国、殖民、西方的扭曲的舶来品。它也与另一种老生常谈的叙事相交织,即抛却过去数代女性主义者的目标,重新贴上"新"字标签。

与二十世纪七十年代的韩国一样,后苏联时代的乌克兰在二十世纪九十年代和二十一世纪变成了性旅游的目的地。"妇男"脱去上装的抗议突出了这种旅游业对女性的性剥削。这是一场精彩绝伦的作秀,还是对男性凝视的屈服?毫无疑问,她们双乳的图像有时会在媒体中反复流传,以挑逗男性。她们的身体往往很纤细、年轻,符合男权体制中的美丽标准。"妇男"的成员们旨在推翻男人对女人身体的剥削,但她们没有展示任何肥胖、老龄化、不符合审美标准的身体。

后来的"妇男"抗议活动遭到了批评,她们因采取了反宗教,尤其是反伊斯兰教立场而变得臭名昭著。2013年,"妇男"在欧洲五座城市组织了"赤裸圣战"(topless jihad),以支持在社交媒体上同样采取裸露上身或赤身裸体策略进行抗议的穆斯林妇女。尽管她们宣称自己是"新"女性主义者,但批评者们还是称"妇男"极端仇视伊斯兰教,具有新殖民性,并且如后殖民理论学者佳亚特里·斯皮瓦克(Gayatri Spivak)的著名论断那般,危险地仿效过去的欧美人,努力要"将棕色人种妇女从棕色人种男性手中拯救出来"。[25]

不过,半裸或全裸抗议并不是"妇男"的首创,它其实有着相当长的历史,二十世纪七十年代的韩国工人与二十年代尼日利亚的市场商贩都用过这种手段。"妇男"在抗议中对妇女身体的使用存在着仇视伊斯兰教及种族化问题,掩盖了自由与受奴役的非洲及非裔美国妇女同样借助身体进行抗议的方式。她们的抗议在美国具有特殊意义,因为在美国,非裔美国妇女在历史上始终被当作男性随时可与之发生性关系的对象。黑人妇女的身体,不管是劳动中的身体还是被色情化的身体,都一直被展览、嘲弄、剥削。像十九世纪和二十世纪初期的弗朗西丝·哈珀、艾达·B. 韦尔斯(Ida B. Wells)、玛利亚·斯图尔特(Maria Stewart)等黑人妇女演说家那样,站到大小讲坛上就是为了寻求关注,而对黑人妇女来说,这意味着她们要付出高昂的代价。昔日的奴隶及废奴主义者索杰娜·特鲁斯有过一个著名举动,她在1858年选择将她的双乳裸露给印第安纳州的白人听众看,因为他们说她不是个女人。她提醒她的白人听众,她的双乳曾给白人婴儿喂过奶,是奴隶制将她与她的子女分离。最后,她还邀请她的白人听众吮吸她的乳房。这光辉又富颠覆性的姿态令她的听众羞愧,成为特鲁斯不愿因遭受质疑而沉默的典型事件。然而,将黑人妇女的身体用作政治目的,这一点始终不那么容易商洽,那些需要裸体参与的抗议活动也往往发生在妇女身体的意义由种族、信仰与阶级所决定的环境中。[26]

尽管世界范围内存在着各种不同的女性主义,但女性主义者明显有着共同的灵感源泉,彼此借鉴,共享策略,正是依赖于这些方法,她们抗议自己遭到的排斥,要求获得空间,发出了自己的声音。促成这一切的催化剂即经济与人口结构发生变化、战争或政权更迭等变革性时刻。运动者从其他各种运动中汲取她们政治组织的经验,这些运动包括争取民主的运动、废除奴隶制运动、民权运动、宗教改革运动、争取民族独立的运动、争取更高工资的运动。但这些运动时常令妇女感到失望,因为她们发现自己在这些运动中被边缘化,男人不把她们当回事。她们失望地转而进行妇女运动,尽管她们中的许多人仍致力于先前便参与的劳工运动、民族运动、宗教运动目标。她们有时会将不同的运动目标相结合,就如我们所发现的,无政府主义破坏运动与工会的集体运动尤其适合融入女权运动。

运动的意义依据其背景及对个人的重要性可以各有不同。"好斗性",如果在这个极为多样化的领域能够意味着什么的话,那么我们最好将它理解为与个人因为奉献与勇气所要付出的代价相关,而不是与使用暴力的程度相关。裸露乳房或献上一朵花在适切的背景中也会充满好斗性。大多数的女权运动都是为了赞美生命;但胡列塔·兰泰里、芳米亚露·兰瑟姆-库蒂等坚持不懈、势不可挡的运动者丧命于非法军事组织、警察与士兵手中,她们的死亡表明那些参与运动的人冒着巨大的风险。

第八章

歌　声

能听到女性主义会是什么感觉?[1] 历史的距离与声音不可触摸的本质就意味着声音档案存在诸多局限。但若逆时间之流阅读历史文献，我们还是可以在跨越了数百年之后的今天"聆听女性主义"。演说、歌乐、吟唱、哀号等丰富的音轨中留下的种种印记成了我们理解可供借用的各种女性主义历史的切入点。1982年，抗议者兼女同性恋革命者吉莉恩·布思（Gillian Booth）在格里纳姆公地和平营其他女子的帮助下，创作了一系列歌词。歌中尖锐地问道：

> 你站在哪一边
> 你站在哪一边
> 你是否站在我的对头那一边
> 你站的是哪一边？
>
> 你是否站在不敬生命的那一边
> 你是否站在挑起种族争端的那一边
> 你是否站在殴打妻子的那一边
> 你站的是哪一边？

你是否站在爱狩猎的人那一边
你是否站在民族阵线的那一边
你是否站在骂我贱货的人那一边
你站的是哪一边？

这首女性主义之歌将影响深远又能激发情感的种族主义、家暴、猎狐、法西斯主义等话题相联系，充分体现了特定的历史时刻特征和英国地域特征。而《你站在哪一边？》这首歌有着更为久远的历史，展现了复杂的音乐与政治遗产。这首歌原由美国工会会员弗洛伦斯·里斯（Florence Reece，1900—1986）于1931年创作，她受到了她所熟悉的那些参与罢工的男性亲属的启发，他们是肯塔基州哈兰县的矿工。里斯的丈夫山姆是工会组织者。他们家曾遭遇过突袭，当时七个孩子都在家。与格里纳姆公地和平营仅妇女参与的运动相当不同，里斯寻求与男性的团结，她在歌中也将自己伪装成了男子：

我爸他是矿工，
我是矿工之子，
他将与工友一起战斗
直至胜利。

《你站在哪一边？》的副歌是在对男人说话，呼吁他们与女性联合：

小伙们，你们站在哪一边？
你们站的是哪一边？

第八章 歌声

与"成为一个怎样的人"相关的同心同德与忍耐力等理想很吸引里斯：

> 哦，工友们，你们能就此忍受吗？
> 哦，告诉我你们怎么能忍受？
> 你们是要做卑劣的工贼
> 还是要做顶天立地的男人？

像许多通过集体行动寻求社会公正的工人阶级妇女一样，弗洛伦斯·里斯强调男女工人具有共同的利益。她的歌被用在了许多劳工斗争中，在二十世纪六十年代成为民权运动之歌，也被世界上其他国家的矿工在罢工时反复吟唱。因为女权运动、工人运动和反法西斯运动都使用过类似的歌曲，这些歌曲也在不同斗争中被反复改写，被其他国家借用并再创作，因而我们可以感受到这些运动间的联系以及其中蕴含的丰富音乐遗产。

女权运动者很早便认识到，歌曲当中蕴含的力量可以促进团结，颠覆现状。从埃塞尔·史密斯(Ethel Smyth, 1858—1944)创作的妇女选举权颂歌《妇女进行曲》("The March of the Women", 1910)，到一百年后俄罗斯的朋克女子乐团"造反猫咪"(Pussy Riot)创作的《杀死性别主义者》("Kill the Sexist")，歌曲和音乐始终是女性主义者表达异议的载体。有些歌曲只是反复吟唱的简单话语，譬如《路上拦下你的强奸犯》(*Un Violador en tu Camino*)就是智利女权运动团体"论点"(Las Tesis)在2019年集体创作的一首吟唱曲，也是舞曲，曾在世界范围内演唱、演奏。其他女权战歌也推动了乐队、录音棚、发行网络的建设与发展。但在多数历史情境中，女权运动主要还是通过文本、演说等方式进行，人们很难想象在这些方式之外的女权运动，很难将女权运动当成具有创造力的活动去"聆听"。妇女被排除在各种文化生产之外，这是妇女压迫中的重要组成部分。艺术是文化权力与声音的载体，妇女在过去两百年间始终被边缘化，不被允许创作和演奏音乐，不能编、导电影、戏剧、广播和电视节目，不能进行艺术创作、出版图书，这一切都使她们的生活、真相和想象不为人知，也使她们更加贫穷，无法在音乐与艺术领域获得专职工作。

尽管如此，仍然还是存在妇女创造文化的痕迹，此处我们通过音乐去探查这些印记。记录女权运动的档案逗弄似的匆匆一两笔带过那些妇女与男子参与的斗争中与之相伴的音乐。譬如瑞典作家埃伦·凯描述道：

> （二十世纪初期）在一场关于妇女问题的斯堪的纳维亚会议上，人们演唱了一支康塔塔（cantata）。歌中唱道，男人统治下的人类已跌入黑暗与罪恶的深渊，但人类将从女子灵魂中获得新生。朝阳将驱散暗沉的黑夜，弥撒亚必将降临。[2]

凯的女性主义观点借助了带有神示的宗教事件。音乐充分体现了其创世动力以及激发运动的深层精神与情感源泉的能力。但不幸的是，我们仍无法获知那支康塔塔听起来怎么样。

"聆听女性主义"不仅要具体表现音乐表演的场景，女性主义档案还可以记录其他各种各样的声音品质。譬如美国女权主义者凯特·米利特就捕捉到了伊朗女权运动历史中的关键时刻。1979年伊朗伊斯兰革命期间，她用录音机录下了她到访伊朗的十三天里的所思所想。她还意外地录下了周围环境中参与运动的伊朗妇女生动的对话和高呼的口号。这些妇女拥护推翻美国支持的穆罕默德·礼萨·巴列维独裁政府的起义,想要确保新伊斯兰共和国会将妇女权利作为其施政方针的一部分。她们遭到革命领袖阿亚图拉·鲁霍拉·霍梅尼(Ayatollah Ruhollah Khomeini)越来越激烈的反对,但凯特·米利特录制的磁带让她们的运动之声能被听到,这揭示了伊朗伊斯兰革命本也可能存在的其他发展方向。伊斯兰世俗女性主义者幻想着"自由的社会"与"自由的生活"。学者内加尔·莫塔赫德(Negar Mottahedeh)提出,凯特·米利特并不能始终理解她们诉求中的优先问题,但她的在场记录了极为热烈的女权运动的声景。[3]

要听到早期女性主义的音景,这在有录音设备之前是非常难以实现的。文字描述有时便是我们所拥有的一切。譬如著名的法国演说家内莉·鲁塞尔就因为她动听的嗓音出了名,她的嗓音"清澈纯净,其感伤的语调回响在开阔的房间里"。[4]众所周知,鲁塞尔能够用声音建立起与听众之间的情感联系,即便她的话题颇惹争议。不过,更为典型的情况是妇女运动者发现,很难让别人听到她们的声音。譬如安娜·茱莉亚·库珀1858年生下来就是奴隶,但她后来在生活中取得了杰出的成绩,前往多国游历。她曾就读美国欧柏林大学和巴黎的索邦大学,是黑人民权运动与妇女运动中活跃的演说家。她出版于1892年的著作《来自南方的声音》(A Voice from the South)在结构上具有音乐性。著作第一部分题为"女高音歌唱家"(Soprano Obligato),讨论了妇女身份;第二部分"即兴合唱"(Tutti Ad Libitum)反思了美国文化中的种族问题。库珀称美国南方黑奴的声音"压抑紧张",是"不和

图 8.1 安娜·茱莉亚·库珀是第四位获得博士学位的非裔美国女性,她的一生都致力于民权运动与教育事业。

谐的华彩乐段"。但她更清楚地认识到黑人妇女声音的缺席,她称她们的声音是异乎寻常的"弱音,是无声的音符"。[5]库珀邀请她的读者用音乐的话语思考谁可以说话,邀请他们注意其中的沉默。

妇女选举权音乐

众所周知,妇女选举权运动者富有创意地在抗议活动中使用了戏剧、色彩及服饰。但她们的音乐没有得到仔细的研究,这或许是因为她们对音乐的使用往往比较短暂,不太可能被记录在档案中。从十九世纪改编的宪章运动歌曲,到二十世纪专门委托创作的歌曲,歌曲在运动中极具鼓舞性,它们被刊印在运动中发行的许多歌集里。鉴于当时出现的激进的合唱团、铜管乐队及管弦乐队,英国妇女选举权运动会倾向于使用音乐便不足为奇了。像"号角"社会主义者与禁酒运动者等的运动常常使用音乐激励其追随者。爱德华·卡彭特的社会主义颂歌《英格兰崛起》("England Arise")会在集会与市集中响起。不过,社会主义运动同样也促生了一些反女权主义的小调,其中包括1898年4月刊登在《曼彻斯特月报》(*Manchester Monthly Herald*)上经过重新创作加工的童谣:

摇啊摇,小宝宝,爸爸就在这儿,
妈妈去骑车,我们找也找不着!
她要么整天在公园里疾驰

要么就在会议上喋喋不休！
她是妇女权利表演场上的台柱子，
教唆着可怜的丈夫们该往哪儿走！

为妇女社会政治联盟精心策划的庆典及游行创作音乐的正是作曲家埃塞尔·史密斯。尽管遭到了父亲的反对，史密斯还是坚决学习音乐，创作了各种各样的作品，包括一部1903年在纽约大都会歌剧院上演的歌剧《森林》（Der Wald）。2016年之前，这部剧一直是大都会歌剧院上演的唯一一部女性创作的歌剧。

埃塞尔·史密斯1910年加入妇女社会政治联盟，1912年因为打砸窗户被监禁在哈洛威监狱两个月。她有一件令人难忘的事：曾有人透过监狱的窗户看到她正用一支牙刷指挥妇女社会政治联盟成员和其他服刑人员在楼下监狱广场上唱歌。她们演唱的是史密斯为妇女运动谱写的最为著名的曲子《妇女进行曲》。这是一首振奋人心、激情澎湃的进行曲，后由作家西塞莉·汉密尔顿（Cicely Hamilton）填词。《妇女选举权》期刊称其"结合了充满激情的革命精神与宗教庄严……它既是一首圣歌，同时也是战斗的号角"。史密斯描述了1911年在伦敦市中心著名的皇家阿尔伯特音乐厅进行的一次表演，目的是进行妇女选举权演说与筹集资金："妇女选举权运动者合唱团经过了严格排练……我们有管风琴，我还想要一个短号来吹奏这支曲子。"

史密斯作为著名作曲人的公众地位与她的音乐贡献一样，都对妇女社会政治联盟有利，她们将她置于舞台中央，让大众看到她们在为自己争取公民权的同时，也取得了辉煌成就。史密斯回忆说："我穿着音乐学博士长袍陪在潘克赫斯特夫人身边，和她一

图 8.2 作曲家埃塞尔·史密斯 1912 年在于伦敦馆举行的妇女社会政治联盟集会上演说。

起沿着皇家阿尔伯特音乐厅的中心通道走到舞台中央,有人给了我一根漂亮的指挥棒,给我戴上了金色的脖套,那感觉棒极了。"[6]

1913年,史密斯的大好前程因为日益严重的耳聋问题而开始受阻,但在此危机之前,她就已经被尊称为"女作曲家"。英国《每日邮报》(*Daily Mail*)上关于《森林》的一篇剧评傲慢地提道:"与这首曲子努力反映强烈的人类情感——在此,无论怎么看都是女性情感——相比,它的魅力与离奇之处更吸引人。"这样华而不实的语言不是第一次出现。由白人女性组成的"女子管弦乐团"在十九世纪七十年代便开始在欧洲和美国巡回演出,但尽管她们具有相当高的音乐水准,可观众被她们吸引只是因为他们对女子管弦乐团这罕有之物好奇,而不是因为她们的音乐表演。《纽约时报》1874年对维也纳女子管弦乐团的一篇评论傲慢地描述了"维也纳的女士们穿着统一的表演服装,(或许还得加上)她们都有漂亮脸蛋"。[7]女性表演者努力争取被当成专业表演者,她们相对来说没什么机会进入音乐厅演奏,因而选择进行歌舞杂耍表演,加入剧院管弦乐队进行表演,有时也在公园、集市、聚会上表演。

对于女性管弦乐演奏者来说,有偿工作往往很宝贵。譬如第一次世界大战后,曼彻斯特的哈雷管弦乐团(Hallé Orchestra)解雇了所有战时雇的女音乐家。这不仅是为了给从战场退下的男兵腾出工作岗位,因为人们普遍认为他们有权优先获得任何工作,而且乐团的音乐指挥们也认为女子不适合巡回演出,她们出现在乐团当中破坏了乐团的"风格统一"。史密斯是积极参与各项运动的女音乐家协会成员,她认识到这种偏见不仅使妇女无法谋生,也使她们实际上无法从事作曲工作,因为管弦乐演奏需要基本训练。她猛烈抨击古典乐界:

恃强凌弱又懦弱,卑劣又善妒,这些并非什么好品格,我很好奇,男人们到底明不明白女子们多么鄙视这些试图阻止她们谋生的行径……[8]

在史密斯看来,音乐既是妇女就业的途径,也是进行抗议的工具与实现团结的手段。

福音歌、布鲁斯与种族排斥现象

除了性别隔离,种族隔离也是美国音乐界普遍存在的现象。黑人女音乐家与白人女音乐家相比,就更不可能获得音乐方面的工作了。种族隔离还限制了非裔和亚裔美国观众接触音乐的机会。这成了女权主义音乐表演的触发点。1925年,成立于1888年的国际组织国际妇女理事会在美国首都华盛顿召开会议。议程包括"全美音乐节",旨在向全世界的观众展示民族文化。但国际妇女理事会一直都尽力避开激进主义和各种争议性问题。音乐节的组织者对美国本土的要求做了让步,在宪政纪念堂内设置了种族分隔的座位。著名的非裔美国演说家哈莉·奎因·布朗(Hallie Quinn Brown,约1845—1949)被激怒了,她号召表演者抵制音乐节。布朗是位音乐家,也是全国有色妇女协会成员,曾在1899年代表美国参加在伦敦举办的国际妇女理事会会议。布朗的父母都曾是奴隶,但她本人成为教育事业、妇女选举权运动,以及反私刑斗争中的重要人物,还在国际巡回演讲中发挥重要作用,表演源自非裔美国人灵歌传统的歌曲。布朗愤怒地谴责国际妇女理事会毫无原则："这是全世界妇女的集会,有色人种妇女却无立足之地。"在她的呼吁之下,有两百位音乐家抵制了国际妇女理事会组织的这次音乐节。

哈莉·奎因·布朗从福音歌中汲取了音乐灵感。福音歌是非裔美国妇女可以轻松接触的音乐。在基督教教堂里、传教士集会上及复兴营里表演和聆听福音歌是那些在自己的教堂里难以向上发展的妇女获得宗教启发、权威与权力的方式。唱诗并不总是要以女性主义为名,但这无疑是一种力量源泉,阿曼达·贝里·史密斯(Amanda Berry Smith, 1837—1915)的一生就证明了这一点。史密斯出生在马里兰州,生而为奴,但通过在英国、印度和利比里亚进行巡回演说和传教,她仍得以过上了一种能产生跨国影响的生活。她因嘹亮的嗓音而出名,这幅嗓子对她在非洲人美以美会(African Methodist Episcopal Church)担任牧师职位至关重要。史密斯曾做了几十年家仆与洗衣工,但她最终与循道宗传教士和基督教妇女禁酒联合会有了密切联系,并最终得以在1882年前往利比里亚开展为期八年的传教活动。史密斯的自传描述了她在火车和马车上、树墩上、帐篷和教堂里演唱的情形。英国报纸屈尊俯就地刊登过一则关于她的通告,向读者描述她是一位福音歌歌者,还是个"皈依了基督教的奴隶姑娘"。概述自己的信仰时,史密斯在自传中引用了一首圣歌:

> 基督的平安令我心灵涤荡,
> 有如生命之泉涌流不息;
> 一切属我因我属他,
> 我怎能不放声歌唱?[9]

第八章 歌声

史密斯的传教内容围绕着基督之爱与对上帝的信任，她并没有公然论及女性主义话题。尽管如此，历史学家帕特丽夏·谢克特(Patricia Schechter)还是注意到，史密斯拒绝接受因为她的性别而被排除在任何集会之外，她还质疑利比里亚是一个男人可以"成为男人"的地方这样的说法。史密斯从未要求过授任礼，尽管她含糊其词地提道，在一次大型循道宗集会上，人们对她的演唱感到震惊，"特别是因为从没有在这样的教众大会上讨论过女子授任礼问题。但自此后，他们取得了很大进步"。男人们倾向于寻找那些可以帮助他们的事业又能承担家务劳动的妻子，她对此持谨慎态度。史密斯的两任丈夫先后过世，两次婚姻中留下的五个孩子中有四个都没能长大成人，她清楚地认识到进入婚姻与成为母亲要付出的代价，有意在她的宗教与禁酒工作中保持个体独立性。

史密斯的音乐视野相当狭隘——她仅依赖于有限的几首人所共知的福音圣歌，并不欣赏她到访国家的音乐传统。1881年到访缅甸时，她提道：

> 我听见了他们那里的美妙乐声；我无法描述它；它没法用我们这里听到的音乐去描述；声如敲锡，像铃鼓声，那种烟囱发出的噪声，或者就像那种炉管会发出的噪声。哦，那是丁零作响的声音。

尽管这描述中带有很多偏见，但她的演唱让她与全世界的教堂会众建立起了亲密、和谐的纽带。这使她在教会里拥有权力，更容易在世界各地游历，也让她获得了自我身份认同——一个"大体上可以完成我所承担的工作"[10]的女人。

音乐产业与"妇女文化"

阿曼达·贝里·史密斯那副著名的好嗓子并没有被录下来,我们只得从她的信件和同代人的描述中才能窥探一二。她在1915年去世,此时音质较差的蜡质或赛璐珞材质的圆筒唱片正被由虫胶或乙烯基制成的新型唱片取代。这促进了留声机的高速批量生产,与之同时出现了越来越多的唱片公司与明星艺术家。随着音乐变得更加商业化与市场化,音乐产业倾向于侵占女性的创造力,控制她们的艺术选择,将她们呈现给听众的音乐作品性别化,这些都成为女性主义关注的问题。第二次世界大战后流行音乐蓬勃发展的时代,女音乐家不仅获得的报酬通常都比男性低,且还被以貌取人。音乐学家杰奎琳·沃里克(Jacqueline Warwick)指出,这个时期的美国"女子乐团"在姿态、体重、舞蹈动作及性别表现方面都遭到了"怪诞的扭曲"。她主要讨论了在商业上非常成功的全女子乐团"水晶组合"(The Crystals),她们的制作人菲尔·斯佩克特(Phil Spector)不顾她们的喜好,坚持要求她们在1963年录制歌曲《他的拳落在我身上(宛若亲吻)》["He Hit Me (And It Felt Like A Kiss)"]。这首歌中的一些歌词令人不安,它们暗示女子欣然接受亲密伴侣对她们使用暴力,因为男人的嫉妒证明了他们爱得深沉。

该乐团"极度厌恶"这首歌,因为与她们一贯积极向上的杜沃普①音乐不同,这像是一支挽歌。歌曲的歌词遭到普遍批评,最终

---

① 二十世纪五十年代起源于美国的流行音乐,其特点是用密集和声演唱无意义的乐句。

这首歌被迫不再发行,却仍保留在她们1963年的专辑《他离经叛道》(*He's a Rebel*)¹¹中。这件事反映了由美国主导的音乐产业更广泛的文化,在此文化背景下,主要是男性经理人和有影响力的公司从那些美化异性浪漫关系和男性权威的歌曲中获利。1976年,美国女性主义期刊《求索》刊登了一篇关于音乐的专题文章,文章写道:

> 音乐产业贪图利益,控制了我们的感官,让我们觉得应该购买市场上出售的任何音乐产品。该产业并不录制带有个人风格或文化特色的各类音乐,而是注重商业音乐,只卖给我们他们计划出售的音乐,给我们的选择极为有限。

文章的作者们乐观地看好女性能"通过音乐及与音乐相关的方式提炼出关于女性情感的有意义话语",她们鼓励积极参与政治运动的妇女支持持有女性主义思想的表演者和同性恋表演者,如此,"最重要的是,我们便可聆听我们真实的人生"。¹²

妇女解放运动者为妇女提供了训练班,这样她们就可以加入音响师行列,甚至取代那些占主导地位的男音响师。她们创立了自己的唱片公司,这当中包括1973年在华盛顿特区创设的奥利维亚唱片(Olivia Records),它是一家取得了商业成功的集体企业,二十年里积极制作以女同性恋音乐为主的作品。她们的第一支单曲《女神》("Lady")[演唱者是公司成员梅格·克里斯蒂安(Meg Chritian)],正是由《他的拳落在我身上(宛若亲吻)》的词曲团队创作的——她们很可能已经领会到了其中的反讽意味。不过,奥利维亚唱片后来出品的音乐作品有助于女同性恋及女性主义音乐家发展创作独立性,也激励更多女性参与创立更多厂牌、组建乐队、举办音乐节。音乐往往是小成本制作,但它对在美国创造一种全新的妇女文化(women's/wimmins'/womyns' culture)极为关键。二十世纪七十年代兴起了许多女子合唱团,包括安娜·克鲁斯女子合唱团(Anna Crusis Women's Choir)、面包加玫瑰女性主义者歌唱组合(Bread and Roses Feminist Singers)和费城女性主义者合唱团(Philadelphia Feminist Choir)。

美国黑人妇女运动是在舞蹈、歌曲及艺术领域探索"妇女文化"的核心。1978年,卡姆比河团体赞助了一场名为"黑人女子众声"(The Varied Voices of Black Women)的巡回演出,颂扬黑人女同性恋身份,探索"女子音乐"中的种族与阶级维度。[13]包括布鲁斯音乐歌唱家伊丽莎白·科滕(Elizabeth Cotton,1893—1987)、民谣艺术家特蕾西·查普曼(Tracy Chapman)及全女子乐团"摇滚甜心"(Sweet Honey in the Rock)在内的非裔美国表演者,展现了美国音乐政治场景中有色妇女的多样性与能力。"摇滚甜心"由非裔美国歌唱家兼历史学家柏妮丝·约翰逊·雷贡(Bernice Johnson Reagon)组建,1973年初次登台表演。她们的观众来自各个种族,而且与"妇女文化"运动中的许多乐团不同,"摇滚甜心"往往致力于面向不同性别的观众表演。雷贡积极参与民权运动,1961年曾被短暂羁押,她将这次的经历表现在了歌中。她还与她的狱友一起组建了隶属于学生非暴力协调委员会的"自由歌手"乐队,改造南方黑人音乐传统,以适应二十世纪六十年代的政治形势。到了七十年代,雷贡又积极参与运动,要求终止针对妇女的暴力行径。她还写了一首名为《琼·里特尔》("Joan Little")的歌曲,致敬这位1974年越狱的非裔美国女子。该女子谋杀了试图强奸她的监狱看守后越狱逃跑。"摇滚甜心"在1976年首次演绎了这首歌曲,表演收益用以资助里特尔的诉讼费用。琼·里特尔最终被宣判无罪,谋杀罪名不成立,她成了女子反抗的标志性人物。

"摇滚甜心"是蓬勃发展的女子音乐产业的一部分,当时兴起了许多俱乐部、音乐节和唱片公司。1977年,她们在美国西海岸的巡回演出得到了女同性恋唱片公司奥利维亚唱片的赞助,此后,该乐团成为加利福尼亚州乃至国际女同性恋文化圈中极富影响力的表演团体。1983年,路易斯汉黑人女子团体的唐娜·皮特斯(Donna Pieters)组织了"摇滚甜心"的英国巡回演出。她描述她们是"妇女运动的原声音乐":

> 在黑人妇女运动者看来,"摇滚甜心"体现了代表黑人妇女的一切;你去每一户人家都能惊喜地听到"摇滚甜心"的歌。在"摇滚甜心"的演唱会上,你会看到你所认识的每一个人。[14]

音乐帮助形成了各种妇女运动和女权运动圈子。

"摇滚甜心"被认定为"黑人女歌手",而不是女性主义者,她们始终警惕总体上具有白人、中产阶级特性的"妇女文化"运动。伊丽莎白·科滕的人生尤其发人深省地揭示了音乐既可以成为慷慨交流的媒介与情感纽带,也会被擅自侵占,成为种族排外的手段。科滕出生在北卡罗来纳州一个贫穷的非裔美国家庭,父母都从事音乐工作。她从十三岁开始便做起了家政工作,后来还成了著名民谣歌手世家——西格家族的女佣。在西格一家的帮助下，科滕获得了录制唱片和后来巡回演出的机会。她的歌成为二十世纪六十年代民谣复兴的一部分，促进了非裔美国布鲁斯传统与左翼及劳工政策的联系。佩吉·西格（Peggy Seeger）陆续创作了许多充满力量的女性主义歌曲，包括《我要当工程师》（"I'm Gonna Be An Engineer"，1972）、《带格里纳姆回家》（"Carry Greenham Home"，1999）。科滕是西格一家与非裔美国音乐传统的重要纽带，但他们之间的联系从不平等的家政雇佣关系开始，而这种雇佣关系，正如弗朗西丝·比尔所指出的，曾塑造了白人与黑人妇女之间的关系，也给他们之间的关系带来了很多麻烦。

丹麦的"心之所向"（Face the Music）和瑞典的"百合"（Lilith Öronfröyd）等欧洲女性主义唱片公司及音乐经销商受到了美国女性主义艺术家的影响，也引进了其中的不少人，但她们更想要发展本国女子音乐和乐团。同样，英国也着重强调与妇女解放运动相关的乐团及唱片公司的创造力。伦敦当地的唱片公司"蛮横的牛"（Stroppy Cow）鼓励"女性在她们自己的时间与空间中做出自己的音乐，无视商业主义会带来的适得其反的压力"。运动者们分享音乐技能，以期为"音乐家"身份祛魅。她们组建乐团，给乐团起的名字体现了她们的颠覆性——"女魔头乐团""正经的小丫头们""卵乐团""可恨的小零碎"。据称，全女子乐团"彩虹鳟"（Rainbow Trout）可以通过《路边求欢者》（"Kerb Crawler"）中的攻击性歌词将男人赶出她们的演出场地：

> 后来和那些男孩子一起，你们会调笑又开着玩笑
> 你们就是一群爱拱来拱去的猪……

第八章 歌声

> 他们眼见着一个女人沿街走来
> ……那又是一块鲜美的肉
> 令路边求欢者垂涎欲滴。[15]

音乐家们也会研究过去的歌曲,通过表达女性经验的民族歌曲与先辈建立联系。妇女解放音乐与同类戏剧和电影一样具有创造性的颠覆力,女性主义歌曲通常是煽动性艺术、迪斯科、脱口秀、讽刺剧等更广泛的女性主义表演的一部分,在二十世纪七十年代的公共场所、酒吧、咖啡店、大学校园、纠察线、擅自占用的房屋及公众集会中,这样的表演十分流行。

一些女性主义音乐制作者挑战音乐工业中的"明星制",强调让草根获得力量是一种政治策略;另一些女性主义者则因为她们没有进入主流音乐渠道的方式而变得沮丧。尽管女性主义书店及妇女书店出售她们的唱片,但"彩虹鳟"的卡萝尔·尼尔森(Carole Nelson)注意到:"广播电台还是不会播放女性的音乐。任何想参与其中、获得关注的人,都要经历重重困难。"澳大利亚珀斯的"激烈的塑料"(Drastic on Plastic)唱片公司致力于改变女性音乐被排除在电波之外的现状。她们的唱片公司以塑料为名,不仅指涉黑胶唱片,也是在赞美塑料的"可塑性、可生成性及灵活柔韧等特质"。1983年,她们创办了一个每周半小时的节目,之后节目时长延长至两小时,主持人洛兰·克利福德(Lorraine Clifford)在这些时间段里播放如朋克乐队"裂缝"(The Slits)等女性团队制作、表演的音乐。[16]

女性音乐进入电波困难重重,女性主义表演却在女性音乐节的别样舞台上找到了出路,如新西兰塔拉纳基女子音乐节。这些音乐节成本较低，它们提供了强烈的社群体验，创造了不同于往常男女都可参加的现场音乐会与音乐节的新空间，避免了那些空间里会出现的性骚扰问题。但塔拉纳基女子音乐节上有一位参与者感到沮丧，因为音乐节的组织者雇了男性音响师。她请求，未来举办的音乐节的声控台可以不用那么复杂，这样就可以雇女性操作。她还抱怨，只有在仅有女性的环境中，女同性恋者"才能脱掉她们的上衣，公开表达爱意"。在更大规模的密歇根妇女音乐节（Womyn's Music Festival，1976—2015）上，关于谁可以参加的问题再次出现。该音乐节吸引了一万观众，其中参与者主要为白人女同性恋，她们严格遵从仅限妇女能参加的政策——这被解读为"女人生出的女人"才能参加，因而变性女子不被允许参加。尽管伴随越来越突出的酷儿政治，二元性别有被打破的可能，但妇女解放运动在个体是否可以变性或与多样性别结盟这个问题上产生了分歧。

二十世纪七八十年代创造出来的"妇女文化"常被认为植根于由生理或基因界定的女性特质，这导致维护"女性"边界的各种努力饱受争议。譬如奥利维亚唱片公司因为录用了变性女子桑迪·斯通（Sandy Stone）而饱受争议。"男人"选择变成"女人"的想法被认为是强行闯入了女子间的姐妹关系，是那些已经享有"父权制红利"的人也想要体验妇女之间情感上的相互支持。玛丽·戴利、罗宾·摩根（Robin Morgan）、格洛丽亚·斯泰纳姆、贾尼丝·雷蒙德（Janice Raymond）是美国当下被称作"性别批判"女性主义的重要倡导者。摩根是一位引人注目的女性主义者，创作过《取缔美国小姐选美大赛！》（*No More Miss America!*，1968）和《女性友谊有力量》（*Sisterhood Is Powerful*，1970），后来还做了美国女性主义杂志《女士》(*Ms.*)的主编。1973年,西海岸女同性恋大会邀请了变性人贝丝·埃利奥特(Beth Elliott)进行演唱,这令摩根极为愤怒:

> 我不会称一个男人为"她";在这个以男性为中心的社会里挣扎、苟活了三十二年,我才赢得了"女人"的头衔;一个男性异装癖走在大街上,他被骚扰了五分钟(**他**或许享受被骚扰的感觉),然后他就敢,他就**真的敢**认为他理解我们的痛苦?不,以我们母亲之名,以我们自己之名,我们绝不会称他为姐妹。[17]

埃利奥特也遭遇了许多恶意攻击,还被女同性恋团体"比利提斯的女儿们"(Daughters of Bilitis)的旧金山分会驱逐出了组织。摩根的立场与许多激进、革命女性主义者,如英国的希拉·杰弗里斯(Sheila Jeffreys)和澳大利亚的杰曼·格里尔(Germaine Greer)立场一致。贾尼丝·雷蒙德的《变性人帝国》(*The Transsexual Empire*, 1979)清楚表明了这种修辞的暴力。雷蒙德原先是一位修女,是玛丽·戴利的研修生,她提出,"所有变性人将女性身体变成一种人工制品并占为己有,这是对妇女肉体的强奸。"女性变性为男性的做法同样遭遇敌意。斯蒂芬·惠特尔(Stephen Whittle)在变性之前,一直活跃于曼彻斯特的妇女解放运动和女同性恋圈。在变性的过程中,他面临着偏见与排挤,当他想要继续参与女性主义者的活动时,情况尤其糟糕。不过,人们也质疑妇女解放运动中的性别二分法,我们发现凯特·米利特就持有"双性"主张。学者威瑟斯(D-M Withers)近来提出,我们必须警惕,不应随意否定女性主义的历史,认为其铁板一块似的敌视变性人。威瑟斯认为,妇女解放运动"大大推动了变性行为的发生,因为它使性别明显成为一种社会实践"。[18]

奥利维亚唱片的桑迪·斯通在1987年对雷蒙德进行了回应,撰写了《〈帝国〉反击:后变性时代宣言》("The *Empire* Strikes Back: A Posttranssexual Manifesto")。她提出,变性人应当放弃冒充另一性别的做法,应重新要求获得非正统的身份,哲学家唐娜·哈拉维将这种身份命名为"怪物的迹象"(promises of monsters),而当下我们将之理解为酷儿。[19] 1973年,西海岸女同性恋大会进行了一场投票活动,大多数观众投票表示愿意听贝丝·埃利奥特唱歌。她进行了表演,但之后离开大会,也退出了激进女性主义者的圈子。

妇女解放的危险小曲儿

佩吉·西格的《带格里纳姆回家》是妇女和平运动中业已丰富的音乐景观中的迟来者。格里纳姆公地和平营是唯妇女参加的抗议活动,她们反对在位于英国伯克郡的北约"备用基地"格里纳姆公地英国皇家空军基地部署美国核导弹。这是妇女运动史上最持久的抗议活动之一,前后持续了十九年。1981年,三十六位女性和四位男性从威尔士出发进行游行示威,拉开了这场旷日持久的抗议活动的序幕。游行者被称作"争取地球生存权的妇女",她们受到了早期从哥本哈根到巴黎的和平游行的启发。从威尔士到格里纳姆,她们行走了120英里,但发现并没有引起媒

第八章 歌声

体对她们行动的兴趣,后来,她们借用爱德华七世时期的妇女选举权运动策略,将自己锁在基地外围的栏杆上。和平营吸引了三万多名妇女,她们在1982年12月聚集到一起,在基地九英里长的外围形成人体链条"包围基地"。据一位参与者描述:

> 我们手拉手绵延九英里,形成了一道有生命的锁链,锁住战争的恐怖,屹立在他们与我们的世界之间,我们宣布:我们将用充满爱的拥抱迎接你们的暴力,因为爱是平息暴力最可靠的方式。我加入一浪又一浪高呼"自由"的声音,远处飘来回响在整个基地的"自由"的回声,我感觉充满了力量。[20]

尽管和平营宣称有些区域只接受女性,但也有男性来参观营地。这些男性给女性提供支持,例如承担照料孩子的责任,但建立这些永久营地的都是女性。进出皇家空军基地的不同入口大门各具鲜明特征,皆以彩虹色命名。紫色门处的抗议者为宗教团体,她们采用聚焦"地球母亲"的歌曲;孩子们在橙色门处会比较安全,这里的抗议者与音乐紧密相关;绿色门处聚集的全是好战的妇女;黄色门处的抗议者强烈反对种族主义。营地的环境非常糟糕,人们没有活水,没有电,没有与外界的电话联系,像唱歌、跳舞、编织等创造性活动就成了极具影响力的日常活动项目。歌曲经常是从其他形式改编而来。那些人们所熟悉的简单、歌词重复的歌曲有时被冠以"拉链歌曲"之名,因为这些歌可以被迅速修改,用到新的情境中,因而这些歌曲能有效为抗议者提供直接可用的资源。譬如格里纳姆公地的抗议者就将童谣《雅克兄弟》("Frère Jacques")改编成了简单歌谣,

> 我们是妇女，
> 我们很强，
> 我们一起说不，
> 抵制核弹。

众所周知，有四十四名妇女在 1983 年 1 月 1 日闯入基地，在飞弹发射井顶端，和着萨克斯风与小提琴演奏出的乐曲，跳了一个小时的舞，最后遭到了逮捕。抗议者们接下来又有规律地划破围栏，1983 年晚些时候，她们在警察介入前，一次就砍掉了四英里长的围栏。抗议者们还尾随索尔兹伯里平原上的演习部队，手拉手唱起歌，导致军事训练进行不下去。[21]

格里纳姆公地和平营具有极大影响力，类似的营地也在其他基地建立了起来。林肯郡沃丁顿核基地的抗议者卡特里娜描述了她作为和平营一员的感受：

> 营地生机勃勃、繁花似锦，一种妇女文化正在茁壮成长。它色彩绚丽，自信又新颖。我们连着两个星期织起一张张勾连各个大门的网，大声唱着新写的歌，学会了相互配合，封锁了主要进出口长达两周……这里的氛围令人兴奋，就好像大家都蜕了一层皮，以鲜活的色彩重新亮相。我们为自己的力量而兴奋。[22]

可她们付出了高昂的代价。法警定期驱逐她们，毁掉了她们在格里纳姆搭建的帐篷和营火；这驱逐活动有时是每天都要进行一

第八章 歌声

次。这种情况一直持续到音乐家兼艺术家小野洋子（Yoko Ono）给她们捐了一笔钱，让她们能在基地旁边买下一片区域，不再受警察骚扰。一个由女性经营的民主、反等级的空间通常很难管理，会出现管理策略、责任机制、成员限定等方面的不同意见。"女性"这一类别并不能那么轻易地表达营地中的不同利益。尽管如此，在军事化、极其男性化的冷战核基地门口试验"妇女文化"、女同性恋及妇女空间，这仍赋予了妇女极大的力量感。

营地的各种录音资料显示，她们就在美军空军基地的大门与围栏处演唱那些歌曲。这令警方与基地人员极为愤怒，他们努力采取手段让抗议者们安静下来。一些歌曲使用了和弦，但更多的用了即兴打击乐伴奏。格里纳姆公地和平营里的歌词如"你毁灭不了精神"（You Can't Kill the Spirit）变成了口号，成了全世界都能看到的涂鸦，还变成了各种贴纸上的内容。她们的这些歌曲并不只专注于和平与核威胁主题。《夺回夜行权》是一首举世闻名的格里纳姆歌曲，它指涉了二十世纪七十年代末期发生在世界范围内的反抗男性暴力的各类游行。歌集《回荡在格里纳姆空军基地的歌声》（Chant Down Greenham）收录了关于女巫的歌曲，参考玛丽·戴利的生态女性主义，写出了如"用风编织起你的力量，我们将改变，我们会纺织"等歌词。该歌词强调的编织力借用了美洲和澳洲原住民的蜘蛛与蛇等图腾。《你毁灭不了精神》是奇卡诺活动家娜奥米·利特贝尔·莫雷纳（Naomi Littlebear Morena）的原创歌曲，创作该曲目的目的是抗议对印第安人领土的掠夺。这一借用可能会有丰硕的成果，并且体现了来源众多的"女性主义拼图碎片"大杂烩，但这也可能是对这一音乐遗产的拙劣使用，而她们完全意识不到这样的挪用表现的其实是白人特权。

格里纳姆的妇女秉持着对"女子"权力的历史与精神源泉的一贯兴趣,还采用了"哀号"——源于凯尔特文化,也可追溯至古希腊、古罗马时代的一种哀悼挽歌。它表达了抗议者预见核战争前景时极为悲痛的殇逝感,也使她们的抗议具有了政治性与情感性。这场始于"妇女争取地球生存权"的游行始终伴随着哀号。尽管其中的一位游行者婕恩(Jayne)从未听说过这种方式,但她回忆说:

> 那就像一场治愈,哭号出基地的存在带给我的悲伤与沮丧……那哭号的声音来自我内心深处,我的耳边始终有着嗡嗡声响,我想着我要晕过去了——但其实就是眼泪流个不停。梅丽萨(一起游行的同伴)也在哭泣,我们拥抱了彼此。对我来说,那就好像是整个游行和锁链行动至此终于圆满。事实上,在那个时刻,是我整个生命实现了圆满。[23]

格里纳姆公地和平营妇女 1982 年在威斯敏斯特议会大厦的抗议被描述为一场"哀号运动",因为她们用声音穿越各种实体障碍物进入大厦。她们穿着黑色衣服,紧紧相拥在威斯敏斯特广场上,发出诡异的噪声,表达无言的悲伤。有一位抗议者评论:"要是我们只是聚集到那里,拿着旗子站在外面,我们很可能不会引起任何关注,但我们用声音就不一样了,事实上,我们可以穿透整栋大楼。"[24]哀号与哼唱也是女性能在敌对环境中被关注的有效方式。格里纳姆公地和平营的一群抗议者出现在了 1984 年力拓锌矿公司年度股东大会上,抗议该公司对澳大利亚、巴拿马和纳米比亚等地的人民实施暴行。女性主义者们察觉到全为白人男性

图 8.3 1982 年 1 月,一位"哀号"抗议运动的抗议者于议会大厦广场。

的董事会成员撒谎时,她们就会哼唱或哀号,来打断会议。她们在吟唱中直接点名董事会的个别成员,还怒斥"你的双手沾满鲜血:战争贩子!",结果导致有三位女士被驱逐离场。不过,由此引起的强烈抗议表明,除非这些女士可以重新出现在会场,否则会议将无法继续进行下去。抗议者们意识到声音对抗议活动具有重要意义,便录制了整个会议,将录音磁带交给其他运动者,以此有意识地促进其他运动者采取声音入侵的策略。

哀号不只是表达集体哀伤的方式,学者玛格丽特·拉韦尔(Margaret Laware)提出,它也激发妇女承担"桥梁"作用,"连接生者与死者,成为"过去、现在与未来等"不同领域的调解者"。每年为广岛和长崎的核爆炸而进行的哀号就表征了这种历史感,表征了妇女的哀悼,以及人们在战争中感受到的未来的丧失。全世界的核爆炸纪念活动具有全球导向,这使格里纳姆公地和平营的抗议者可以在国际舞台上发声,与其他地方的抗议活动形成联盟。1983年,格里纳姆公地和平营的女子因为听到谣传说意大利西西里岛上的科米索要变成北约导弹发射场便赶赴那里。她们遭遇了警察的粗暴执法,数十名抗议者遭到逮捕,之后她们便包围了省监狱——拉古萨监狱(Carcere Ragusa),进行了"喊叫运动"——大声唱出歌曲,喊出加油鼓劲的话。被囚者被禁止大声喊叫回应,但监狱规章并没有禁止唱歌。她们便唱起了歌,告诉监狱外的人她们被囚的情况,诉说警察打断了一位女子的臂膀。

妇女参政论者埃塞尔·史密斯被监禁时经常歌唱,与之一样,歌唱是英国和平抗议者被囚禁时普遍会做的事。二十世纪八十年代因为和平运动而被监禁在哈洛威监狱的妇女被要求组装"外太空入侵者"玩具,这是囚犯可以做的"志愿"劳动之一。其中一位被囚者莎拉·格林(Sarah Green)回忆说：

> 他们让女子把枪装在机器上，然后将它们装箱……我们坐在桌边哼唱，我告诉那个负责管理我们的男人，我们不愿参与这份工作，因为那些都是战争玩具……我们唱起来："别把这些玩具给男孩子们玩。"那个男人感到极度不安，大声喊叫女警卫："把她们弄出去！"大部分的女子都被逗乐了。之后便再没有人让我们干这活儿了。[25]

哼唱、歌唱、反复吟唱、哀号等策略在质疑逮捕、监禁，争取声音空间及哀悼核导弹所代表的未来的丧失方面都极有效力。有一首很流行的抗议营歌曲，也就是霍莉·尼尔(Holly Near)的《我们是一群温和易怒的人》("We Are a Gentle Angry People")中有一句歌词这样说道，抗议者们"歌唱，为我们的生命歌唱"[26]，这其中蕴含着深厚的情感。

地下朋克女性主义

二十世纪九十年代，随着新一代女权运动者的出现，一种不一样的音乐景观发展了起来。与妇女解放音乐强调自主权与"妇女文化"不同，地下朋克女性主义代表了一种音乐趋向和新的运动，成为妇女文化、先锋文化和大众文化的桥梁，尽管它仍与早期妇女运动一样想要创造文化而不是消费文化。地下朋克女性主义借用朋克音乐与非主流摇滚乐创作出了针对植根于情感与日常经历的少女时代的批判性描述。

有时候仅仅是工具的选择便能成为一种女性主义宣言——当今选择长号与大号的不同年龄阶段的女子还是会遭遇性别阻力。我本人就选择了爱尔兰风笛这种被坚决认定应由"男性"弹奏的乐器,而我作为该乐器演奏者的音乐经历正是这种性别阻力的例证。在二十世纪九十年代的爱尔兰传统音乐节上,人们遇到了我这个"女风笛手",纷纷向我表达了他们的震惊。我弹奏的乐器与地下朋克女性主义者弹奏的变形电吉他完全不同,但我故意选择一种女性很少弹奏或令人们感到惊讶的乐器,从而感受到了她们所具有的力量。girl——女孩,会让人联想到"娇小",地下朋克立性主义使用 girl 的变体 grrrl——强女孩,扭转了人们对这个词的看法,其歌词与诗歌描述少女时代是充满力量与友谊的时期,但也是遭遇骚扰、强奸与自我伤害的时期。身体是考查年轻女子经历的焦点。地下朋克女性主义欣然接受性别的非二分性、异装、双性恋、泛性恋、无性恋及其他欲望表达模式。这种对性别与性征的可变性的热切肯定表明,这场运动具有酷儿潜质,但地下朋克女性主义也提醒人们重视二十世纪后期年轻女性的身体形象、饮食及成长的巨大压力,这些仍是当今年轻女性的迫切困扰。[27]

地下朋克女性主义结合爱好者自制杂志、诗歌与乐队,颠覆性地跨越文化类型,努力消除表演者与"粉丝"——后者往往具有文化地位低下之意,是以女性为主的类属——之间的边界。地下朋克女性主义音乐采取大声喊叫与尖叫的形式,她们的自制杂志也爱使用大写字母、潦草书写和编造的字词。1990 年在华盛顿州首府奥林匹亚市创建的"比基尼杀戮"(Bikini Kill)乐队在演奏会上分发涂色自制杂志和歌词本,乐队观众的自制杂志则是剪贴簿、日记本、照片集锦及宣言的混搭。地下朋克女性主义带来了"文本对象"的激增,它们或为手写、剪贴、由老式打字机打出的,或是在新式影印机上复制的。尽管这些都由她们自己动手制作,且流通范围不大,但自制杂志有时会招致州政府的高压打击。譬如加拿大政府就因为地下朋克女性主义自制杂志《荆棘》(Thorn)表达了愤怒与暴力而对其执行禁令。

自制杂志为先前有助于提高社会政治觉悟的讨论提供了新的"物质"版本,它们包含极为个人的、自白性的材料,涉及性侵害、自尊、友谊等问题。地下朋克女性主义者们也自觉对历史素材进行重新传播与改造,其中包括先锋派艺术家米娜·洛伊(Mina Loy)1914年的《女权主义宣言》("Feminist Manifesto")。该宣言坚持主张,妇女"停止依赖男人,弄清楚你不是什么样的人——在你们自己的内心深处发现你是什么样的人"。洛伊所致力的现代主义、优生学主张并不太契合后来倡导自我表现的女性主义思想,但她之后的数代女性主义者都重申了她反传统的精神,重提她所坚信的"妇女必须摧毁内心想要被爱的欲望"。本着这种精神传统,甚至1963年那首《他的拳落在我身上(宛若亲吻)》都可以被重新启用,因为朋克、非主流摇滚和地下朋克女性主义运动主张运用新的方式对抗日常生活和音乐产业中的性别暴力。"洞穴"(Hole)摇滚乐队的主唱考特妮·洛夫(Courtney Love)就在1995年以一种轻蔑、愤怒的模式演唱了这首歌。她改掉了原歌中的一些歌词,去掉了关于亲吻的内容,转而唱道:"他的拳落在我身上,他让我成了他的所有物。"[28]

值得关注的是,地下朋克女性主义发端于美国西海岸,这里也是早期充满活力的妇女解放音乐景观的所在地。但很快,地下朋克女性主义便不再局限于该地,她们的音乐磁带、自制杂志流通到了亚洲、欧洲和拉丁美洲。地下朋克女性主义也出现在巴西、俄罗斯和印度尼西亚,并有了新的发展。不过,随着这类音乐的传播,这些国家关注的问题和采取的模式发生了变化。俄罗斯的"造反猫咪"乐队2011年由女性主义"战争艺术乐团"组建。2012年,她们在莫斯科东正教基督救世主大教堂进行了一场名为"朋克祈祷"(Punk Prayer)的演出,此后迅速闻名全球且具有相当大的影响力。她们的演出被拍成影像发布在了社交媒体上,这导致其在国际上声名狼藉,其乐队三位成员还被捕并被定罪。尽管有人认为她们不过是受了西方影响爱搞恶作剧,但"造反猫咪"乐队支持同性恋、双性恋和跨性别族群的权利,持有反权威主义的立场,这使得她们遭到殴打、逮捕与监禁。印度尼西亚的地下朋克女性主义乐队如"嘿! 处女"(Virgin Oi!),以"造反猫咪"乐队为榜样,受她们启发,创作了表达反抗强奸、反抗父权制家庭权威的歌曲。不过,北半球出现的各种版本的"解放"并不总是有助于那些处于情况复杂的后殖民国家的女性。譬如印度尼西亚的地下朋克女性主义始终反对美国与俄罗斯将伊斯兰教等同于对妇女的压迫。她们故意戴上黑头巾,穿上黑牛仔,谋求在当地产生、对她们的伊斯兰教传统十分敏感的赋权形式。[29]

国际妇女日与国家女性主义

印度尼西亚亚齐省的地方政府长期以来一直饱受反政府反

叛侵扰,当地政府极为关注二十一世纪初期该区域于青年男女中兴起的朋克运动。在2011年一次众所周知的行动中,警方在一场朋克音乐会上逮捕了六十四人。被羁押的这些人中有男有女,他们没有受到任何指控,却被关押了一个星期,被强迫剃发、祈祷、进行集体"净化性"沐浴。尽管印度尼西亚的其他省份能够宽容对待朋克与地下朋克女性主义活动,但在后冲突时代的亚齐省,人们认为伊斯兰教法禁止这些人和她们的活动存在。

印度尼西亚也有其自产的女性主义歌曲。第一章中提到卡蒂尼从潘迪塔·拉玛巴依的作品中获取灵感,她在二十世纪五十年代和六十年代早期被印度尼西亚民族主义者和共产主义女性主义群众运动广泛宣传。[30]她的声名在非宗教、军事统治的苏哈托政权统治时期(1968—1998)达到了新的高度,这期间卡蒂尼被奉为"民族女英雄"。体现卡蒂尼神秘地位的更有印度尼西亚将4月21日定为"卡蒂尼日"以纪念她。伴随着卡蒂尼各项纪念活动的是为她创作的歌曲《我们的母亲卡蒂尼》(*Ibu Kita Kartini*)——1931年由民族主义者苏普拉特曼(W. R. Supratman)创作,他也是印度尼西亚国歌的创作者。有规律的节奏和反复的和声使人们一听便知,这首旋律是为庄重、精心安排的公共场合而写。歌词中的卡蒂尼是印度尼西亚的公主和"民族勇士"。她母亲般的贵族民族女英雄的社会形象被印在了纸币上,在各项国家庆典中被反复提及,这成为苏哈托总统"新秩序"计划中的一部分。他在这项计划中力图为自己树立"总统父亲"的形象,通过爪哇人对群岛的控制实现集权统治。[31]不过,卡蒂尼的反叛与不服从也同时被苏哈托的反对者们借鉴,其中就包括印度尼西亚女性主义者,她们利用1998年的"卡蒂尼日"抗议苏哈托的各项政策,坚定维护妇女权利,再次争取伊斯兰女性主义的存在空间。

卡蒂尼之歌让人们意识到音乐在歌颂现状、支持政权的合法性方面所具有的力量。围绕着另一个"指定日"举办的各种庆祝活动也表明具有反叛性的音乐在庆祝活动过程中也会变成正统音乐。1909年,国际妇女节设立,这是受社会主义启发的庆祝与抗议活动。国际妇女节最初是在1909年2月23日由纽约的美国社会主义党组织,之后在1910年哥本哈根举办的第二国际的一次会议上被确立。在克拉拉·蔡特金的推动下,国际妇女节的庆祝活动很快便在1911年传到了维也纳和德国、瑞士、丹麦的其他城市,1912年传到了荷兰和瑞典,在亚历山德拉·柯伦泰的支持下,1913年传到沙俄。早期国际妇女节活动要求让妇女获得选举权,要求实现平等就业的权利。"一战"期间,一些抗议者又将这些权利诉求与和平呼吁相结合。我们从各种历史描述中获知,妇女们在这些活动中高举旗帜进行大游行,但往往仅有非常简短的记录表达国际妇女节是多感官和听觉的体验。根据第三国际(共产国际)指示,北京从1924年开始举行国际妇女节庆祝活动。抗议者们高唱《国际歌》,歌词表达了工人与农民的诉求,但其中有一句歌词令人感到遗憾,因为它写道"大地只属于在大地上劳动的人"①。尽管如此,妇女社会主义者也普遍歌唱《国际歌》,以呼唤解放。

在中国,国共两党合作破裂后,无论是国民党还是中国共产党都努力利用国际妇女节争取本党派外其他力量的支持。国民

---

① 原文为"The earth belongs only to men",为其中一版《国际歌》的英文翻译。此处采用了杨起版的《共产国际歌》翻译。原著作者在此说有一句歌词令人遗憾,应是将"men"仅视为男性,而非大众;也有主观认为大地上劳作的仅为男性,妇女被排除在外,故而有遗憾一说。

党越来越迫切地施加自己对妇女和妇女运动的影响。据露易丝·爱德华兹（Louise Edwards）记录,1934年之前,在国民党控制的区域内,国际妇女节当天会举行庆祝活动,演唱庆典歌曲,这些歌曲强调当时抵制日货的时代背景,而不是突出世界革命或女工解放运动。而中国共产党也在其控制的地区举行了其庆祝国际妇女节的各项活动。红色政权谱写了许多自己的曲目,其中一首歌词这么写道：

> "纪念三八节"
> 我们要热情高呼：
> 共产党万岁！
> 劳动妇女解放万岁！……
> 打倒帝国主义的国民党！
> 让红旗飘扬在整个中华大地,
> 让全中国的劳动妇女获得彻底解放。

另一首歌中有一句这样的歌词："苏维埃地区的妇女已经实现解放……国民党还在做着帝国主义的走狗。"无论是中国共产党还是国民党,它们都没有明显受到女性主义思想与运动的影响。两个政党利用国际妇女节,旨在表明它们对中国妇女的权威影响。早年,国际妇女节还是一种跨国主张,要求革命性地赋予女工权力,但到后来,这成了毫无新意、精心编排的党派宣传作品。[32] 歌曲的意义可以改变；"女性主义"歌曲也可以颂扬而不是颠覆正统观念。

美国女性主义期刊《求索》在 1976 年曾提出：

> 一首歌，因其具有情感力，可以唤起听众极大的力量，这是任何一篇文章或演讲都无可比拟的，因为音乐可以与我们的心灵与头脑对话。女性主义音乐家们才刚刚开始利用这种潜在的力量。

不过，《求索》中的这些作者认为女性主义音乐是新近才有的音乐形态，这一点并不正确。本章已经证明，女性主义音乐具有比她们所想象的更久远也更多样的历史。音乐帮助妇女参政论者、妇女社会主义者、妇女解放主义者及女同性恋者创建社群、嘲讽对手、募捐、闯入那些不欢迎她们的空间。对地下朋克女性主义者来说，音乐是无政府主义的抗议，表达了她们复杂的情感。对非裔美国音乐家来说，福音诗歌、爵士乐、布鲁斯为她们提供了强有力的创作源泉，推动了她们的运动，令她们享有更大的权力。碧昂丝在 2013 年巡回演出时对女性主义的拥护，毫不违和地嵌入了这一传统。但历史文献同样也表明，与唱片公司签订的合同以及种族隔离的演出场所，常常让非裔美国女性遭到剥削。

因为隔着久远的历史岁月，我们很难重新体验妇女运动"听起来的感觉"。尽管如此，我们一定不要认为女性主义只是文本事件，这一点很重要。1974 年，正是丽塔·梅·布朗强烈建议她的同辈多注意女性主义中的多感官元素：

> 妇女运动，因其在很大程度上是白人、中产阶级的产物，极度依赖文字，从而忽视了其他的交流方式。作为一个长在

第八章　歌声

贫困白人社区的孩子,我从小就学会了"不要听别人说了什么,要观察他们做了什么"。观察了妇女因为女性主义而发生的改变,我想要……劝告读者多注意非语言层面的改变。[33]

我本人以拼图隐喻女性主义,试图让人们思考我们该如何看待各女性主义图景,并在想象中感受并触摸该隐喻的产物。但在努力聆听女性主义的声音图景时,我们或许还是要求助于历史学家南希·休伊特(Nancy Hewitt)提出的女性主义无线电波观点。休伊特认为,我们要观察的不是接连不断的女性主义"浪潮",而应该想象各女性主义的存在就像是相互竞争、同时广播着的电台,有些电台响亮又清晰,有些电台则因为静电的干扰而断断续续。这有助于体现全球女性主义声音的多样性和不平等性,这些都是被老生常谈的第一、第二、第三波女性主义浪潮遮蔽而没有得到适当关注的部分。无线电广播并非无倾向性,它们具有创造性、创新性,甚至带有恶意。"无线电波"的隐喻提醒人们注意各女性主义之间的分歧。不过,它也告诉我们,我们可以真正地或在想象中经由她们的喊叫、哀号、音乐和歌曲听到多样的女性主义。[34]

歌曲和音乐并不是随意使用的政治或抗议工具。它们激化了人们的情感,提供了复杂、难以解释,甚至双重的含义。它们所传递的信息往往由听者根据需要进行阐释。[35]因而,一首歌不只是温暖人心的团结的象征;在不同的背景下演绎时,它也会服务于不同的文化与政治目的。弄清楚像《你站在哪一边?》或《国际歌》等歌曲的历史起源与发展变迁,有助于我们理解现代女性主义不同组成部分的广度与复杂性,了解其反复使用的策略、其文化创新及其被意识形态或种族挪用的尴尬时刻。聆听女性主义让我们能够更好地感知女性主义兼收并蓄、发展变化、有愤怒也有欢欣的创造力。

结　论
世界范围内的各种女性主义

1911年,平冢明子在《青鞜》杂志上刊发了著名的创刊社论:

> 起初,女子确实如太阳。她是真正的人。如今,女子如月亮。她是体弱又苍白的月亮,通过他人而活,借助他人的光而闪亮。[1]

我们在平冢明子的书房见到了她,书房一半为西式陈设,一半为日式陈设;她的《青鞜》社论同样谈及了这种相互交织的影响。明子及其同时代的日本人吸取了西方易卜生、埃伦·凯、约翰·斯图尔特·穆勒的作品,以质疑儒家关于女子应顺从于男性亲属的思想。不过,她们当地及文化中的独特源泉也给了她们启发,譬如明子的太阳意象。太阳具有宗教意义,被视为神道教女神,也是日本帝国统治者的象征。太阳意象被选入二十世纪初期日本最具影响力的女权主义期刊的创刊词,这绝不是偶然。[2]但精心使用日本象征符号并没有在《青鞜》的诉求与观点变得太过大胆之时使其免遭被政府查禁的命运。

《青鞜》例证了深刻影响运动者追求妇女权利、妇女解放和性别公正的运动的全球性与地区性因素。我承担这个项目，书写全球范围内的女性主义思想与运动史时，我是想要驳斥那些难以撼动的由欧洲和北美主导的对各种女性主义思想与运动的记录，并显示新历史书写已经开始展现出更多样化的景观。我预期会有多元的、不同的女性主义故事，许多这样的故事其实已经出现在前面的章节中。

但我没有想到的是我将在多大程度上谈到这些女性主义之间的彼此借鉴、越界影响及资源共享。全球性的影响在各种女性主义思想与运动中极为常见，普遍存在于关系网络、知识传统及大多数女权运动与女性主义生活实践中。

本书记述了世界范围内女性主义思想核心的演变，涵盖的议题相当广泛：妇女财产权、教育权与公民权，反战主义、反法西斯主义、妇女和儿童的福利与保护，社会公正、劳工权利和人权，性自主权、文化表征及生育权。对这种历史变化的线性描述无法轻易表达出女性主义的全球运作模式。欧美女性主义围绕两波"浪潮"——十九世纪九十年代至二十世纪二十年代（"妇女选举权"）及二十世纪七十至八十年代（"妇女解放"）——进行的分期让我们关注不到其他重要的运动，包括二十世纪二三十年代的国际女性主义-反战主义运动，二十世纪四十年代至六十年代"左翼女性主义"主导的共产主义运动与工人运动。此外，在女性主义这张拼图中也有一些拒绝被线性化的圆形图块。女性主义政治中往往贯穿着其他独特的或地区性运动与诉求。那些持续数十年的各种运动，如选举权运动，在各地的节奏各不相同，这意味着某些问题或许在十九世纪的新西兰已经解决，但在二十一世纪的科威特和沙特阿拉伯仍是亟待解决的问题。赢得了权利也并不意味着一切都结束了,权利往往还需要维护,需要在遭到各种阻碍之后重新争取。在出现的各种图块中也有一些反复出现的母题,譬如在过去的两百五十年间,民族自决、和平运动及社会主义就始终与女性主义思想与运动交织。因而,在女性主义这张拼图中也会有一些交叠的图案,以及新的碎片。

女性主义者想象这个世界是她们斗争的背景,尽管这样的想象常常并不完美。譬如安妮·奈特1848年革命期间是贵格派教徒,也是一位旅行家,她在法国女性主义期刊《妇女之声》上发表了一篇论辩文章,提及了"非洲部落"、北美原住民休伦人、盎格鲁-撒克逊人和高卢人中妇女政治权力的运作。[3]这些都是不确切地想象出来的实体,是人们所称的"原始的"和更古老的"文明"的并置,表明奈特忠于她那个时代的文明等级。但她的列表让我们看到了她广博的全球视野,如她所说,全世界共同"为自由而战"。

奈特的全球化想象因其种族等级性而存在一定问题,但她的想象所具有的全球视野在后来的发展中得到了响应,出现了"新女性",以及反殖民妇女运动等政治团体。它们都是以一个想象的世界为前提,但也会越来越强烈地意识到想象的世界会因排外与边缘化等现实问题而遭到破坏。奈特有着跨国界旅行的优势,她去过革命时期的巴黎。这样的优势,像安娜·茱莉亚·库珀这样的留学生,像芳米亚露·兰瑟姆-库蒂这样富有的活动家,像米娜·洛伊这样的文学人士也拥有。我们遇到的其他人物并没有旅行,有些人旅行是因为不得不旅行,而非出于自己的选择。唐群英流亡日本,欧内斯廷·罗斯寻找工作机会、逃离迫不得已的婚姻,米娜·克什瓦尔·卡迈勒逃离迫害,这些都告诉我们,跨越国界的流动能力并不总是一种优势。

除了身体的流动,过去二百五十年间通信基础设施的现代化也推动了女性主义者们的洞见在世界范围内的借鉴与分享。十九世纪邮政服务速度加快,业务面扩大,之后又有电报、电话、印刷、摄影、录音机与收音机,所有这一切都推动了一个充满各种联系与联盟关系的世界的形成。譬如凯茜·戴维斯就认为,《我们的身体,我们自己》在世界范围内的传播与再版创造出了"世界女性主义想象共同体",该共同体因为不强制推行共同的兴趣或目标而获得了力量。《我们的身体,我们自己》为以再版、改编和翻译为基础的知识共享政治留出了可能的余地。[4] 这些做法在二十一世纪的数字媒介时代仍然存在,它们始终与旧有的类型与技术进行着对话。

我在本书中聚焦于想象的与可见的"世界范围",它在二十年前几乎绝无可能。近来的历史研究大大拓展了人们对跨国与国际网络的认识,正是这些网络加强了各国与各运动组织之间的联系。这让我们对各种团体的运作也有了更多的新认识,其中就包括基督教妇女禁酒联合会、国际妇女选举权联盟、国际妇女理事会以及国际妇女民主联合会。对主要居于南半球的运动者来说,泛亚、泛阿拉伯、泛美及泛非的政治观点都成为她们重要的灵感源泉,承担了领导作用。这些网络和政治规划加强了友谊,提供了集会与游历的资源,并且为了各自的意识形态或宗教立场而彼此竞争。[5] 记录它们工作内容的档案资料倾向于称赞它们所促进的胜利与团结。它们有时候会对妇女之间出现的差异战略性地保持沉默。由此产生的联盟和国际关系网往往非常脆弱。历史学家已经发现,在国际妇女理事会这样的机构中,欧美女性承担领导责任,那些不使用欧洲语言或具有非基督教信仰背景的人则被边缘化。1937年,秘鲁全国妇女委员会因为感到失望而退出了国际理事会。秘鲁全国妇女委员会提出,国际理事会"缺乏真正的国际精神,因为英国人-北欧人-斯拉夫人明显占据主体与主导地位……"[6]其他国际联盟中有监管机构和情报机构渗入,或因为战争、政治宣传及教条政治而陷入极为危险的境地。尽管如此,了解各国际组织如何运作、如何发展有助于我们看到那些新开掘出的历史人物与组织,有助于我们重新思考各女性主义"何时发生"的问题。

不过,国际主义并不是唯一的讨论框架,全球历史也聚焦于"相互联系"或"纠缠"的历史。这些概念有助于表达各国间的互动(通常在不平等的条件下进行)所具有的更广的动态关系。它们取代了通过国家及国际关系研究世界史的宏观视角。譬如安妮·奈特的贵格教派主张或潘迪塔·拉玛巴依在基督教与印度教之间进行的复杂协商,这些都是联系与纠缠的方式,远不是国家的和国际的范畴所能囊括的。有许多人和许多组织处于国与国的缝隙之中。我已经讲述了像阿曼达·贝里·史密斯这样的流动人口,她们或居于边境,或成为难民,或流亡海外。我也讲述过不直接与任何国家政权相关的不同区域、民族或宗教团体之间的关系。此外,要理解如庆祝国际妇女节、抗议男性暴力等行为的影响,地域始终是重要的考量维度。本土、国际、跨国及区域性视角让我们能用令人兴奋的新方法架构历史。我始终聚焦于女权运动,聚焦于人们如何通过赞美诗、抗议歌曲、鞋与面纱、石头与螺栓割刀来看、听、触摸这些运动。创造物理空间是反复出现的主题,这有助于将历史定位于实际的、物质性的地点,也有助于人们更好地理解拥有权利、可以进入空间意味着什么。这一切都有助于我们记录由各种运动、各类人和不同思想组成的"女性主义拼图"如何得到强化并稳固下来,有时候又如何消失又重新出现。这样的研究方法有助于拆解女性主义先驱的正统教条,揭示其他先前被遮蔽的拼图碎片。

谁被包含在内,谁又被排除在外

聚焦于女性主义如何在使用和运动中被规定、被想象、被实践,这让我们能更好地聆听草根人物的声音,聆听年轻人、穷人、文盲等的声音,并让她们能与拥有更大声音的特权阶级女性对话。这本书中讨论的人物绝不都是女性主义者——她们当中许多人都没有听说过这个词,有的人还会愤怒地拒绝被贴上这个标签。但不管怎么说,她们仍可被放入一段批判性的女性主义历史中,这样的一段历史有助于我们理解处于一张巨幅布幕上的各女性主义之间的紧张关系和可能性。我还具体讨论了男性的参与,他们有时是女性主义者的联盟,有时甚至是本书所探讨的罢工、纠察、吟唱以及对女性主义的理论化与想象的积极创造者与参考者。我并没有忽视许多联合男性的尝试令人愤怒的一面,事实往往证明这些男人古里古怪、耽于性事、情感匮乏、自私自利。但无视男性与女性之间的合作就是蓄意抹杀了历史事实,也会让人们看不到未来改变的希望。

我们会在埃尔茜·克卢斯·帕森斯等人物的个人历史中看到一些偶然的瞬间,这些女性游戏般地乐于穿上异性服装,既以男性身份也以女性身份出现。读者众多的朱迪斯·巴特勒

(Judith Butler)的作品为性别的表演性观点提供了理论基础,该观点适用的不只是男女两种性别的情境。她写于1990年的著作《性别麻烦》(*Gender Trouble*)中提出,个体不能被确定地分为男性和女性。巴特勒宣称,性别不是内在本质,而是在特定时间与地点通过反复表演被重塑出来的。性别可被理解为一个可塑过程,而不是一种状态。以巴特勒的作品为基础,"跨性别"一词在二十世纪九十年代被人们用来表示非男女二元性别的性别不确定性。杰克·哈伯斯塔姆(Jack Halberstam)的《女子男性气质研究》(*Female Masculinity*, 1998)更明确地展示了跨性别男子的存在,巩固了女性主义与酷儿理论之间的联系。

"变性"问题仍是当代各女性主义中极具争议的问题,引起了对性别政治中各种本质主义形式的强调。变性-女性主义者雷温·康奈尔曾提出,各女性主义都应当对跨性别个体所面临的各种问题保持警惕,其中的一些问题是"生而为女性"的妇女同样会遭遇到的:贫穷、劳动力市场的排斥、虐待,以及法律权、医疗权及公民权的边缘化状态。这有助于将各女性主义扎根于具体的性别化的实践与物质环境的概念中,取代引发争议的关于性别的表演性或生物遗传性的讨论。[7] 如此,尽管当今"性别批判"女性主义的支持者与"善待跨性别者"的女性主义倡导者之间存在着酣战,但我们很可能可以看到各种新的历史被书写,它们揭示的是不合主流的性别的深层历史,运动者们会从这些历史中学到很多。

我在本书中所讲述的故事反复述及各种女性主义的历史中存在的因贫穷、阶级、社会阶层及社会地位的差异造成的种种伤害与种种不平等现象。对生活处于结构性物质劣势的妇女来说,她们做着临时性或不稳定的工作,无法接受教育,从事着见不得人或繁重的体力劳动,女性主义似乎怎么都不是她们会关注的问题。譬如,接受高等教育或获得职业的权利,对于那些过着经济不稳定的生活的人来说,似乎抽象又多余。尽管如此,强调社会公正、工人权利的团体和那些自我认定为女性主义者的群体之间形成过联盟、有过合作。而且,工人阶级妇女始终是争取投票权、和平、生育自由权等女权运动的参与者。正如第七章所示,工人组织一直是罢工、纠察、联合抵制等女权运动策略的丰富源泉。

种族歧视对全球女性主义的形成也有着深远影响。这里有一个重要的故事要讲:因为白人享有特权,舒拉米斯·费尔斯通无视种族主义,认为其只是"性别主义的延伸",而德国女性主义者卡琳·施拉德尔-克勒贝特(Karin Schrader-Klebert)则主张"妇女是所有国家的黑奴"。[8] 种族等级往往将黑人、亚裔和拉丁裔排除在白人女性主义者创造的未来空间、机构及想象之外。这导致人们要求废除"白人建立的各种团体",构建新的复数女性主义,"其核心当是多样性,有色人种当成为其领导者"。[9] 既有讲述白人种族特权的故事,也有与之相对的另一个故事,即有色人种妇女不顾反对,发挥创新性,行使领导权。她们的组织与运动影响了人们理解民主、人权及性自主权的方式。有色人种妇女并没有成为反对白人种族主义的反动力量,而是通过她们的组织与分析,有时通过遵循贝妮塔·罗斯(Benita Roth)提议的"不同的道路",[10] 形塑了女性主义。她们敏感地意识到种族不平等,这让她们处于发展交叉方法的最前沿(此方法对本书有着极大的影响),也让她们立于其他理论与运动的潮头。

本书的基础就是揭示女性主义的多样性,但能有多少历史发现,这方面还存在很大的局限。书写历史总是依赖于各种残存下来的资料——信件、小册子、杂志、照片、服装、徽章以及所有那些有助于我们探查各女性主义历史的短时效物品。不过,那些拼图中的碎片可能会丢失、被毁甚至被埋葬,它们能留存下来不只是运气的问题——这依赖于人们所能获得的权力和资源。关于寻求改变的穷人、工人阶级、移民和少数族裔运动者的女性主义抗议活动和女性主义思想的各种记录并没有得到很好的保存。那就意味着所有女性主义的发展史都是不完整的,偏向那些想要或有能力打着女性主义旗号的人,偏向那些能让她们的声音被听到的人。那些被过分边缘化,或那些对"女性主义者"标签持有谨慎态度的人被遮蔽了。尽管如此,一种自觉采用全球性、批判性视野的历史可以注意到并保存那些留存下来的记录,也能指向那些消失的拼图碎片。

可用的往昔

那些参与当今各种运动的人应当与往昔保持什么样的关系?往昔可以启发思想,提供解决方法。在人行道上用粉笔涂鸦、绝食抗议、戏仿与讽刺、热诚的友情、制作自制杂志、撰写书籍——这些都还是当今女性主义策略中发挥作用的部分。与往昔的丰富关系可以为当代的运动与思想注入历史感和可能性。女性主义景观中有着各种显著的连续性——女性的身体仍会遭受审视、暴力与控制;运动者还是会感受到爱与愤怒,还是会进行文字创作、写歌,并以之为工具寻求改变,还是会创造并挪用她们自己的"物件"和空间。

不过，强调那些重复的图案和连续性也会有淡化历史差距的危险。女性主义关心的各种问题、她们解决"妇女问题"的各种努力有时所植根的背景与当今运动的背景完全不同。譬如玛丽·沃斯通克拉夫特"奢望"看到妇女接受教育，甚至积极参与政治活动，其所植根的是她对上帝强烈的宗教信仰。十八世纪特有的知识与宗教辩论滋生了她的信仰，这些辩论在今天不会再引起人们的共鸣。历史学家朱迪丝·艾伦（Jndith Allen）认识到了这样的历史差距，她警告说，我们要避免对历史人物太过熟悉，不应该直呼其名。她还坚持认为，我们不应当指责女性主义前辈没能坚守"我们的"价值观念。[11]

往昔是女性主义者重要的历史资源，但无须再去证实或再现其种种局限与暴力。其他时代的女性主义者有时是种族不公正、阶级偏见、反犹主义、狂热帝国主义的同谋；对于当下似乎迫切需要关注的问题，她们有时简简单单就忽略了。但这令人苦恼的往昔不应只让人备感失望与幻灭。该如何看待往昔？我们可用之进行比较，进行想象性重构，进行基于历史的批判。对于那些试图抹平或简化众女性主义景观的行为，或试图忽视这一景观中无法消弭的意识形态差异的行为，我们应质疑。理解了这一点，女性主义历史就更可服务于当下。女性想要不同的东西，这不应令我们惊讶，但各女性主义的存亡取决于如何利用这种多样性。

女性主义者在过去从未对任何一项活动有过一致的观点，认识到这一点可以减少当今各种争端带来的不良影响。任何一项社会运动都会设定许多目标，采取多种策略，对不同的人有着不同的意义，这既正常，也富有成效。我的研究将女性主义复数化，目的是拓展可能性，启发各种新的女性主义梦想。我所选择的女性主义标志性时刻、物件和地点,当然受到我亲身经历的影响,包括我读过的书、我演奏过的音乐、我居住过的地方和我拥有过的特权。其他人对过去的需求肯定不一样,她们会提出自己的梦想、歌曲与行动。这些可用的历史为我提供了灵感与论据,但并不是所有人都会赞同我选择使用的内容,而我也欢迎不同意见。并不存在最佳的选择,而女性主义也始终是逐步发展、具有政治相关性的政治思想。

下一步该如何?

1971年,美国女性主义者贝蒂·弗里丹想知道,"到了2000年,我女儿这一代某个被人骚扰却心存负罪感的小姑娘是不是又要一切从头开始?"[12]在二十一世纪的二十年代,女性主义仍然是如此紧急又迫切的问题,她定然会对此感到震惊。近年来,成千上万的女性在智利、土耳其、墨西哥、巴西和西班牙等国的城市里游行、高歌、舞蹈,抗议针对妇女的暴力行径,抗议警察与法庭对妇女的不公正对待;瑞士的妇女举行罢工,抗议不平等工资待遇,抗议性别主义文化,她们通过敲响教堂的钟,在火车站高歌,鲜活、生动地提出自己的观点:"如果这是女子之愿,那万物皆将保持不变。"生态女性主义者揭示了占世界贫困人口大多数的妇女正承受着气候变化带来的冲击。气候正义已经成为女性主义的重要议题,像洪都拉斯的贝尔塔·卡塞雷斯(Berta Cáceres,1971—2016)这样的活动家始终在为之努力。贝尔塔·卡塞雷斯出生那一年正是弗里丹对女性主义未来提出疑问的一年。

2016年，卡塞雷斯被与洪都拉斯军方有关的人员谋杀，这群人还与她所反对的水坝建设公司相关。妇女权利运动者仍然面临着由政府主导、专业公司组织和施加的暴力甚至致命的侵害，最近在沙特阿拉伯、俄罗斯、乌干达及其他国家和地区就有运动者被监禁。女性主义者被新兴的民粹主义与种族主义政策恶意地当成了攻击对象。巴西总统雅伊尔·博索纳罗（Jair Bolsonaro）要求删除学校课本中所有提及女性主义的内容。2019年泄密的文件披露，苹果公司编写程序时，要求其电子语音智能助手Siri永远不使用"女性主义"一词，哪怕被直接问到时也不使用。生育权与生育公正性受到极大威胁：在尼加拉瓜、萨尔瓦多和美国的亚拉巴马州，几乎在任何情况下都禁止堕胎行为，这导致贫穷妇女和年轻的女孩子们尤为可能遭到逮捕或经受意外怀孕。妇女和这个星球为此所要付出的代价都是不可估量的；全世界女性所面临的挑战再清楚不过。

弗里丹的质疑暗示，女性主义是一场令人疲倦的运动，这场运动努力想要实现性别平等这一"终极状态"。但梦想必须不断演变，"从事女性主义事业"并不是一种终极状态，而应当是一个旅程。一部世界范围内的女性主义历史揭示了女性愿望的深度、广度与多样性，揭示了妇女实现性别公正的决心。全球性的视野有助于我们在看待各种女性之间或是两性之间联盟的形成和破裂时，保持更加谨慎的态度；我们会更谨慎地认识到共同的利益必然总是条件性的，不能被认为是理所当然的。弗里丹担忧二十一世纪的运动者可能得"一切从头开始"，但世界范围内丰富的女性主义历史证明，情况并非如此。

致　谢

如果没有众人的集思广益,本书不可能付梓。我尤其要感谢以下给予我帮助的诸位朋友与学者,感谢她们建议我可阅读哪些资料,为我提供写作灵感并研读我的文稿。她们是克洛艾·卡塔尔(Chloe Kattar)、玛丽亚·迪申佐(Maria Dicenzo)、克里斯蒂娜·舒尔茨(Kristina Schulz)、安娜·布尔(Anna Bull)、伊西多拉·格鲁巴奇基(Isidora Grubacki)、弗朗西丝卡·德哈恩(Francisca de Haan)、德博拉·科恩(Deborah Cohen)、玛丽·查普曼(Mary Chapman)、D-M. 威瑟斯、海蒂·库尔维宁(Heidi Kurvinen)、胡拉姆·乔维亚(Khurram Jowiya)、佐伊·斯特林佩尔(Zoe Strimpel)、罗莎·坎贝尔(Rosa Campbell)、江渡树子(Mikiko Eto)、佐伊·托马斯(Zoe Thomas)、娜塔莉·汤姆林森(Natalie Thomlinson)、弗洛伦斯·萨克利夫-布雷斯韦特(Florence Sutcliffe-Braithwaite)和莫德·布拉克(Maud Bracke)。

由露西·布兰德(Lucy Bland)、劳拉·卡特(Laura Carter)、尼亚姆·加拉格尔(Niamh Gallagher)、茱莉亚·莱特(Julia Laite)、海伦·麦卡锡(Helen McCarthy)、德博拉·汤姆(Deborah Thom)组成的"埃米特绘画团"(The Emmets)始终为我提供全面

细致的支持。她们阅读了我最初文稿中的章节，表现出了她们一贯的敏锐与周到的思考。玛格丽塔·乔利（Margaretta Jolly）和波莉·罗素（Polly Russell）是近年来阐释各女性主义历史的重要人物，她们在我完成这部作品的过程中成为我的朋友与导师——我感到非常幸运。朱迪丝·艾伦在伦敦一家酒吧里突然唱起了一段女性主义歌曲，这启发了我写作第八章《歌声》；她也为我提供了非凡的历史洞见。我还要感谢格雷厄姆·科普科加（Graham Copekoga）的摄影技术。默里·爱德华兹（Murray Edwards）协会为我提供了温馨的学术氛围，我在此尤其要感谢蕾切尔·勒奥（Rachel Leow）的帮助。奇卡·托努卡（Chika Tonooka）、曼努埃尔·阿罗约-卡林（Manuel Arroyo-Kalin）、朱莉·巴劳（Julie Barrau）、西尔克·齐默尔-默克勒（Silke Zimmer-Merkle）和乔尔·佩滕特（Joelle Patent）帮我解决了翻译的问题；本·格里芬（Ben Griffin）一直是我的朋友，也是我许多项目的合作者：我在此对他们一并感谢。我的研究生们让我接触到了我在其他地方不可能遭遇的各种历史与思想，与他们一起的学习研究丰富了我的知识。我还要特别感谢霍利·尼尔森（Holly Nielsen），她表现女性主义的十字绣杰作启发了我写作关于女性主义物件的章节。卡西亚娜·艾奥尼塔（Casiana Ionita）从我开始写作这本书便给我施加压力，她的热情、她捕捉好句子的敏锐始终支撑着我。本·席宁尔（Ben Sinyor）和简·伯塞尔（Jane Birdsell）在本书付梓的最后阶段提供了相当多的帮助。

我的家人也反复阅读了本书，我要为此及很多其他方面感谢他们。他们一直支持我，让我能稍稍分散一下注意力，支持我写作并完成这本书。我禁不住想要引用女性主义诗人多莉·雷福德(Dollie Radford)的诗句感谢给我灵感的侄女们：

> 我将这些写给你们——我的侄女们，你们得面对
> 我们曾经的对与错，你们得承担
> 　　未来领导者的角色。
>
> 而我，仍将求索
> 那些怪异、野蛮与崭新之物，
> 　　在歌曲与芭蕾中搜索，
>
> 在演讲、戏剧、诗歌与散文中搜索，
> 偶像与时尚出现又消失
> 　　你们的姑母将于此间蹉跎。①

为了致敬空间转向，我想将这本写于英国剑桥和爱尔兰凯里的书敬献给一直对我极为重要的特殊空间——剑桥大学图书馆的南区二号图书室。这里有一堆多种女性主义的历史宝藏，这些宝藏确定无疑的气息与感觉一直伴随该书左右，实际在过去的二十多年里，一直伴随着我作为历史学家的生活。能进入这样的空间实属幸事，我衷心感谢剑桥大学图书馆负责保管这些宝藏的工作人员，也感谢那些为收纳这类图书的书架添砖加瓦的学者、译者与出版商们。没有他们，本书不可能完成。

---

① 引自多莉·雷福德《歌与其他诗行》(*Songs and Other Verses*)中的《来自城里我们那位解放了的姑母的信》("From Our Emancipated Aunt in Town")(London; Philadelphia: John Lane, 1895)。——原书注

注 释

导 论

1. *Western Echo* (3 January 1886), 转引自 Audrey Gadzekpo, "The Hidden History of Women in Ghanaian Print Culture", 收录于 Oyèrónké Oyěwùmí, *African Gender Studies: A Reader* (Palgrave Macmillan, 2005), 282。
2. Chela Sandoval, *Methodology of the Oppressed* (University of Minnesota Press, 2000).
3. Adele Murdolo, "Safe Homes for Immigrant and Refugee Women: Narrating Alternative Histories of the Women's Refuge Movement in Australia", *Frontiers: A Journal of Women Studies* 35.3 (2014): 146.
4. https://www.ipsos.com/sites/default/files/2017-03/global-advisor-feminism-charts-2017.pdf.
5. *Emporia Daily Gazette*, Kansas, USA (27 November 1897), vol. 7.
6. *The Times* (18 June 1906): 6.
7. 介绍女性主义概念的视频,参见 https://www.youtube.com/watch?v=H_GBrIntUq8。
8. Mina Roces, "Is the Suffragist an American Colonial Construct? Defining 'the Filipino Woman' in Colonial Philippines", 收录于 Louise P. Edwards and Mina Roces (eds), *Women's Suffrage in Asia: Gender, Nationalism and Democracy* (Routledge,

2005), 29。

9. Asunción Lavrín, Women, Feminism, and Social Change in Argentina, Chile, and Uruguay, 1890–1940 (University of Nebraska Press, 1995), 26–36.

10. Mary Louise Roberts, Disruptive Acts (University of Chicago Press, 2002), 39.

11. Johanna Gehmacher, "In/Visible Transfers: Translation as a Crucial Practicein Transnational Women's Movements around 1900", German Historical Institute London Bulletin 41.2(2019): 3–44.

12. Natalia Novikova, "Early Historical Accounts of the Russian Women's Movement: A Political Dialogue or a Dispute?", Women's History Review 20.4 (2011): 509–19.

13. Frances Watkins Harper, "We Are All Bound Up Together."1866 年 5 月纽约举办的第十一届全国妇女权利大会上的发言。

14. June Edith Hahner, Emancipating the Female Sex: The Struggle for Women's Rights in Brazil, 1850–1940 (Duke University Press, 1990), 26–30, 209–10.

15. Bonnie S. Anderson, Joyous Greetings: The First International Women's Movement, 1830–1860 (Oxford University Press, 2001).

16. Francisca de Haan, "Writing Inter-Transnational History: The Case of Women's Movements and Feminisms", 收录于 Barbara Haider-Wilson, William D. Godsey and Wolfgang Mueller (eds), Internationale Geschichte in Theorie und Praxis/International History in Theory and Practice (Verlag der Österreichischen Akademie der Wissenschaften, 2017), 501–36。

17. Kathy Davis, The Making of Our Bodies, Ourselves: How Feminism Travels across Borders (Duke University Press, 2008).

18. 无线电波比喻巧妙地表达了不同频道的女性主义声音的观点，详见 Nancy A. Hewitt (ed.), No Permanent Waves: Recasting Histories of U.S. Feminism (Rutgers University Press, 2010)。

19. Kathryn Gleadle, "The Imagined Communities of Women's History: Current Debates and Emerging Themes, a Rhizomatic Approach", Women's History Review 22.4 (2013): 524–40.

20. Kathryn Gleadle and Zoë Thomas, "Global Feminisms, c. 1870–1930: Vocabularies and Concepts–A Comparative Approach", Women's History Review 27.7 (2018): 1209–24.

21. Kimberly Springer, Living for the Revolution: Black Feminist Organizations,

1968 – 1980 (Duke University Press, 2005).
22. bell hooks, *Talking Back: Thinking Feminist, Thinking Black* (Sheba Feminist, 1989).
23. Mrinalini Sinha, "Mapping the Imperial Social Formation: A Modest Proposal for Feminist History", *Signs* 25.4 (2000): 1077 – 82.
24. Sara Ahmed, *What's the Use? On the Uses of Use* (Duke University Press, 2019).
25. Kathleen A. Laughlin et al., "Is It Time to Jump Ship? Historians Rethink the Waves Metaphor", *Feminist Formations* 22.1(2010): 97.

第一章 梦 想

1. Charles Fourier, "Marriage and the Family System", 转引自 Charles Fourier, Jonathan Beecher and Richard Bienvenu (ed. and trans.), *The Utopian Vision of Charles Fourier: Selected Texts on Work, Love, and Passionate Attraction* (Beacon Press, 1971), 177。
2. 转引自 Shirin Akhtar, "East Bengal Women's Education, Literature and Journalism", 收录于 Francisca de Haan et al. (eds.), *Women's Activism: Global Perspectives from the 1890s to the Present* (Routledge, 2013), 110。
3. Bharati Ray, *Early Feminists of Colonial India* (Oxford University Press, 2012).
4. Barnita Bagchi, "Ladylands and Sacrificial Holes", 收录于 Barnita Bagchi (ed.), *The Politics of the (Im)Possible: Utopia and Dystopia Reconsidered* (Sage, 2012)。
5. Judith A. Allen, *The Feminism of Charlotte Perkins Gilman: Sexualities, Histories, Progressivism* (University of Chicago Press, 2009), 354.
6. Linda Edmondson, "Feminism and Equality in an Authoritarian State: The Politics of Women's Liberation in Late Imperial Russia", 收录于 Sylvia Paletschek and Bianka Pietrow-Ennker (eds.), *Women's Emancipation Movements in the Nineteenth Century: A European Perspective* (Stanford University Press, 2004), 221 – 39。
7. Alexandra Kollontai, *Working Woman and Mother*, Republished in *Selected Writings of Alexandra Kollontai*, trans. Alix Holt (Allison & Busby, 1978), 134.
8. 同上, 135。
9. Alexandra Kollontai, *A Great Love*, trans. Cathy Porter (London: Virago, 1981), 76.

10. Kollontai, Selected Writings, 134.
11. Padma Anagol, The Emergence of Feminism in India, 1850–1920 (Ashgate, 2005); Meera Kosambi, "Multiple Contestations: Pandita Ramabai's Educational and Missionary Activities in Late Nineteenth-Century India and Abroad", Women's History Review 7.2 (1998): 193–208.
12. Ramabai Sarasvati, The High-Caste Hindu Woman (G. Bell & Sons, 1888), 64.
13. 同上, 202。也可参见 Uma Chakravarti, Rewriting History: The Life and Times of Pandita Ramabai (Zubaan, 2013)。
14. Sarasvati, High-Caste Hindu Woman, 56–57.
15. Kartini, 转引自 Kumari Jayawardena, Feminism and Nationalism in the Third World (Kali for Women, 1986), 137。
16. Jo Ellen Jacobs and Paula Harms Payne (eds.), The Complete Works of Harriet Taylor Mill (Indiana University Press, 1998).
17. Linda M. G. Zerilli, Signifying Woman: Culture and Chaos in Rousseau, Burke, and Mill (Cornell University Press, 1994), 96.
18. J. S. Mill 写给 Harriet Taylor Mill, 1857 年 2 月 17 日, 转引自同上, 95。
19. Mary Trigg, Feminism as Life's Work: Four Modern American Women through Two World Wars (Rutgers University Press, 2014), 124.
20. "Hunger (for Audre Lorde)", 收录于 Adrienne Rich, The Dream of a Common Language: Poems 1974–1977 (W. W. Norton and Co., 1993), 13。
21. "An Open Letter to Mary Daly", 收录于 Audre Lorde, Sister Outsider: Essays and Speeches (Crossing, 2007)。
22. Pratibha Parmar, "Other Kinds of Dreams", Feminist Review 31 (1989): 55–65.
23. Iris Marion Young, "The Complexities of Coalition", Dissent Magazine (Winter 1997).
24. Audre Lorde, Zami: A New Spelling of My Name (Penguin Classics, 2018), 223, 197.

第二章 思 想

1. Ifi Amadiume, Male Daughters, Female Husbands: Gender and Sex in an African

Society (Zed Books, 2015).

2. Josefa Amar y Borbón, *In Defence of Women*, trans. Joanna M. Barker (Modern Humanities Research Association, 2018), 100.

3. Mary Nash, "The Rise of the Women's Movement in Nineteenth-Century Spain", 收录于 Sylvia Paletschek and Bianka Pietrow-Ennker (eds.), *Women's Emancipation Movements in the Nineteenth Century: A European Perspective* (Stanford University Press and Eurospan, 2004), 243–62; Juan Pro, "Thinking of a Utopian Future: Fourierism in Nineteenth-Century Spain", *Utopian Studies* 26.2 (2015): 329–48。

4. Christine Arkinstall, "A Feminist Press Gains Ground in Spain, 1822–66", 收录于 Silvia Bermúdez and Roberta Johnson (eds.), *A New History of Iberian Feminisms* (University of Toronto Press, 2018), 123。

5. 之所以在英国能出版,得益于 Mary Wortley Montagu (1689—1762)与 Sophia Fermor (1724—1745)两位夫人。关于本文的英译本,参见 Charlotte Hammond Matthews, *Gender, Race and Patriotism in the Works of Nísia Floresta* (Cambridge University Press, 2013)。

6. 尽管1889年巴西宣布自己为独立共和国,但在1932年前,全国妇女选举权一直都不存在。1927年,"边疆"州府北里奥格兰德州赋予妇女选举权。1932年,巴西联邦政府采纳了该项决定,赋予全国妇女参与选举的权利。妇女选举权在一系列的独裁统治(1937—1945年的"新国家"以及1964—1985年的军事统治)时期又再次丧失。

7. Lewis Henry Morgan, *Ancient Society* (University of Arizona Press, 1985), 54, 505.

8. Friedrich Engels, *The Origin of the Family, Private Property, and the State* (Penguin Classics, 2010), 27.

9. Olive Schreiner, *Women and Labour* (Virago Press 1978), 97–8.

10. August Bebel, *Woman and Socialism*, trans. Meta L Stern (Socialist Literature Co., 1910), 6–7.

11. Marilyn J. Boxer, "Rethinking the Socialist Construction and International Career of the Concept 'Bourgeois Feminism'", *American Historical Review* 112.1 (2007): 131–58.

12. August Bebel, *Woman in the Past, Present and Future* (Zwan, 1988), 264.

13. Elizabeth Cady Stanton, "Address", 收录于 Ellen Carol DuBois and Richard Cándida Smith, *Elizabeth Cady Stanton, Feminist as Thinker: A Reader in Documents and Essays* (New York University Press, 2007), 96–7。

14. Eleanor F. Rathbone, *The Disinherited Family: A Plea for the Family* (Edward Arnold, 1924), 215, 269.
15. Susan Pedersen, *Eleanor Rathbone and the Politics of Conscience* (Yale University Press, 2004), 246–56.
16. Antoinette Burton, *Burdens of History: British Feminists, Indian Women, and Imperial Culture, 1865–1915* (University of North Carolina Press, 1994).
17. Charlotte Perkins Gilman, *The Man-Made World, Or, Our Androcentric Culture* (Charlton Company, 1914), 15.
18. 同上, p. 16。
19. Charlotte Perkins Gilman, *Women and Economics* (Courier Corporation, 2012), 120.
20. Schreiner1886 年 9 月 10 日写给 Karl Pearson, 伦敦大学学院特藏, Karl Pearson, 840/4/3/ 61–64。
21. Louise P. Edwards, *Gender, Politics, and Democracy : Women's Suffrage in China* (Stanford University Press, 2008).
22. Schreiner1912 年（未标注明确日期）写给 Mrs John X. Merriman, 南非国家图书馆特藏, Cape Town: MSC 15/1912:211。
23. Liang Qichao, "On Women's Education" (1897), 收录于 Lydia He Liu et al., *The Birth of Chinese Feminism: Essential Texts in Transnational Theory* (Columbia University Press, 2013), 203。
24. Jin Tianhe, "The Women's Bell" (1903), 再版时收录于同上。
25. 同上, 11。
26. Tani E. Barlow, *The Question of Women in Chinese Feminism* (Duke University Press, 2004), 49–59, 274.
27. He-Yin Zhen, "The Feminist Manifesto"(1907), 收录于 Liu et al., *Birth of Chinese Feminism*, 184。
28. Barlow, *The Question of Women*, 105–6.
29. He-Yin Zhen, "The Feminist Manifesto" (1907), 收录于 Liu et al., *Birth of Chinese Feminism*, 182–3。
30. Kate Millett,日文版《性政治》序言, 转引自 Laurel Fredrickson, "Trap: Kate Millett, Japan, Fluxus and Feminism", *Women & Performance: A Journal of Feminist Theory* 19.3 (2009): 337–67。
31. Shulamith Firestone and Anne Koedt (eds.), *Notes from the Second Year: Women's Liberation: Major Writings of the Radical Feminists* (New York Radical Feminists,

1970).
32. 同上。
33. Mary Daly, "The Spiritual Dimension of Women's Liberation", 收录于 Anne Koedt, Ellen Levine and Anita Rapone (eds.), *Radical Feminism* (Quadrangle Books, 1973)。
34. Mary Daly, *Gyn/Ecology: The Metaethics of Radical Feminism* (Beacon Press, 1978), 28.
35. 同上, 32。
36. Aileen Moreton-Robinson, *Talkin' Up to the White Woman: Aboriginal Women and Feminism* (University of Queensland Press, 2000), 24.
37. 英国出版工业集团的妇女们, "图书出版行业无性别符号", 1982。
38. Hélène Cixous, "The Laugh of the Medusa", *Signs* 1.4 (1976): 876.
39. Assia Djebar, *Ces Voix qui m'assiègent*, 转引自 Jane Hiddleston, "Feminism and the Question of 'Woman' in Assia Djebar's *Vaste est la prison*?", *Researchin African Literatures* 35.4 (2004):92–3.
40. Robin Thompson, "Mary Daly's Gyn/Ecology", *The Amazon* (August-September 1980): 9–11.
41. Pavla Miller, *Patriarchy* (Routledge, 2017); Seungsook Moon, "Carving Out Space: Civil Society and the Women's Movement in South Korea", *Journal of Asian Studies* 61.2 (May 2002):473.
42. Barbara Burris, "Fourth World Manifesto", 收录于 Anne Koedt (ed.), *Notes from the Third Year: Women's Liberation* (New York Radical Feminists, 1972), 342。
43. Frances M. Beal, "Double Jeopardy: To Be Black and Female", *Meridians* 8.2 (2008): 169.
44. Claudia Jones, "An End to the Neglect of the Problems of Negro Women" (1949), 收录于 *Claudia Jones: Beyond Containment: Autobiographical Reflections, Essays and Poems* (Ayebia Clarke, 2011), 80; Denise Lynn, "Socialist Feminismand Triple Oppression: Claudia Jones and African American Women in American Communism", *Journal for the Study of Radicalism* 8.2 (2014):1–20.
45. Beal, "Double Jeopardy", 175.
46. Deborah K. King, "Multiple Jeopardy, Multiple Consciousness: The Context of a Black Feminist Ideology", *Signs* 14.1 (1988): 47.
47. Kimberlé Crenshaw, "Mapping the Margins: Intersectionality, Identity Politics, and

Violence against Women of Color", *Stanford Law Review* 43.6 (1991): 1241–99.

48. "Feminism, a Transformational Politics", 收录于 bell hooks, *Talking Back: Thinking Feminist, Thinking Black* (Sheba Feminist Press, 1989), 419–21。

49. Philippe De Wolf, "Male Feminism: Men's Participation in Women's Emancipation Movements and Debates. Case Studies from Belgium and France (1967–1984)", *European Review of History* 22.1 (2015): 77–100.

50. R. W. Connell, "The Politics of Changing Men", *Australian Humanities Review* (December 1996).

第三章 空 间

1. Margaret Mary Finnegan, *Selling Suffrage: Consumer Culture and Votes for Women, Popular Cultures, Everyday Lives* (Columbia University Press, 1999), 49.

2. Maud Bracke, *Women and the Reinvention of the Political: Feminism in Italy, 1968–1983* (Routledge, 2014).

3. Roger Fulford, *Votes for Women: The Story of a Struggle* (Faber and Faber, 1957), 103.

4. Virginia Woolf, *A Room of One's Own* (Penguin, 2004); Margaret Llewelyn Davies, *Life as We Have Known It, by Cooperative Working Women* (Virago, 1977).

5. Dina Lowy, *The Japanese "New Woman": Images of Gender and Modernity* (Rutgers University Press, 2007), 11.

6. "The Good Fairy", *Quest* 1 (1974): 61.

7. Mrs (Anna) Jameson, *The Communion of Labour: A Second Lecture on the Social Employments of Women* (Longman, Brown, Green, Longmans, & Roberts, 1856).

8. H. Martineau, "Female Industry", *Edinburgh Review* 109 (1859): 336.

9. Mya May Hla Oung, "The Women of Burma." *Buddhism: An Illustrated Quarterly Review* (September 1903), 62, 81.

10. Ellen Jordan and Anne Bridger, "'An Unexpected Recruit to Feminism': Jessie Boucherett's 'Feminist Life' and the Importance of Being Wealthy", *Women's History Review* 15.3 (2006): 385–412.

11. Ethel Snowden, *The Feminist Movement* (Collins, 1913), 216–17.

12. Rosemary Feurer, "The Meaning of 'Sisterhood': The British Women's Movement and Protective Labor Legislation, 1870–1900", Victorian Studies 31.2 (1988): 233–60.
13. Dorothy Sue Cobble, "More than Sex Equality: Feminism after Suffrage", 收录于 Dorothy Sue Cobble, Linda Gordon and Astrid Henry, Feminism Unfinished: A Short, Surprising History of American Women's Movements (Liveright Publishing Corporation, 2014)。
14. Patricia Ann Schechter, Exploring the Decolonial Imaginary: Four Transnational Lives (Palgrave Macmillan, 2012).
15. Maria Odila Leite da Silva Dias, Power and Everyday Life: The Lives of Working Women in Nineteenth-Century Brazil (Polity Press, 1995), 32–3.
16. 参加 Toyin Falola and Adam Paddock, The Women's War of 1929: A History of Anti-Colonial Resistance in Eastern Nigeria (Carolina Academic Press, 2011)。
17. 1929 年调查委员会,转引自 Caroline Ifeka-Moller, "Female Militancy and Colonial Revolt", 收录于 Shirley Ardener, Perceiving Women (Wiley, 1975), 129。
18. Cheryl Johnson-Odim, For Women and the Nation: Funmilayo Ransome-Kuti of Nigeria (University of Illinois Press, 1997).
19. Ayesha Imam, "The Dynamics of WINning: An Analysis of Women in Nigeria (WIN)", 收录于 M. Jacqui Alexander and Chandra Talpade Mohanty (eds.), Feminist Genealogies, Colonial Legacies, Democratic Futures (Routledge, 1997), 282.
20. 同上, 286。
21. Bene E. Madunagu, "The Nigerian Feminist Movement: Lessons from 'Women in Nigeria', WIN", Review of African Political Economy 35.118 (December 2008): 666–72.
22. A. Finn Enke, Finding the Movement: Sexuality, Contested Space, and Feminist Activism (Duke University Press, 2008).
23. Alexandra Ketchum, "'The Place We've Always Wanted to Go But Never Could Find': Finding Woman Space in Feminist Restaurants and Cafés in Ontario, 1974–1982", Feminist Studies 44.1 (2018): 126–52.
24. Joshua Clark Davis, From Head Shops to Whole Foods: The Rise and Fall of Activist Entrepreneurs (Columbia University Press, 2017).
25. 同上, 156–7。
26. Alice Echols, Daring to Be Bad: Radical Feminism in America, 1967–1975 (Uni-

versity of Minnesota Press, 1989), 280.

27. Ann Phoenix, "Re-Narrating Feminist Stories", 收录于 Mary Evans and Kathy Davis (eds.), *Transatlantic Conversations: Feminism as Travelling Theory* (Routledge, 2016)。
28. "Feminist Forum", *Women's Studies International Forum* 11.6 (1 January1988): 14.
29. Kristen Hogan, *The Feminist Bookstore Movement: Lesbian Antiracism and Feminist Accountability* (Duke University Press, 2016).
30. Elizabeth Cady Stanton, Introduction to *The Woman's Bible*(1898; Polygon 再版, 1985)。
31. Betty Livingston Adams, *Black Women's Christian Activism: Seeking Social Justice in a Northern Suburb* (New York University Press, 2016).
32. 同上, 28–8。
33. 同上, 31。
34. 同上, 37。
35. 同上, 78。
36. Johnson to Wilson, 5 August 1919, 转引自同上, 84。
37. 同上, 113, 150。
38. Sheila Shaver, "Gender, Class and the Welfare State: The Case of Income Security in Australia", *Feminist Review* 32 (1989): 90–110.
39. Rosa Campbell, "A Global History of Australian Women's Liberation 1968–1990", (即将完成的博士论文, University of Cambridge); Tikka Jan Wilson,"Feminism and Institutionalized Racism: Inclusion and Exclusionat an Australian Feminist Refuge", *Feminist Review* 52 (1996): 1–26。
40. Adele Murdolo, "Safe Homes for Immigrant and Refugee Women: Narrating Alternative Histories of the Women's Refuge Movement in Australia", *Frontiers: A Journal of Women Studies* 35.3 (2014): 135.
41. 同上, 138。

第四章　物　品

1. George Thompson (1834), 转引自 Gail Malmgreen, "Anne Knight and the Radi-

cal Subculture", *Quaker History* 71.2 (1982): 105。

2. 同上, 106。

3. Bonnie S. Anderson, *Joyous Greetings: The First International Women's Movement, 1830 – 1860* (Oxford University Press, 2001), 22.

4. Samuel Allen (1841), 转引自 Malmgreen, "Anne Knight and the Radical Subculture", 106。

5. 转引自 Margaret L. Laware, "Circling the Missiles and Staining Them Red: Feminist Rhetorical Invention and Strategies of Resistance at the Women's Peace Camp at Greenham Common", *NWSA Journal* 16.3 (2004): 18 – 41。

6. "Pint Size", *Spare Rib* 96 (July 1980): 11.

7. Silver Moon, "Boltcutters", 收录于 Alison Bartlett and Margaret Henderson (eds.), *Things That Liberate: An Australian Feminist Wunderkammer* (Cambridge Scholars, 2013), 61。

8. Alison Bartlett and Margaret Henderson, "What Is a Feminist Object? Feminist Material Culture and the Making of the Activist Object", *Journal of Australian Studies* 40.2 (2016): 170.

9. Pankhurst, 转引自 Laura E. Nym Mayhall, "The Rhetorics of Slavery and Citizenship: Suffragist Discourse and Canonical Texts in Britain, 1880 – 1914", *Gender & History* 13.3 (2001): 481.

10. Elizabeth Crawford, *The Women's Suffrage Movement: A Reference Guide, 1866 –1928* (Psychology Press, 2001), 550.

11. 同上, 137。

12. Votes for Women (1908), 转引自 Krista Lysack, *Come Buy, Come Buy : Shopping and the Culture of Consumption in Victorian Women's Writing* (Ohio University Press, 2008)。

13. Elizabeth Crawford, "Our Readers Are Careful Buyers: Creating Goods forthe Suffrage Market", 收录于 Miranda Garrett and Zoë Thomas (eds.), *Suffrage and the Arts: Visual Culture, Politics and Enterprise* (Bloomsbury Visual Arts, 2019)。

14. Jessica Ellen Sewell, *Women and the Everyday City: Public Space in San Francisco, 1890 – 1915,* "建筑、景观与美国文化系列丛书" (University of Minnesota Press, 2011), 140 – 42。

15. Margaret Mary Finnegan, *Selling Suffrage: Consumer Culture and Votes for Women, Everyday Lives* (Columbia University Press, 1999), 122 – 4.

16. Crawford, Women's Suffrage Movement, 537.
17. 同上, 149; Kenneth Florey, Women's Suffrage Memorabilia: An Illustrated Historical Study (McFarland & Company, Inc., 2013), 107。
18. Finnegan, Selling Suffrage, 126–28.
19. Ornella Moscucci, The Science of Woman: Gynaecology and Gender in England, 1800–1929 (Cambridge University Press, 1990). Andrea Dworkin, Autobiography, "当代作家自传系列丛书", vol.22 (Gale, 1995), 14。
20. Adrienne Sallay, "Pocket Mirror", 收录于 Bartlett and Henderson, Things That Liberate, 138。
21. Donna J. Haraway, "The Virtual Speculum in the New World Order", Feminist Review 55 (1997): 45.
22. Kathy Davis, The Making of Our Bodies, Ourselves: How Feminism Travels across Borders (Duke University Press, 2008).
23. Ester Shapiro, 转引自同上, 180–81。
24. Susan Magarey, "Tampon", 收录于 Bartlett and Henderson, Things That Liberate, 188–90。
25. Theresa Munford, "China: Rough Brown Paper for Periods", Spare Rib 100 (November 1980): 15.
26. "How to…", Lesbian Connection (March/April 1986): 13–14.
27. Susanne Gannon, "Sea Sponges", Bartlett and Henderson, Things That Liberate, 165.
28. Amanda Sebestyen, "Blood Money", Spare Rib 65 (December 1977): 8.
29. "A Sponge?", Bread and Roses 1.2 (1978): 2.
30. Jean Taylor, "Gestetner", 收录于 Bartlett and Henderson, Things That Liberate, 95。
31. Jennifer S. Duncan, "French Feminism's Struggle to Become Global", 收录于 Francisca de Haan et al. (eds.), Women's Activism: Global Perspectives from the 1890s to the Present (Routledge, 2013), 183–97。
32. Jennifer Leigh Disney, Women's Activism and Feminist Agency in Mozambique and Nicaragua (Temple University Press, 2009).
33. Ifi Amadiume, Male Daughters, Female Husbands: Gender and Sex in an African Society (Zed Books, 2015); Oyèrónké Oyěwùmí, The Invention of Women: Making an African Sense of Western Gender Discourses (Universityof Minnesota

Press, 1997).

34. Penny A. Weiss and Megan Brueske (eds.), *Feminist Manifestos: A Global Documentary Reader* (NYU Press, 2018).
35. Susan Magarey, Dangerous Ideas: Women's Liberation – Women's Studies – Around the world (University of Adelaide Press, 2014), 33.
36. Bartlett and Henderson, "What Is a Feminist Object?", 169.
37. Urvashi Butalia and Ritu Menon, *Making a Difference: Feminist Publishing in the South* (Bellagio Publishing Network, 1995), 19–20.
38. *Feminist Bookstore News* (September-October 1986), 27. 关于悍妇书店, 参见 Catherine Riley, *The Virago Story: Assessing the Impact of a Feminist Publishing Phenomenon* (Berghahn Books, 2018)。
39. Simone Murray, "The Cuala Press: Women, Publishing, and the Conflicted Genealogies of 'Feminist Publishing'?", *Women's Studies International Forum* 27.5 (2004): 489–506.
40. Butalia and Menon, *Making a Difference*, 23–4.
41. Joan Marie Johnson, *Funding Feminism: Monied Women, Philanthropy, and the Women's Movement, 1870–1967* (University of North Carolina Press, 2017), 223.
42. Deni Fuller, "The Women's Symbol", 收录于 Bartlett and Henderson, *Things That Liberate*, 215–16.

第五章 外 表

1. Elsie Clews Parsons, *The Journal of a Feminist*, Subversive Women 5 (Thoemmes Press, 1994), 86.
2. Samuel Edwards, *George Sand: A Biography of the First Modern, Liberated Woman* (McKay, 1972).
3. Chandra Talpade Mohanty, "Under Western Eyes: Feminist Scholarship and Colonial Discourses", *Boundary* 12.3 (1984): 333–58.
4. Mina Roces, "Is the Suffragist an American Colonial Construct? Defining 'the Filipino Woman' in Colonial Philippines", 收录于 Louise P. Edwards and Mina Roces (eds.), *Women's Suffrage in Asia: Gender, Nationalism and Democracy* (London:

Routledge, 2005), 24 – 58。
5. Marshall Foletta, "Angelina Grimké: Asceticism, Millenarianism, and Reform", New England Quarterly 80.2 (2007): 179 – 217.
6. Bonnie S. Anderson, Joyous Greetings: The First International Women's Movement, 1830 – 1860 (Oxford University Press, 2001), 59.
7. Barbara Hamill Sato, The New Japanese Woman: Modernity, Media, and Women in Interwar Japan (Duke University Press, 2003); Dina Lowy, The Japanese "New Woman": Images of Gender and Modernity (Rutgers UniversityPress, 2007).
8. Dorothy Ko, "Jazzing into Modernity: High Heels, Platforms, and Lotus Shoes", 收录于 Valerie Steele and John S. Major (eds.), China Chic: East Meets West (Yale University Press, 1999)。同时参见 Joan Judge, "Sinology, Feminist History, and Everydayness in the Early Republican Periodical Press", Signs 40.3 (2015):563 – 87。
9. Votes for Women (30 July 1908), 348, 转引自 Wendy Parkins, "The Epidemic of Purple, White and Green: Fashion and the Suffragette Movement in Britain 1908 – 1914", 收录于 Wendy Parkins (eds.), Fashioning the Body Politic (Berg Publishers, 2002), 102。
10. Gul Ozyegin, "My Father, an Agent of State Feminism and Other Unrelatable Conversations", 收录于 Kathy Davis and Mary Evans (eds.), Transatlantic Conversations: Feminism as Travelling Theory (Ashgate, 2011), 37。
11. Marie-Thérèse McGivern 于 2012 年 2 月 9 日接受了 Rachel Cohen 采访, Sisterhood and After: The Women's Liberation Oral History Project, 2010 – 2013 (英国图书馆影像资料,版权归属英国图书馆与萨塞克斯大学)。下文引用,只标注 Sisterhood and After。
12. 转引自 Delia Davin, "Of Dogma, Dicta and Washing Machines: Women inthe People's Republic of China", 收录于 Sonia Kruks, Rayna Rapp and Marilyn B. Young (eds.), Promissory Notes: Women in the Transition to Socialism (Monthly Review Press, 1989), 357。
13. Sarah Franklin, "A Feminist Transatlantic Education", 收录于 Davis and Evans, Transatlantic Conversations。
14. Sue Katz, "Working Class Dykes: Class Conflict in the Lesbian/Feminist Movements in the 1970s", The Sixties 10.2 (2017): 281 – 9.
15. Alison Bartlett, "Bras", 收录于 Alison Bartlett and Margaret Henderson (eds.), Things That Liberate: An Australian Feminist Wunderkammer (Cambridge Schol-

ars, 2013), 75。
16. Margaret L. Laware, "Circling the Missiles and Staining Them Red: Feminist Rhetorical Invention and Strategies of Resistance at the Women's Peace Camp at Greenham Common", NWSA Journal 16.3 (2004): 30–31.
17. Valerie Wise 2011 年 9 月接受 Freya Johnson Ross 的采访, 详见 Sisterhood and After。
18. Sara Dowse, "Blouse", 收录于 Bartlett and Henderson, Things That Liberate。
19. Alice Echols, Daring to Be Bad: Radical Feminism in America, 1967–1975 (University of Minnesota Press, 1989), 92–95.
20. 运动者描述的伦敦皇家阿尔伯特音乐厅抗议活动内容，参见 https://www.bl.uk/collection-items/jo-robinson-miss-world-contest。
21. Sandie Wyles 2011 年 7 月接受 Rachel Cohen 的采访, 详见 Sisterhood and After。
22. Constance Lytton, Prisons and Prisoners: Some Personal Experiences (Cambridge University Press, 2011), 239.
23. Lekkie Hopkins, "Overalls", 收录于 Bartlett and Henderson, Things That Liberate。
24. Nett Hart, "But Can She Type? Meet Me Up Front", Feminist Bookstore News 15.5 (1993): 65
25. Katz, "Working Class Dykes", 284–5. 同时参见 Echols, Daring to be Bad, 225, 华盛顿女同性恋集体具有相似的动态。
26. Sojourner Truth, 转引自 Margaret Mary Finnegan, Selling Suffrage: Consumer Culture and Votes for Women (Columbia University Press, 1999), 22。
27. Hart, "But Can She Type?".
28. Elizabeth Cady Stanton, "Address", 收录于 DuBois and Smith, Elizabeth Cady Stanton, Feminist as Thinker, 96–7。
29. Virginia Woolf, A Room of One's Own; Three Guineas (Vintage, 1996), 127–8.
30. 同上。
31. Pete Six (Goodridge) 2012 年 9 月 29 日接受露西·德拉普的采访, Unbecoming Men Collection (British Library Sound & Moving Image, British Library)。下文引用部分,只标注 Unbecoming Men Collection。
32. Aidan White, "Laying Down Machismo and Taking Up Knitting", Guardian (16 July 1985): 8.
33. John Colvin, "Dressing for Myself", Man 23 (Spring 1986): 12.
34. John Colvin 2013 年 4 月 7 日接受露西·德拉普采访, Unbecoming Men

Collection。

35. Flora Tristan, *Flora Tristan, Utopian Feminist: Her Travel Diaries and Personal Crusade* (Indiana University Press, 1993), 29, 31–2.
36. Leila Ahmed, *Women and Gender in Islam: Historical Roots of a Modern Debate* (Yale University Press, 1992), 150.
37. *Daily Alta California* (14 June 1851).
38. Margot Badran, *Feminists, Islam, and Nation: Gender and the Making of Modern Egypt* (Princeton University Press, 1995); Marie Sandell, *The Rise of Women's Transnational Activism: Identity and Sisterhood between the World Wars* (I. B. Tauris, 2015), 76.
39. Ahmed, *Women and Gender in Islam*, 197–202; Saba Mahmood, *Politics of Piety: The Islamic Revival and the Feminist Subject* (Princeton UniversityPress, 2005).
40. Laura Bier, *Revolutionary Womanhood: Feminisms, Modernity, and the Statein Nasser's Egypt* (Stanford University Press, 2011).
41. Rachel Rinaldo, *Mobilizing Piety: Islam and Feminism in Indonesia* (Oxford University Press, 2013).
42. Carla Jones, "Fashion and Faith in Urban Indonesia", *Fashion Theory* 11.2/3 (2007): 211–32.
43. Ayesha Khan, *The Women's Movement in Pakistan: Activism, Islam and Democracy* (I. B. Tauris, 2018), 94–5.
44. Anne E. Brodsky,*With All Our Strength: The Revolutionary Association of theWomen of Afghanistan* (Routledge, 2003).
45. Amina Wadud, *Qur'an and Woman: Rereading the Sacred Text from a Woman's Perspective* (Oxford University Press, 1999).
46. Ziba Mir-Hosseini, *Islam and Gender: The Religious Debate in Contemporary Iran* (I. B. Tauris, 2000); Haleh Afshar, *Islam and Feminisms: An Iranian Case-Study* (Macmillan Press, 1998).
47. bell hooks, *Black Looks: Race and Representation* (South End Press, 1992), 7.
48. *New York Times* (14 October 1917): 35.
49. Anthony, 转引自 Amy Kesselman, "The 'Freedom Suit': Feminism and Dress Reform in the United States, 1848–1875", *Gender and Society* 5.4 (1991): 500.

第六章 情 感

1. Chude Pamela Allen, "Free Space", 收录于 Anne Koedt (ed.), *Notes from the Third-Year: Women's Liberation* (New York Radical Feminists, 1972)。
2. Claudie Broyelle, *Women's Liberation in China* (Harvester Press, 1977); Quinn Slobodian, "Guerrilla Mothers and Distant Doubles: West German Feminists Look at China and Vietnam, 1968 – 1982", *Studies in Contemporary History/Zeithistorische Forschungen* 12 (2015).
3. Alice Echols, *Daring to Be Bad: Radical Feminism in America, 1967 – 1975* (University of Minnesota Press, 1989), 147.
4. Sudsofloppen, "The Sudsofloppen Paper", Chude Pamela Allen, *Free Space: A Perspective on the Small Group in Women's Liberation* (Times Change Press, 1969), 45. 附录部分(重点为作者所加)。
5. Mitsu, 转引自 Setsu Shigematsu, *Scream from the Shadows: The Women's Liberation Movement in Japan* (University of Minnesota Press, 2012), 110, 25。
6. 同上。
7. Betty Friedan, "A Dialogue with Simone De Beauvoir", 收录于 *"It Changed My Life": Writings on the Women's Movement* (Harvard University Press, 1998), 160。
8. 重印版收录于 Koedt, *Notes from the Third Year*。
9. Rita Mae Brown, "Women Who Love Men Hate Them", *The Furies* (Fall 1972): 14 – 15.
10. "CLIT statement 2", *off our backs* (1 July 1974): 13.
11. Adrienne Rich, "Compulsory Heterosexuality and Lesbian Existence", *Signs* 5.4 (1980): 631 – 60; Jeska Rees, "'Taking Your Politics Seriously': Lesbian History and the Women's Liberation Movement in England", 收录于 Sonja Tiernan and Mary McAuliffe (eds.), *Sapphists and Sexologists* (Cambridge Scholars Publishing, 2009)。
12. "editorials, challenges, clit", *off our backs* (1 July 1974): 1.
13. 转引自 Rees, "Taking your Politics Seriously", 89。
14. Naisargi N. Dave, "To Render Real the Imagined: An Ethnographic History of

Lesbian Community in India", *Signs* 35.3 (2010): 595 – 619.
15. Audre Lorde, "The Uses of Anger", 收录于 *Sister Outsider: Essays and Speeches* (Crossing, 2007), 124 – 33。
16. Christina Kotchemidova, "From Good Cheer to 'Drive-By Smiling: A Social History of Cheerfulness", *Journal of Social History* 39.1 (2005): 5 – 37.
17. Shulamith Firestone, *The Dialectic of Sex: The Case for Feminist Revolution* (The Women's Press, 1979).
18. Barbara Ehrenreich, *Smile or Die: How Positive Thinking Fooled America and the World* (London: Granta, 2009); Sara Ahmed, *The Promise of Happiness* (Duke University Press, 2010), 53.
19. Concepción Arenal, "Spain", 收录于 Theodore Stanton (ed.), *The Woman Question in Europe: A Series of Original Essays* (S. Low, Marston, Searle, and Rivington, 1884)。
20. Anna Julia Cooper, *The Voice of Anna Julia Cooper: Including A Voice from the South and Other Important Essays, Papers, and Letters* (Rowman & Littlefi eld, 1998), 72. 同时参见 Vivian M. May, "Anna Julia Cooper's Black Feminist Love-Politics", *Hypatia* 32.1 (2017): 35 – 53。
21. Jennifer C. Nash, "Practicing Love: Black Feminism, Love-Politics, and Post-Intersectionality", *Meridians* 11.2 (2011): 1 – 24.
22. June Jordan, *Some of Us Did Not Die: New and Selected Essays* (Basic Books, 2003).
23. Margaret H. McFadden, *Golden Cables of Sympathy: The Transatlantic Sources of Nineteenth-Century Feminism* (University Press of Kentucky, 1999), 177.
24. Lorde, "The Uses of the Erotic: The Erotic as Power", 收录于 *Sister Outsider*, 54 – 7。
25. 同上, 53; Audre Lorde, *Zami: A New Spelling of My Name* (Penguin Classics, 2018)。
26. Andrea Dworkin, "What is Lesbian Pride?", *Second Wave* (Fall 1975), 9.
27. Ellen Key, *Love and Marriage*, trans. Arthur G. Chater (G. P. Putnam, 1911), 382.
28. Havelock Ellis,《爱情与婚姻》"序言", xiii, 以及 Ellen Key, *The Woman Movement* (G. P. Putnam, 1912), xii。
29. 同上, 44, 57, 223, 215。
30. Ann Allen, "Maternalism in German Feminist Movements", *Journal of Women's*

History 5.2 (1993): 99.
31. Eileen Boris, "The Power of Motherhood: Black and White Activist Women Redefine the 'Political'", Yale Journal of Law and Feminism 2.1 (1989): 25–49.
32. Miriam Tola, "Between Pachamama and Mother Earth: Gender, Political Ontology and the Rights of Nature in Contemporary Bolivia", Feminist Review 118 (2018): 25–40.
33. Katherine M. Marino, "Marta Vergara, Popular-Front Pan-American Feminism and the Transnational Struggle for Working Women's Rights in the 1930s", Gender & History 26.3 (2014): 642–60.
34. Donna J. Guy, "The Politics of Pan-American Cooperation: Maternalist Feminism and the Child Rights Movement, 1913–1960", Gender & History 10.3 (1998): 449–69.
35. Bertha Lutz in Revista Da Semana (1918年12月23日), 转引自 June Edith Hahner, Emancipating the Female Sex: The Struggle for Women's Rights in Brazil, 1850–1940 (Duke University Press, 1990), 222。
36. Francesca Miller, Latin American Women and the Search for Social Justice (University Press of New England, 1991).
37. Jadwiga E. Pieper Mooney, "Militant Motherhood Re-Visited: Women's Participation and Political Power in Argentina and Chile", History Compass 5.3 (2007): 975–94.
38. Maria Estrela in A Mulher, 转引自 Hahner, Emancipating the Female Sex, 59。
39. Francisca de Haan, "Continuing Cold War Paradigms in Western Historiography of Transnational Women's Organisations: The Case of theWomen's International Democratic Federation (WIDF)", Women's History Review 19.4 (2010): 547–73.
40. Miller, Latin American Women, 197.
41. Jocelyn Olcott, International Women's Year: The Greatest Consciousness-Raising Event in History (Oxford University Press, 2017).
42. Domitila Barrios de Chungara, Let Me Speak! Testimony of Domitila, a Woman of the Bolivian Mines (Monthly Review Press, 1978), 199.
43. Jocelyn Olcott, "Cold War Conflicts and Cheap Cabaret: Sexual Politics atthe 1975 United Nations International Women's Year Conference", Gender& History 22.3 (2010): 733–54.
44. Barrios de Chungara, Let We Speak! 202, 205.

45. Katharine McGregor, "Opposing Colonialism: The Women's International Democratic Federation and Decolonisation Struggles in Vietnam and Algeria 1945 – 1965", *Women's History Review* 25.6 (2016): 925 – 44; Franciscade Haan, "Eugénie Cotton, Pak Chong-Ae, and Claudia Jones: Rethinking Transnational Feminism and International Politics", *Journal of Women's History* 25.4 (2013): 174 – 89.
46. Miller, *Latin American Women*, 198 – 203.
47. Celia Donert, "Women's Rights in Cold War Europe: Disentangling Feminist Histories", *Past & Present* 218.8 (2013): 180 – 202; Susanne Zwingel, *Translating International Women's Rights: The CEDAW Convention in Context* (Palgrave Macmillan, 2016).
48. Edna Acosta-Belén and Christine E. Bose, "U.S. Latina and Latin American Feminisms: Hemispheric Encounters", *Signs* 25.4 (2000): 1113 – 19.
49. Emilie Smith-Ayala,*The Granddaughters of Ixmucané: Guatemalan Women Speak* (Women's Press, 1991), 123 – 4.
50. Lorde, "The Uses of the Erotic", 58.
51. Olcott, "Cold War Confl icts".
52. Claudie Broyelle,*China: A Second Look*, trans. Sarah Matthews (Harvester Press, 1980), 7. 同时参见 Marilyn B. Young, "Chicken Little in China: Womenafter the Cultural Revolution", 收录于 Sonia Kruks, Rayna Rapp and Marilyn B. Young (eds.), *Promissory Notes: Women in the Transition to Socialism* (Monthly Review Press, 1989)。
53. Barbara Mehrhof and Pamela Kearon, "Rape: An Act of Terror", 收录于 AnneKoedt, Ellen Levine and Anita Rapone (eds.), *Radical Feminism* (Quadrangle-Books, 1973)。
54. Mehrhof, 转引自 Echols, *Daring to Be Bad*, 148。

第七章 运 动

1. Qasim Amin in Sharon M. Harris and Linda K. Hughes (eds.), *A Feminist Reader: Feminist Thought from Sappho to Satrapi*, vol. Ⅱ (Cambridge University Press, 2013), 507, 510.

2. Ibid., 511.
3. Gul Ozyegin, "My Father, an Agent of State Feminism and Other Unrelatable Conversations", 收录于 Mary Evans and Kathy Davis (eds.), *Transatlantic Conversations: Feminism as Travelling Theory* (Routledge, 2016), 37。
4. Andrea Dworkin, *Last Days at Hot Slit: The Radical Feminism of Andrea Dworkin* (MIT Press, 2019), 208.
5. A. Palmer, "Report on Why No Signature Was Obtained", The Postal Museum, POST 30/1655a. Emmeline Pankhurst, "When Civil War Is Waged by Women", 转引自 Miriam Schneir (ed.), *Feminism: The Essential Historical Writings* (Random House, 1972), 301。
6. Susan Mann, *Precious Records: Women in China's Long Eighteenth Century* (Stanford University Press, 1997).
7. Louise P. Edwards, "Chinese Women's Campaigns for Suffrage", 收录于 Edwardsand Mina Roces (eds.), *Women's Suffrage in Asia: Gender, Nationalism and Democracy* (Routledge, 2005), 60–62。
8. *Shenzhou Daily* (1912年8月27日), 转引自 Yuxin Ma, *Women Journalists and Feminism in China, 1898–1937* (Cambria Press, 2010)。
9. Lutz, 转引自 June Edith Hahner, *Emancipating the Female Sex: The Struggle for Women's Rights in Brazil, 1850–1940* (Duke University Press, 1990), 224。
10. 我要感谢罗莎·坎贝尔(Rosa Campbell)阐明了这方面的联系。
11. Anon., *Kinhua* (1969)《后记》, 转引自 Quinn Slobodian, "Guerrilla Mothers and Distant Doubles: West German Feminists Look at China and Vietnam, 1968–1982", *Studies in Contemporary History/Zeithistorische Forschungen* 12 (2015): 14。
12. *Frauen gegen imperialistischen Krieg*, 转引自 Patricia Melzer, "'"Women of Peace" We Are Not': Feminist Militants in the West German Autonomen and the Women's Movement", *German Studies Review* 40.2 (2017): 313–32。
13. Red Zora, 转引自 Katharina Karcher, "How (Not) to 'Hollaback': Towards a Transnational Debate on the 'Red Zora' and Militant Tacticsin the Feminist Struggle against Gender-Based Violence", *Feminist Media Studies* 16.1 (2015): 1–16.
14. Barbara Molony, *Gender in Modern East Asia: An Integrated History* (Westview Press, 2016), 434–5.
15. Dorothy Sue Cobble, *The Other Women's Movement: Workplace Justice and Social*

Rights in Modern America (Princeton University Press, 2004).
16. Karen Offen, European Feminisms, 1700–1950: A Political History (Stanford University Press, 1999), 241.
17. Elinor Accampo, Private Life, Public Image: Motherhood and Militancy in the Self-Construction of Nelly Roussel, 1900–1922 (University of California Press, 2000), 240–41.
18. Miss Ruby Tuesday, East Village Other (18 August 1970): 7.
19. Anne M. Valk, Radical Sisters: Second-Wave Feminism and Black Liberation in Washington, D.C. (University of Illinois Press, 2008).
20. Chicago Women's Liberation Union News (1 September 1970): 2.
21. Seung-kyung Kim and Na-Young Lee, "Shared History and the Responsibility for Justice: The Korean Council for the Women Drafted for Military Sexual Slavery by Japan", 收录于 Barbara Molony and Jennifer Nelson (eds.), Women's Activism and "Second Wave" Feminism (Bloomsbury Academic, 2017).
22. Okpyo Moon, "Japanese Tourists in Korea", 收录于 Sylvie Guichard-Anguis and Okpyo Moon (eds.), Japanese Tourism and Travel Culture (Routledge, 2011)。
23. Jeska Rees, "A Look Back at Anger: The Women's Liberation Movement in1978", Women's History Review 19.3 (2010): 337–56.
24. Maria Mayerchyk and Olga Plakhotnik, "The Radical FEMEN and the New Women's Activism", Krytyka Magazine 11.12 (2015): 157–8.
25. Gayatri Chakravorty Spivak, "Can the Subaltern Speak?", 收录于 Donna Landryand Gerald M. MacLean (eds.), The Spivak Reader (Routledge, 1996).
26. Teresa Zackodnik, Press, Platform, Pulpit: Black Feminist Publics in the Era of Reform (University of Tennessee Press, 2011).

第八章　歌　声

1. 播放列表中的女性主义曲目，包括本章中讨论到的一些，均可通过以下网址找到，https://open.spotify.com/playlist/5uCxpVJ fbGpDmIVVdkYhOf。读者如对该曲目单有增加的内容，可直接在推特上给网站博主@suff66发信息。
2. Ellen Key, Love and Marriage，trans. Arthur G. Chater (G. P. Putnam, 1911), 246.

3. Negar Mottahedeh, Whisper Tapes: Kate Millett in Iran (Stanford Briefs, 2019).
4. Elinor Accampo, *Private Life, Public Image: Motherhood and Militancy in the Self-Construction of Nelly Roussel, 1900–1922* (University of California Press, 2000), 218.
5. Anna J. Cooper, *A Voice from the South* (Oxford University Press, 1988).
6. Ethel Smyth, *The Memoirs of Ethel Smyth* (Viking, 1987), 297.
7. Julie C. Dunbar, *Women, Music, Culture: An Introduction* (Routledge, 2011), 134.
8. Smyth, *Memoirs*, 342.
9. Amanda Smith, *An Autobiography: The Story of the Lord's Dealings with Mrs. Amanda Smith, the Colored Evangelist* (Garland, 1987), 260, 265.
10. 同上, 414–15, 324。同时参见 Patricia Ann Schechter, *Exploring the Decolonial-Imaginary: Four Transnational Lives* (Palgrave Macmillan, 2012), 11。
11. Jacqueline Warwick, "'He Hit Me, and I Was Glad': Violence, Masochism, and Anger in Girl Group Music", 收录于 Laurie Stras (eds.), *She's So Fine: Reflections on Whiteness, Femininity, Adolescence and Class in 1960s Music* (Routledge, 2010)。
12. Jill Nickel and Sheri Maeda, "Put Another Nickel In", *Quest* (Fall 1976).
13. Eileen M. Hayes, *Songs in Black and Lavender: Race, Sexual Politics, and Women's Music* (University of Illinois Press, 2010), 70.
14. Donna Pieters, BWM 16–Heart of the Race Oral History Project("种族之心口述历史项目"), 布里克斯顿黑人文化档案馆。我非常感谢威瑟斯(D-M Withers)提供的录音。
15. Womansound 2 (1984), 转引自妇女解放音乐档案, 参见 https://womensliberationmusicarchive.co.uk/s/。关于妇女解放的音乐, 参见 D-M Withers, *Feminism, Digital Culture and the Politics of Transmission: Theory, Practice and Cultural Heritage* (Rowman & Littlefield International, 2015), 95–112。
16. Jane Armstrong, "Radio", 收录于 Alison Bartlett and Margaret Henderson (eds.), *Things That Liberate: An Australian Feminist Wunderkammer* (Cambridge Scholars, 2013), 153。
17. Robin Morgan, *Going Too Far: The Personal Chronicle of a Feminist* (Vintage Books, 1978).
18. Janice G. Raymond, *The Transsexual Empire* (Women's Press, 1980), 104; Will Self and Stephen Whittle, *Perfidious Man* (London: Viking, 2000); D-M Withers,

"Laboratories of Gender: Women's Liberation and the Transfeminist Present", Radical Philosophy 2.4 (2019).

19. Sandy Stone, "The Empire Strikes Back: a Posttranssexual Manifesto", 收录于 Julia Epstein and Kristina Straub (eds.), *Bodyguards: The Cultural Politics of Gender Ambiguity* (Routledge, 1991)。

20. Chris Mulvey, 收录于 Barbara Harford and Sarah Hopkins (eds.), *Greenham Common: Women at the Wire* (Women's Press, 1984), 92。

21. Anna Reading, "Singing for My Life", 收录于 Anna Reading and Tamar Katriel (eds.), *Cultural Memories of Nonviolent Struggles: Powerful Times* (Palgrave Macmillan, 2015)。

22. Katrina, 收录于 Harford and Hopkins, *Greenham Common*, 167。

23. Jayne, 同上, 15。

24. Margaret L. Laware, "Circling the Missiles and Staining Them Red: Feminist Rhetorical Invention and Strategies of Resistance at the Women's Peace Camp at Greenham Common", *NWSA Journal* 16.3 (2004): 33。同时参见 Margaretta Jolly, *Sisterhood and After: An Oral History of the UK Women's Liberation Movement, 1968-Present* (Oxford University Press, 2019)。

25. Sarah Green, 收录于 Harford and Hopkins, *Greenham Common*, 54。

26. 22岁的海伦·托马斯（Helen Thomas）在1989年的格里纳姆公地和平营抗议活动中被警方的运马车辆撞到，后不幸去世。威尔士以《我可以吗海伦》("Cân i Helen")一歌来纪念她的运动。

27. Natalya Lusty, "Riot Grrrl Manifestos and Radical Vernacular Feminism", *Australian Feminist Studies* 32.93 (3 July 2017): 219 – 39。

28. Warwick, "'He Hit Me, and I Was Glad'", 102. 网上很容易搜索到柯特妮·洛夫（Courtney Love）演唱的版本。

29. Kevin C. Dunn, "Pussy Rioting", *International Feminist Journal of Politics* 16.2 (2014):317 – 34.

30. Katharine McGregor, "Indonesian Women, the Women's International Democratic Federation and the Struggle for 'Women's Rights', 1946 – 1965", *Indonesia and the Malay World* 40.117 (2012): 193 – 208.

31. Danilyn Rutherford, "Unpacking a National Heroine: Two Kartinis and Their People", *Indonesia* 55 (1993): 23 – 40.

32. Louise Edwards, "International Women's Day in China: Feminism Meets Militarised

Nationalism and Competing Political Party Programs", *Asian Studies Review* 40.1 (2016): 1 – 17.
33. Rita Mae Brown, "The Good Fairy", *Quest* 1 (1974): 60.
34. Nancy A. Hewitt (ed.), *No Permanent Waves: Recasting Histories of U.S. Feminism* (Rutgers University Press, 2010).
35. Johanna Siméant and Christophe Traini, *Bodies in Protest: Hunger Strikes and Angry Music* (Amsterdam University Press, 2016), 107 – 8.

结　论　世界范围内的各种女性主义

1. Hiratsuka Raichō, 转引自 Dina Lowy, *The Japanese "New Woman": Images of Gender and Modernity* (Rutgers University Press, 2007), 10。
2. Barbara Molony, "Women's Rights, Feminism, and Suffragism in Japan, 1870 – 1925", *Pacific Historical Review* 69.4 (2000): 639 – 61.
3. *Ce Qui Est* ("That Which Is"), 转引自 Bonnie S. Anderson, "The Lid Comes Off: International Radical Feminism and the Revolutions of 1848", *NWSA Journal* 10.2 (1998): 1 – 12。
4. Kathy Davis, *The Making of Our Bodies, Ourselves: How Feminism Travels across Borders* (Duke University Press, 2008), 201。
5. Aletta Jacobs, *Politics and Friendship: Letters from the International Woman Suffrage Alliance, 1902 – 1942*, ed. Mineke Bosch and Annemarie Kloosterman (Ohio State University Press, 1990); Francisca de Haan,"'Tapestries of Contacts': Transnationalizing Women's History", *Journal of Women's History* 26.2 (2014): 200 – 208; Francisca de Haan, "Continuing Cold War Paradigms in Western Historiography of Transnational Women's Organisations: The Case of the Women's International Democratic Federation (WIDF)", *Women's History Review* 19.4(2010); Elisabeth Armstrong, "Before Bandung: The Anti-Imperialist Women's Movementin Asia and the Women's International Democratic Federation", *Signs* 41.2(2016): 305 – 31; Maria DiCenzo etal., "Mediating the National and the International: Women, Journalism and Hungary in the Aftermath of the First World War", 收录于 Ingrid Sharp and Matthew Stibbe (eds.), *Women Activists Between Peace and War: Europe 1918 –*

1923 (Bloomsbury, 2017); Marie Sandell, *The Rise of Women's Transnational Activism: Identity and Sisterhood between the World Wars* (I. B. Tauris, 2015); Leila J. Rupp, *Worldsof Women: The Making of an International Women's Movement* (PrincetonUniversity Press, 1997); Katherine M. Marino, "Transnational Pan-American Feminism: The Friendship of Bertha Lutz and Mary Wilhelmine Williams, 1926–1944", *Journal of Women's History* 26.2 (2014): 63–87。

6. Sandell, Rise of Women's Transnational Activism, 97.
7. Raewyn Connell, "Transsexual Women and Feminist Thought: Toward New Understanding and New Politics", *Signs* 37.4 (2012).
8. Shulamith Firestone, *The Dialectic of Sex: The Case for Feminist Revolution* (The Women's Press, 1979), 97; Karin Schrader-Klebert, *Die Kulturelle Revolution der Frau* (1969), 转引自 Quinn Slobodian, "Guerrilla Mothers and Distant Doubles: West German Feminists Look at China and Vietnam, 1968–1982", *Studies in Contemporary History/Zeithistorische Forschungen* 12 (2015).
9. Papusa Molina, "Recognizing, Accepting and Celebrating Our Differences", 收录于 Gloria Anzaldúa (ed.), *Making Face, Making Soul: Creative and Critical Perspectives by Feminists of Color* (Aunt Lute Foundation Books, 1990).
10. Benita Roth, *Separate Roads to Feminism: Black, Chicana, and White Feminist Movements in America's Second Wave* (Cambridge University Press, 2004).
11. Judith A. Allen, *The Feminism of Charlotte Perkins Gilman: Sexualities, Histories, Progressivism* (University of Chicago Press, 2009), 331–49.
12. Betty Friedan, *"It Changed My Life": Writings on the Women's Movement* (Harvard University Press, 1998), 229.

延伸阅读

导 论

Francisca de Haan et al. (eds.), *Women's Activism: Global Perspectives from the 1890s to the Present* (Routledge, 2013).

Ellen Carol Dubois et al., "Circling the Globe: International Feminism Reconsidered, 1910 to 1975", *Women's Studies International Forum*, 2009.

Kathryn Gleadle and Zoë Thomas, "Global Feminisms, c.1870 – 1930: Vocabularies and Concepts—A Comparative Approach", *Women's History Review* 27.7 (2018): 1209 – 24.

Nancy A. Hewitt (ed.), *No Permanent Waves: Recasting Histories of U.S. Feminism* (Rutgers University Press, 2010).

Karen Off en (ed.), *Globalizing Feminisms, 1789 – 1945* (Routledge, 2010).

Sylvia Paletschek and Bianka Pietrow-Ennker, *Women's Emancipation Movements in the Nineteenth Century: A European Perspective* (Stanford University Press, 2004).

Florence Rochefort, *Histoire Mondiale des Féminismes* (Que Sais-Je?, 2018).

Bonnie G. Smith, *Women's History in Global Perspective* (University of Illinois Press, 2004).

Becky Thompson, "Multiracial Feminism: Recasting the Chronology of Second Wave

Feminism", *Feminist Studies* 28.2 (2002): 337 – 60.

第一章 梦 想

Padma Anagol, *The Emergence of Feminism in India, 1850 – 1920* (Ashgate, 2005).

Winifred Breins, *The Trouble Between Us: An Uneasy History of White and Black Women in the Feminist Movement* (Oxford University Press, 2006).

Antoinette Burton, *Burdens of History: British Feminists, Indian Women, and Imperial Culture, 1865 – 1915* (University of North Carolina Press, 1994).

Laura Engelstein, *The Keys to Happiness: Sex and the Search for Modernity in Fin-de-Siècle Russia* (Cornell University Press, 1992).

Bharati Ray, *Early Feminists of Colonial India: Sarala Devi Chaudhurani and Rokeya Sakhawat Hossain* (Oxford University Press, 2012).

Kimberly Springer, *Living for the Revolution: Black Feminist Organizations, 1968 – 1980* (Duke University Press, 2005).

Natalie Thomlinson, *Race, Ethnicity and the Women's Movement in England, 1968 – 1993* (Palgrave Macmillan, 2016).

第二章 思 想

Tani E. Barlow, *The Question of Women in Chinese Feminism* (Duke University Press, 2004).

Silvia Bermúdez and Roberta Johnson (eds.), *A New History of Iberian Feminisms* (University of Toronto Press, 2018).

Arianne Chernock, *Men and the Making of Modern British Feminism* (Stanford University Press, 2010).

Ellen Fleischmann, *The Nation and Its "New" Women: The Palestinian Women's Movement, 1920 – 1948* (University of California Press, 2003).

James Keating, "Piecing Together Suffrage Internationalism: Place, Space, and

Connected Histories of Australasian Women's Activism", *History Compass* 16.8 (2018): 1–15.

Karen Offen, *Debating the Woman Question in the French Third Republic, 1870–1920* (Cambridge University Press, 2018).

Leila J. Rupp, *Worlds of Women: The Making of an International Women's Movement* (Princeton University Press, 1997).

第三章 空 间

Bonnie S. Anderson, *Joyous Greetings: The First International Women's Movement, 1830–1860* (Oxford University Press, 2001).

Maud Bracke, *Women and the Reinvention of the Political: Feminismin Italy, 1968–1983* (Routledge, 2014).

Cheryl Johnson-Odim and Margaret Strobel (eds.), *Expanding the Boundaries of Women's History: Essays on Women in the Third World* (Indiana University Press, 1992).

Shana Penn and Jill Massino (eds.), *Gender Politics and Everyday Life in State Socialist Eastern and Central Europe* (Palgrave Macmillan, 2009).

Barbara Hamill Sato, *The New Japanese Woman: Modernity, Media, and Women in Interwar Japan* (Duke University Press, 2003).

Mona L. Siegel, *Peace on Our Terms: The Global Battle for Women's Rights After the First World War* (Columbia University Press, 2020).

Sharon L. Sievers, *Flowers in Salt: The Beginnings of Feminist Consciousness in Modern Japan* (Stanford University Press, 1983).

Megan Threlkeld, *Pan American Women: U.S. Internationalists and Revolutionary Mexico* (University of Pennsylvania Press, 2014).

第四章 物 品

LilaAbu-Lughod, *Remaking Women: Feminism and Modernity in the Middle East*

(Princeton University Press, 1998).

Alison Bartlett and Margaret Henderson (eds.), *Things That Liberate: An Australian Feminist Wunderkammer* (Cambridge Scholars, 2013).

Mary Cullen and Maria Luddy (eds.), *Female Activists: Irish Womenand Change, 1900 – 1960* (Woodfield Press, 2001).

Miranda Garrett and Zoë Thomas (eds.), *Suffrage and the Arts: Visual Culture, Politics and Enterprise* (Bloomsbury Visual Arts, 2019).

Barbara Green, *Feminist Periodicals and Daily Life: Women and Modernity in British Culture* (Palgrave Macmillan, 2017).

Marilyn Lake, *Getting Equal: The History of Australian Feminism* (Allen & Unwin, 1999).

Lisa Tickner, *The Spectacle of Women: Imagery of the Suffrage Campaign, 1907 – 14* (University of Chicago Press, 1988).

第五章 外 表

Lila Abu-Lughod, *Do Muslim Women Need Saving?* (Harvard University Press, 2013).

Margot Badran, *Feminists, Islam and Nation: Gender and the Making of Modern Egypt* (Princeton University Press, 1995).

Laura Bier, *Revolutionary Womanhood: Feminisms, Modernity, and the State in Nasser's Egypt* (Stanford University Press, 2011).

Ian Fletcher et al. (eds.), *Women's Suffrage in the British Empire: Citizenship, Nation, and Race* (Routledge, 2012).

Tanisha C. Ford, *Liberated Threads: Black Women, Style, and the Global Politics of Soul* (University of North Carolina Press, 2015).

Patricia Grimshaw, *Women's Suffrage in New Zealand* (Auckland University Press, 2013).

Shanaz Khan, *Zina, Transnational Feminism, and the Moral Regulation of Pakistani Women* (UBC Press, 2011).

Joan Wallach Scott, *The Politics of the Veil* (Princeton University Press, 2007).

第六章 情 感

Ann Taylor Allen, *Feminism and Motherhood in Western Europe, 1890 – 1970: The Maternal Dilemma* (Palgrave Macmillan, 2007).

Ute Frevert, *Women in German History: From Bourgeois Emancipation to Sexual Liberation* (Berg, 1988).

Kimberley Manning, "Making a Great Leap Forward? The Politics of Women's Liberation in Maoist China", *Gender & History* 18.3 (2006): 574 – 93.

Katherine M. Marino, *Feminism for the Americas: The Making of an International Human Rights Movement* (University of North Carolina Press, 2019).

Francesca Miller, *Latin American Women and the Search for Social Justice* (University Press of New England, 1991).

Mina Roces and Louise Edwards (eds.), *Women's Movements in Asia: Feminisms and Transnational Activism* (Routledge, 2010).

Lynne Segal, *Radical Happiness: Moments of Collective Joy* (Verso, 2017).

Zheng Wang, *Finding Women in the State: A Socialist Feminist Revolution in the People's Republic of China, 1949 – 1964* (University of California Press, 2017).

第七章 运 动

Alison Bartlett, "Feminist Protest and Maternity at Pine Gap Women's Peace Camp, Australia 1983", *Women's Studies International Forum* 34.1 (2011): 31 – 8.

Keisha N. Blain, *Set the World on Fire: Black Nationalist Women and the Global Struggle for Freedom* (University of Pennsylvania Press, 2018).

Myra Marx Ferree, *Varieties of Feminism: German Gender Politics in Global Perspective* (Stanford University Press, 2012).

Kumari Jayawardena, *Feminism and Nationalism in the Third World* (Kali for Women, 1986).

Sumita Mukherjee, *Indian Suffragettes: Female Identities and Transnational Networks*

(Oxford University Press, 2018).

Judy Tzu-Chun Wu, *Radicals on the Road: Internationalism, Orientalism, and Feminism during the Vietnam Era* (Cornell University Press, 2013).

第八章 歌 声

Angela Y. Davis, *Blues Legacies and Black Feminism: Gertrude MaRainey, Bessie Smith, and Billie Holiday* (Knopf Doubleday, 2011).

Eileen M. Hayes, *Songs in Black and Lavender: Race, Sexual Politics, and Women's Music* (University of Illinois Press, 2010).

Margaretta Jolly, *Sisterhood and After: An Oral History of the UK Women's Liberation Movement, 1968 – Present* (Oxford University Press, 2019).

Negar Mottahedeh, *Whisper Tapes: Kate Millett in Iran* (Stanford Briefs, 2019).

Rachel Rinaldo, *Mobilizing Piety: Islam and Feminism in Indonesia* (Oxford University Press, 2013).

Rochelle Goldberg Ruthchild, "From West to East: International Women's Day, the First Decade", *Aspasia* 6.1(2012): 1 – 24.

结 论 世界范围内的各种女性主义

Sara Ahmed, *Living a Feminist Life* (Duke University Press, 2017).

Cinzia Arruzza, Tithi Bhattacharya and Nancy Fraser, *Feminism for the 99%: A Maniffbresto* (Verso Books, 2019).

Heather Eaton and Lois Ann Lorentzen (eds.), *Ecofeminism and Globalization: Exploring Culture, Context, and Religion* (Rowman & Littlefi eld, 2003).

Akwugo Emejulu and Francesca Sobande (eds.), *To Exist Is to Resist: Black Feminism in Europe* (Pluto Press, 2019).

Terese Jonsson, *Innocent Subjects: Feminism and Whiteness* (Pluto Press, 2020).

Bonnie J. Morris and D-M Withers, *The Feminist Revolution: The Struggle for Women's Liberation* (Virago, 2018).

Feminisms: A Global History
First published 2020
text copyright © Lucy Delap
First published in Great Britain in the English language by Penguin Books Ltd.
Copies of this translated edition sold without a Penguin sticker on the cover are unauthorized and illegal
Published under licence from Penguin Books Ltd. Penguin(in English and Chinese) and the Penguin logo are trademarks of Penguin Books Ltd
Simplified Chinese edition copyright © 2023 by NJUP
All rights reserved

江苏省版权局著作权合同登记　图字:10-2020-210 号

图书在版编目(CIP)数据

女性主义全球史 /(英)露西·德拉普著;朱云译. —南京:南京大学出版社,2023.3(2025.1 重印)
书名原文:Feminisms:A Global History
ISBN 978-7-305-26124-4

Ⅰ.①女… Ⅱ.①露…②朱… Ⅲ.①女权运动-历史-世界 Ⅳ.①D441.9

中国版本图书馆 CIP 数据核字(2022)第 172117 号

出版发行　南京大学出版社
社　　址　南京市汉口路 22 号　　邮　编　210093
书　　名　**女性主义全球史**
　　　　　NÜXING ZHUYI QUANQIUSHI
著　　者　〔英〕露西·德拉普(Lucy Delap)
译　　者　朱　云
责任编辑　付　裕
照　　排　南京紫藤制版印务中心
印　　刷　南京爱德印刷有限公司
开　　本　880 mm×1230 mm　1/32　印张 11.875　字数 260 千
版　　次　2023 年 3 月第 1 版　2025 年 1 月第 3 次印刷
ISBN 978-7-305-26124-4
定　　价　86.00 元

网　　址　http://www.njupco.com
官方微博　http://weibo.com/njupco
官方微信　njupress
销售咨询　025-83594756

* 版权所有,侵权必究
* 凡购买南大版图书,如有印装质量问题,请与所购图书销售部门联系调换